토기장이

"우리는 진흙이요 주는 토기장이시니
우리는 다 주의 손으로 지으신 것이라"(이사야 64:8)

인간의 선택인가, 하나님의 선택인가?

hand in HAND

Copyright © 2014 by Eternal Perspective Ministries.
by Randy Alcorn
illustrations by Julia Stager
All rights reserved.

Korean translation copyright © 2015 by Togijangi Publishing House
Togijangi B/D 3F, 26 Mangwonro, Mapogu, Seoul 121-903, Korea

This Korean edition is published by the permission of WaterBrook Multnomah an imprint of the Crown Publishing Group, a division of Random House LLC, New York, a Penguin Random House Company through the arrangement of Gospel Literature International, USA.

본 저작물의 한국어판 저작권은 Gospel Literature International을 통해 WaterBrook Multnomah와의 독점 계약으로 한국어 판권을 '도서출판 토기장이'가 소유합니다. 저작권법에 의하여 한국 내에서 보호를 받는 저작물이므로 무단 전재와 무단 복제를 금합니다.

특별한 표기가 없는 모든 성경 구절은 개역개정성경을 인용한 것입니다.

# 인간의 선택인가, 하나님의 선택인가?

랜디 알콘 지음 | 김진선 옮김

도서출판 토기장이

## 감사의 글

「인간의 선택인가, 하나님의 선택인가?」가 나오기까지 도와주신 분들에게 이 책을 바칩니다.

줄리아 스테이저는 능숙한 솜씨로 제가 구상한 표와 그림을 한눈에 볼 수 있게 만들어 주었고, 뛰어난 신학적 통찰로 큰 도움을 주었습니다. 게리 브레셔스는 이 책의 원고에 대해 솔직하고 사려 깊은 비평을 해 주었습니다. 특히, 의견이 갈리는 부분에서 그의 비평은 제게 큰 도움이 되었습니다. 도린 버튼은 편집자로서 궂은일도 마다하지 않았고 좋은 책이 나올 때까지 아낌없이 시간을 투자해 주었습니다. 오랜 세월 우정을 나눈 론 노퀴스트는 제게 이 책의 출간을 처음 제안한 사람입니다. 한결같은 삶으로 귀감이 되어 준 그에게 감사의 인사를 전합니다.

사랑하는 아내 낸시, 그리고 유익한 신학적 토론을 통해 도움을 준 친구 스티브와 수 킬 부부, 이 책에 대한 확신을 준 켄 피터슨, 뛰어난 솜씨로 편집해 준 스티브 홀러데이스와 토마스 워막, 원고를 꼼꼼하게 살펴준 앤더슨과 보니 히어스탠드, 정성들여 원고를 점검해 준 팜 슈프, 내용의 사실 관계를 확인하고 교정해 준 홀리 브리스코어, 각종 표와 그림에 대해 유익한 정보를 준 팀 챌리스와 앤디 매설리, 언제나 지지해 주고 든든한 힘이 되어 주는 이터널 퍼스펙티브 미니스터리(Eternal Perspective Ministries) 임직원들에게도 감사의 인사를 전합니다. 본의 아니게 빠뜨렸지만 나중에라도 기억날 지체들을 비롯해 도움의 손길을 준 모든 이에게 진심으로 감사를 드립니다.

솔리 데오 글로리아(Soli Deo Gloria).

오직 우리 하나님께만 영광을!

### 추천의 글 1

## 인간의 작은 손(hand)과 하나님의 큰 손(HAND)

인간 삶의 여정은 인간의 자유로운 선택의 결과일까요? 아니면 궁극에는 조물주의 뜻과 섭리에 따라서 매듭지어질 수밖에 없는 운명일까요?

구원을 받는 사람들은 자신이 자유롭게 구원의 길을 선택했기 때문일까요? 아니면 전능하신 하나님의 은혜가 구원받는 영혼을 그 길로 이끄시고 붙들어 주셨기 때문일까요?

성숙이란, 두 가지 모순되는 생각을 함께 품고 살아가면서도 미치지 않는 것이라고 합니다. 성숙한 자세 가운데 두 가지 요소를 다 품고 싶다면, 양자(兩者)를 다 품을 수 있는 내적인 논리는 무엇일까요? 기독교 교리의 역사는 인간 삶의 수평적(水平的) 차원과 은혜의 수직적(垂直的) 차원을 각각 간파하고, 그 후에 균형적으로 연결하려는 노력의 역사였습니다. 많은 신학자들이 두 가지 선택을 조합하고 종합하는 가운데 성경을 해석하고 기독교 신앙의 힘을 증언하려고 애써 왔습니다.

랜디 알콘의 「인간의 선택인가, 하나님의 선택인가?」는 인간의 자유와 하나님의 주권에 관한 논의 가운데 독특한 공헌을 합니다. 저자 자신이 인간의 자유를 매우 강조하는 진영에서 하나님의 은혜를 강조하는 진영으로 사상적 전향을 경험한 사람이기에 그는 이 주제를 공허한 사변적 토의에 머물지 않게 합니다. 그에게 이 주제는 실존적 체험의 문제이기에 그는 각 진영의 사람들이 겪는 실존적, 경험적 고뇌를 잘 알고 있습니다.

랜디 알콘은 이 주제를 논쟁적으로 다루기보다는 두 가지 입장이 건강하게 종합될 수 있는 길을 모색합니다. 그는 하나님의 은혜를 더욱 강조하는 입장에 서 있으면서, 동시에 인간의 자유로운 선택에 제한적이지만 중요한 역할을 남겨둡니다. 인간의 작은 손(hand)은 어떻게 하나님의 큰 손(HAND) 안에서 포용될 수 있는가에 대해서 그는 자신의 종합적 견해를 서술합니다.

평소 교리적인 논쟁에 대해 기피하는 성향을 갖고 있던 독자라면, 이 책을 통해 충실한 지식과 꼼꼼한 논리를 맛보는 동시에 경쟁 입장에 대한 따뜻한 배려까지 느낄 수 있을 것입니다. 이 책은 논쟁적인 내용을 다루고 있으나 드물게도 저자의 따뜻함이 배어 있는 책입니다. 저자는 반대편 입장의 고뇌를 이해하는 가운데 각각의 견해의 장점을 잘 전달해 줍니다. 이 책을 처음 손에 들었을 때, 또는 책을 다 읽고 난 후에, 독자가 이 주제에 관해서 어떤 입장을 취하든 간에, 이 책은 사고의 훈련을 돕는 면에서 추가적인 유익을 겸하여 제공해 줄 것입니다. 생각하기를 기뻐하는 가운데 인간 삶에 참여하시는 하나님의 개입 방식에 호기심을 갖고 있는 모든 분에게 이 책을 기꺼이 추천합니다.

_장경철 교수(서울여자대학교 기독교학과)

추천의 글 2

## 철저한 지성과 뜨거운 사랑이 담긴 책

랜디 알콘이 또 하나의 '뜨거운 감자'를 건드렸습니다. 그런데 건드린 정도가 아니라 '삶아서' 모두에게 나누어 주었습니다!

신학에서 하나님의 주권과 인간의 자유 의지의 문제는 가장 논쟁적인 주제입니다. 대개 이 주제와 관련된 신학자들의 글을 읽으면 익숙하지 않은 어려운 용어들로 인해 이해하기가 쉽지 않습니다. 반면, 목회자들의 글은 여러 예화가 담겨 있어 쉽게 읽히지만 검증되지 않은 내용에 대한 위험성이 있습니다. 랜디 알콘은 이 두 가지 점을 모두 극복하고자, 가장 정확하고 치열한 논리와 가장 평범하고 쉬운 설명으로 모든 성도와 목회자들을 유익하게 해 줍니다.

랜디 알콘의 신간을 늘 기다리는 저는 이 책을 통해 독자들이 성경적으로 철저한 지성과 영혼을 향한 뜨거운 사랑이 녹아 있는 진리의 향연을 경험하게 되리라 확신합니다. 랜디 알콘의 표현대로 우리는 "천박한 시대에 하찮은 사람이 되지 않기 위해" 이 책을 꼭 읽어야 합니다.

_이재훈 목사(온누리교회 담임)

추천의 글 3

## 하나님 나라의 확장을 위해 손잡고 나아가자

　하나님을 이해한다는 것이 사실 인간으로서는 불가능한 일입니다. 비유하자면 시각장애인이 코끼리 만지는 것과 같습니다. 우리는 각자가 이해한 만큼의 하나님을 나누는데, 그것은 서로 상반된 주장일 수 있습니다. 그렇다고 해서 누군가가 반드시 틀린 것일까요? 저는 아니라고 생각합니다. 랜디 알콘 역시 그렇게 말합니다.

　그는 하나님의 주권과 인간의 선택에 대해 자기주장만 내세우지 말고 열린 태도로 각 주장의 장점과 단점을 이해하자고 당부합니다. 아니, 성경적 관점을 회복하자고 합니다. 왜냐하면 결국 우리는 같은 하나님을 섬기고 있고, 하나님 나라의 확장을 위해 손잡고 나아가야 할 사람들이기 때문입니다.

　그는 서로 대립하고 정죄하는 것을 하나님을 위해 목숨을 버리는 일로 착각하는 사람들에게 "사소한 문제에 사로잡혀 인생을 허비하는 사람은 사소한 사람이 될 수밖에 없다"고 말합니다. 또한 "배움이란 남들의 시각에 귀 기울이며 그 시각을 존중하는 것이다"라고 말하며 이제는 서로를 용납하며 이해하자고, 크신 하나님의 손안에 있는 작은 손으로서의 역할을 하자고 도전합니다.

    칼빈주의, 알미니안주의 등 이 책에 나오는 여러 용어들이 처음에는 딱딱하게 느껴질 수도 있습니다. 그러나 목회자와 신학생들, 그리고 교회가 하나 되어 하나님 나라의 확장을 위해 함께하여야 한다고 느끼는 사람들에게 이 책은 강력한 도구가 될 것으로 확신하며 추천합니다.

_권준 목사(시애틀 형제교회 담임)

한국어판 서문

## 사랑하는 한국의 독자들에게

저는 전 세계 독자들이, 특별히 제가 사는 곳과 수천 마일 떨어진 곳의 독자들이 그들의 자국어로 제 저서를 읽고 있다는 소식을 들을 때마다 늘 가슴이 벅차고 설렙니다.

저는 한국 교회를 깊이 존경합니다. 그러기에 「인간의 선택인가, 하나님의 선택인가?」가 한국어로 번역되는 제 열다섯 번째 책이라는 사실이 참으로 기쁘고 감사합니다. 또 이렇게 지면으로나마 한국의 형제 자매들에게 인사를 전하게 되어 설렙니다.

'하나님의 주권과 인간의 선택'에 대한 주장을 잘 알 뿐 아니라 이에 대해 한 번도 생각해 본 적 없는 사람일지라도, 이 주제를 공부해 보면 이 일이 영적으로 매우 유익하다는 것을, 그리고 아주 흥미진진하고 실제적임을 알게 되리라 생각합니다.

인간에게 의미 있는 선택을 할 자유가 없다고 믿으면 삶을 대하는 방식도 달라집니다. 수동적이 되고 심지어 운명론자가 될 수도 있습니다. 모든 일이 다 하나님의 손에 달렸으므로 스스로 무슨 생각을 하고 무슨 일을 하는지는 전혀 중요하지 않다고 여기게 되기 때문입니다. 또한 무책임하고, 스스로 올바른 판단을 내리며 지혜로운 선택을 하는 일에 무관심할 수도 있습니다.

하나님의 주권을 믿는 믿음은 또한 매우 실제적입니다. 인생이 운에 달려 있거나 악인들이나 귀신들의 손에 달려 있다고 믿으면, 그 믿음대로 인생이 망가집니다. 그러나 하나님이 주권자 되시고 "하나님을 사랑하는 자 곧 그의 뜻대로 부르심을 입은 자들에게는 모든 것이 합력하여 선을 이루느니라"는 그분의 약속을 믿으면, 스스로의 선택이나 남들의 선택이 아무리 실제적이고 중요하더라도 우리보다 무한히 더 크신 분의 손안에 우리 인생이 달려 있다는 확신으로 쉼을 누릴 수 있습니다.

독자 여러분, 서로 모순되어 보이지만 하나님의 무한하신 눈에는 전혀 모순이 없는 이 성경의 가르침을 받아들임으로써 크신 하나님을 만나시기를 바랍니다. 저는 칼빈주의와 알미니안주의, 양립가능론과 자유의지론과 같은 여러 주장에 대한 독자들의 이해를 돕기 위해 표와 그림을 가능한 많이 사용했습니다. 처음에는 용어들이 잘 이해되지 않더라도 걱정하지 마십시오. 금방 익숙해질 것입니다. 저는 이 개념들을 쉽게 설명하려고 노력하되 너무 단순화시키지 않기 위해 고민했습니다.

하나님의 말씀으로 두뇌를 스트레칭해 주면 여러모로 유익합니다. 좌절하기보다 오히려 생각이 밝아지고 때로는 희열을 느낄 수 있습니다. 이 책이 그동안 성경의 어느 한 부분만 읽고 배우고 가르치는 것에 익숙했던 습관에서 벗어나 하나님의 영감 된 말씀을 전체로 받아들이는 법을 배우는 데 도움이 되기를 기도합니다.

'하나님의 주권과 인간의 의미 있는 선택'에 대해 성경이 말하는 대로 배우고 공부하는 일이 인생과 사역에 유익하고 힘이 된다는 사실을 알게 되기를 바랍니다. 그리고 항상 주권자 되신 우리 구주를 큰 기쁨으로 섬기는 선택을 하시기를 바랍니다.

우리 인생이 다하기까지 이 땅에서 서로 만날 특권을 누릴 기회가 생기지 않는다면, 하나님의 새 땅에서 같은 잔칫상에 앉을 날을 고대합니다. 그곳에서는 부활한 몸으로 만왕의 왕이시자 부활하신 예수 그리스도를 영원히 섬기고 예배하게 될 것입니다. 함께 더불어 풍성한 교제를 누리며 함박웃음을 터뜨리고 주권자 되신 우리 주를 찬양할 것입니다. 그분 앞에서는 공기가 아닌 기쁨으로 호흡할 것입니다. 그곳에서 여러분을 만나기를 소망합니다. 여러분이 하나님의 참된 자녀이고 예수님의 구속받은 제자라면, 우리는 반드시 그곳에서 만날 것입니다.

_2016년 1월 랜디 알콘

## 차례

감사의 글
추천의 글 1 · 2 · 3
한국어판 서문

**1장 왜, 이토록 어렵고 논쟁적인 주제를 다뤄야 하는가?**    17

**2장 신학이나 전통이 아닌 실제로 성경이 가르치는 것은 무엇인가?**    31
    : 칼빈주의자와 알미니안주의자, 그리고 그 차이를 모르는 사람들에게 보내는 초대장

**3장 하나님은 주권자이시다**    71

**4장 인간은 자유 의지로 의미 있는 선택을 한다**    97

**5장 하나님의 주권과 인간의 선택에 관한 주요 신학적 입장**    135

**6장 하나님은 정말 모든 일을 다 알지 못하시는가?**    177
    : 개방적 유신론에 대한 고찰

**7장 하나님의 주권과 인간 선택의 매력적인 조합**    207

**8장 하나님의 주권과 인간의 선택은 조화롭게 역사한다**    243

**9장 불변의 진리가 담긴 '유산'을 상속하라**    283

**10장 모든 선택을 유익하도록 직조하시는 하나님을 신뢰하라**    307

**11장 인간의 선택을 허락하신 주권자 하나님의 손을 잡으라**    335
    : 하나님의 주권, 인간의 선택, 칼빈주의, 알미니안주의에 대한 결론적 고찰

부록 _ 하나님과의 아름다운 동행을 위한 질문과 적용

1장

왜, 이토록 어렵고
논쟁적인 주제를 다뤄야 하는가?

"지혜로운 사람은 여기에 쓴 것을 깨달아라
총명한 사람은 이것을 마음에 새겨라 주님의 길은 올바르다
의로운 백성은 그 길을 따라 살아가지만
죄인은 비틀거리며 넘어질 것이다."
호세아 14장 9절(새번역)

"자신을 일깨워 최고의 충성심을 고취하되 모든 영혼의 운명이
우리 어깨에 달린 것처럼 영혼 구원에 최선을 다하라.
그러나 모든 일이 영원하신 하나님께 달려 있다는
영광스러운 사실을 믿음으로 인정하라."
찰스 스펄전

왜, 이토록 어렵고
논쟁적인 주제를 다뤄야 하는가?

그런다고 해서 무엇이 달라지는가?

'하나님의 주권'과 '인간의 자유 의지'라는 난해하고도 혼란스러운 주제를 연구하는 것이 우리에게 무슨 유익이 있는가?

소그룹 성경 공부 모임, 대학교, 신학교 강당, 블로그, 라디오 방송에서는 툭하면 '하나님의 주권과 자유 의지'라는 주제를 둘러싸고 난타전을 벌인다. 이 주제를 매우 중요한 문제로 인식하는 사람들은 자신들의 입장이 옳다는 신념에 차서 기회가 닿는 대로 그들의 입장을 밝힌다.

반대로 어떤 사람들은 냉소적인 표정으로 "이런 교리들은 분열을 초래할 뿐이고, 우리 머리로 이해하기에는 한계가 있어. 그런데 왜 그런 헛된 노력을 하는 거지?"라고 응수한다.

나는 이 주제를 연구해야 할 이유가 분명히 있다고 믿는다. 그 중 가장 확실한 이유는 우리가 이 문제를 완전히 이해하지는 못하더라도 지금보다 더 잘 이해할 수 있어야 하기 때문이다. 우리는 하나님의 주권과 인간의 자유 의지에 대한 확고한 믿음을 가져야 한다. 하나님의 주권을 믿지 않으면, 절망에 빠지든지 아니면 오롯이 자력으로 인생 길을 개척해야 한다는 결론에 도달하게 될 것이다. 반대로 개인이 스스로 의미 있는 선택을 할 수 있음을 믿지 못하면, 인생을 포기하든지 자기 결정에 대한 책임을 지려고 하지 않을 것이다.

이 외에도 이 주제를 연구해야 할 중요한 여섯 가지 이유가 있다.

### 이 주제를 연구해야 하는 여섯 가지 이유

1. 하나님과 그분을 계시하는 수단인 말씀을 더 깊이 이해하기 위해

미국은 야심찬 달 탐사 목표를 공표하고 그에 따라 막대한 자원을 투입했다. 1969년 7월, 드디어 닐 암스트롱이 달 표면에 첫 발을 내디디면서 미국의 우주 탐사 프로젝트는 소기의 목적을 초과 달성하는 성과를 거두었다. 그 과정에서 의학, 공학, 화학, 물리학, 그 외 수많은 분야가 놀라운 진보를 이루었다. 나사(NASA)는 달을 목표로 삼았지만, 그로 인해 엄청난 업적을 부수적으로 달성하게 된 것이다.

마찬가지로 우리도 경건한 지혜와 명철을 추구하면 특정한 주제나 성경 구절의 이해가 깊어지는 데서 그치지 않고, 기도하며 하나님의 말씀을 부지런히 묵상하는데 매진함으로 헤아릴 수 없이 많은 유

이사 뒤따르게 된다(시 19:8, 119:30,105 ; 벧후 1:19). 그러므로 이 책의 마지막 장을 덮을 때, 우리는 하나님의 주권과 인간의 선택에 관한 교리를 더 깊이 이해할 수 있게 될 뿐 아니라 다른 여러 문제에 대해서도 심오한 통찰력을 갖게 될 것이다.

2. 그리스도의 겸손을 본받기 위해

참된 겸손과 지혜는 우리 지식이 얼마나 보잘것없는지 인정하는 데서부터 출발한다. 성경은 "우리는 부분적으로 알고"(고전 13:9), "거울로 보는 것 같이 희미"(12절)하다고 말한다.

그러나 우리가 말씀을 붙들고 그분과 그분의 길에 대해 배울 때, 하나님이 영광을 받으신다. 우리는 말씀의 신비가 다 이해되지 않더라도 그 지혜에 무릎을 꿇어야 한다. 겸손은 마땅히 생각할 그 이상의 생각을 품지 않고(롬 12:3) 하나님께 배워야 함을 인정하는 것이다.

빌립은 성경 말씀이 이해가 되지 않아 고민하는 에티오피아 내시에게 "읽는 것을 깨닫느냐?"(행 8:30)라고 물었다. 우리도 성령으로 우리를 조명해 주시고 말씀으로 통찰력을 얻도록 하나님께 구하면서 이 연구를 해나간다면 큰 도움이 될 것이다.

배움에 대한 기대가 있고 도전과 변화에 대한 열망이 있는 사람에게는 이 책이 매우 흥미진진할 것이다. 하지만 자기 생각이 성경과 일치하지 않을 때, 기꺼이 자신의 생각을 내려놓을 자세가 되어 있지 않는 사람에게는 별로 의미 없을 것이다.

### 3. 하나님의 말씀을 일부가 아닌 전체로 받아들이기 위해

잠언 18장 17절은 "송사에서는 먼저 온 사람의 말이 바른 것 같으나 그의 상대자가 와서 밝히느니라"고 말한다. 먼저 송사를 제기한 우리 가정이나 교회, 그리고 우리가 읽은 책들의 주장이 우리에게 더 많은 영향력을 발휘할 수도 있다. 하지만 그렇다고 그 주장이 다 옳다는 것은 아니다.

메시지성경은 전도서 7장 18절을 "한 주제는 양면을 다 보아야 한다. 하나님을 두려워하는 사람은 단순히 일부만 아니라 전체 문제를 성실하게 다룬다"라고 풀어쓴다. 하나님은 말씀의 일부만이 아니라 전부를 받아들이라고 요구하신다. 그러니 부디 이 책이 하나님의 말씀의 '일부분이 아니라 전체'를 채굴하는데 도움이 되었으면 한다.

성경은 성경으로 비교해야 하나님의 지혜를 온전히 이해할 수 있다.

덩치가 큰 개는 테니스 공 두 개를 한 입에 물 수 있다. 하지만 달마시안 종인 우리 집 모세는 그게 안 된다. 모세는 행여 공을 두 개 물었더라도 금방 놓치고 만다. 이 공을 입으로 물려 하면 저 공이 빠져 버린다. 마찬가지로 우리 역시 은혜와 진리, 하나님의 주권과 인간의 자유 의지나 의미 있는 선택과 같은 관련 개념들을 이해하는데 어려움을 느낀다. 우리의 머리로는 아무리 용을 써도 이런 개념들을 동시에 받아들이기가 여간 쉽지 않다.

역설이란, 실제로는 아니지만 겉보기에 상호 모순되는 것을 말한다. 하나님의 주권과 인간의 의미 있는 선택은 상호 모순적인 개념이 아니다. 하나님께는 이 두 개념이 완벽한 조화를 이루며 공존한다. 그러나 우리의 지성은 무한하지 않다. 또한 우리의 머리로는 주권과 의미 있는 선택의 개념을 완전히 파악하기란 불가능하다. 하지만 성경이 이 두 개념을 모두 인정한다는 사실을 믿으면, 하나를 부인하고 다른 하나를 인정하는 실수를 피할 수 있다.

4. 그리스도의 몸이 하나되도록 돕기 위해

본서는 하나님의 말씀을 믿지만 그 말씀을 나와 다른 시각으로 이해하는 그리스도 안의 형제 자매들을 최대한 존중하고 배려하고자 애썼다. 우리는 주 안에서 형제된 그리스도인들에게 비판의 독설을 퍼붓기 전에 스스로의 주장에 모순되고 불일치하는 점은 없는지 꼼꼼히 따져 보아야 한다. 청교도 목사인 토마스 브룩스는 이렇게 말했다.

"스스로를 판단하는데 힘쓰는 사람처럼 남을 판단하기를 두려워하는 영혼은 없다. 반면에 스스로를 판단하는 일을 게을리하는 사람처럼 타인이나 제반 상황을 정확히 판단하고자 애쓰는 사람도 없다."[1]

우리는 성령의 열매를 맺되 특별히 화평과 오래 참음의 열매를 맺어야 한다(갈 5:22). 성도의 일치는 불필요한 분쟁으로 복음의 능력이 훼손되지 않도록 막아 준다(요 17:20-21). 그리스도를 따르며 서로 화평하는 모습을 볼 때, 예수님은 기뻐하신다(마 5:9).

서로 일치를 보이는 핵심적인 부분을 인정하되 지엽적인 문제로 분열하지 말고, 있는 그대로 서로를 인정하며 이해하는 우리가 되어야 한다. 동일한 예수님을 사랑하고 같은 성경을 믿는다면 시작부터 끝까지 이런 태도를 가져야 한다.

### 5. 운명론과 무서운 죄책감을 막기 위해

교회사는 우리가 특정 성경 구절에 과도히 편중될 때, 냉담하고 수동적인 신앙에 빠질 수 있음을 보여 준다.

"하나님은 어떻게 해서라도 자신이 원하는 대로 다 하실 텐데 구태여 우리가 힘들게 애쓸 필요가 있나?"

또한 괴롭고 끈질긴 죄책감을 낳을 수도 있다. 말하자면 "내가 세상을 구원해야 돼. 내가 아니면 아무도 못해"라는 식이다.

하나님의 역할은 어디까지이고 우리의 역할은 어디까지인가? 내 인생은 하나님의 손에 달려 있는가? 아니면 내 손이나 사탄이나 타인들의 손에 달려 있는가? 하나님의 주권과 인간의 선택에 관해 우리가 어떻게 생각하느냐는 우리 인생에 심대한 영향을 미친다.

### 6. 천박한 시대에 하찮은 사람이 되지 않기 위해

지금 이 시대는 '심오한 사색의 시대'로 역사에 기록될 일이 전혀 없다. 이 시대는 감정이 생각을 압도하고 열정이 실체보다 중요하다.

그리스도인들은 하나님의 주권과 인간의 자유 의지의 역설을 들으면 시니컬한 비평가처럼 "그 주제는 불가사의한 주제야. 우리의 머리로는 절대 해결할 수 없어"라고 말할지 모른다. 그러나 이것은 단지 게을러서 일 뿐이며 "그 문제로 골머리 썩기 싫어. 그럴 바에야 영화나 한편 보겠어"라는 본심을 고상하게 에둘러 말하는 것에 불과하다.

천박한 우리 문화의 우산에서 벗어나 하찮은 그리스도인이 되지 않을 방법은 무엇인가? 바울은 "내가 말하는 것을 생각해 보라 주께서 범사에 네게 총명을 주시리라"(딤후 2:7)고 말했다.

피상성의 광풍이 휩쓸고 시시로 달라지는 트위터에 중독된 사람들이 넘쳐나더라도 우리는 깊이 사색하는 법을 배워야 한다. 바울은 "때가 이르리니 사람이 바른 교훈을 받지 아니하며 귀가 가려워서 자기의 사욕을 따를 스승을 많이 두고 또 그 귀를 진리에서 돌이켜 허탄한 이야기를 따르리라"(딤후 4:3-4)고 경고했다.

진리와 심오한 사색을 원한다면 하나님의 말씀에 시간을 투자해야 한다. 머리에서 가슴까지 30센티미터의 거리를 직통하는 중요한 작업을 병행해야 한다. 인간의 선택과 하나님의 주권이 통합 가능한지에 대한 문제는 결코 쉽지 않은 주제이지만, 매우 중요한 문제이다. 사소한 문제에 사로잡혀 인생을 허비하는 사람은 사소한 사람이 될 수밖에 없다.

### 하나님의 주권과 인간의 선택은 흥미롭고 아름답다

하나님의 주권과 인간의 선택이라는 문제처럼 난해한 것은 없다. 그럼에도 불구하고 내가 이 난해한 문제로 좌절감보다 오히려 매혹을 느끼는 까닭은 무엇인가? 결국은 시각에 관한 문제이기 때문이다.

광대한 우주를 들여다 보는 천문학자들은 우주의 수많은 수수께끼들과 맞닥뜨린다. 그 중 하나는 "우주를 가속 팽창시키는 미지의 힘이라고 생각되는" 암흑 에너지이다. 이 에너지는 어떻게, 그리고 왜 이렇게 우주를 가속 팽창시키고 있는가? 또 다른 수수께끼는 "우주의 약 23퍼센트를 차지한다고 여겨지는" 암흑 물질이다. 이 물질은 "질량은 있지만 보이지는 않는다." 따라서 그 존재는 "일반 물질에 미치는 중력"으로 짐작할 뿐이다. 이 물질의 정체는 정확히 무엇인가?

우주 광선은 우주에서 우리가 사는 태양계로 유입되는 고에너지 입자이다. 하지만 이 우주 광선이 실제로 어디서부터 오는 것인가 하는 문제는 50년 동안 풀지 못한 수수께끼였다. 태양의 상층 대기인 코로나는 '100~300만 k'로 어마어마하게 뜨겁다. 그러나 태양 물리학자들은 태양이 어떻게 재가열되는지 여전히 모르고 있다.[2]

이런 신비들과 그 외 수많은 사실들이 아직 베일에 쌓여 있지만 그들은 그 일에 좌절하기보다 오히려 매료 당한다. 그들의 인터뷰 내용을 잘 살펴보고 그들이 쓴 논문을 읽어 보라. 그들이 느끼는 경이로움이 뚜렷하게 감지된다. 아름다움은 어떤 사물을 완벽하게 파악해야만 보이는 것이 아니다.

하나님이 우리에게 '선택'이라는 선물을 허용하셨음에도 불구하고, 여전히 주권자로서의 위치를 지키시는 이 어려운 수수께끼를 바라보는 나의 시선 역시 이들과 비슷하다. 이 놀랍고 거대한 신비 앞에서 하나님의 자녀들은 옷깃을 여미고 그분을 경배해야 마땅하다.

인간은 생명이 없는 기계를 발명할 수 있는 능력이 있다. 가령 복잡한 일을 처리하도록 설계한 컴퓨터가 대표적이다. 그러나 하나님은 그분을 예배하거나 반역할 수 있는 자유처럼 선택할 수 있는 능력을 지닌 고도의 존재를 창조하심으로 인간과 비교 불가능한 창조 능력을 발휘하신다.

하나님은 수십억 명의 인간이 특정 상황에서 어떤 일을 행할지 미리 다 아시고 그분의 영원한 계획을 이루는 방식으로 세상을 통치하신다. 정말 놀랍지 않은가?

밤하늘이나 폭포, 대양의 아름다움에 매료될 수 있다면, 하나님이 만드신 우주의 형이상학적 신비들을 연구하면서 동일한 수준의 혹은 그보다 훨씬 더 심오한 수준의 경이감을 느낄 수 있어야 마땅하지 않겠는가?

하나님의 방식과 인간의 방식이 서로 상호작용하는 모습이 얼마나 아름답고 신비로운지 깨달을 때, 우리 인생은 놀랍도록 풍요로워질 수 있다.

### 하나님의 선택이 먼저, 인간의 선택은 그 다음

본서가 인간의 선택과 하나님의 주권을 다루는 방식은, 어느 한쪽을 주장하기 위해 다른 한쪽을 희생하는데 익숙한 사람이라면 혼란스럽게 느껴질 수 있다. 때로는 내 주장을 입증하는데 주력하다가 또 때로는 내 입장을 포함한 모든 입장에 의문을 제기하는 이 책의 서술 방식이 짜증스러울 독자들도 있을 것이다. 하지만 이런 난해한 주제들을 하나로 산뜻하게 정리하려는 시도는 이 주제의 복잡성을 제대로 고려하지 않았기 때문이라고 볼 수 있다.

하나님의 선택이 우리의 선택보다 더 근본적이라고 보는 것은 타당하면서도 합리적이다. 그 이유는 무엇인가? 우리는 하나님의 형상으로 만들어졌고, 그분의 선택이 우리의 선택보다 선행하며 또한 우리의 선택의 근거가 되기 때문이다. 하나님은 무한하시기 때문에 그분의 선택이 당연히 피조물의 선택보다 우위에 있다. 그분의 능력이 우리 능력을 능가하듯이 그 선택의 능력도 마찬가지이다.

그렇다고 우리의 선택이 중요하지 않다는 뜻은 아니다. 우리의 선택은 분명히 중요하다. 하나님은 우리 의지의 본능적 성향에 따라 또 그분의 주권적 계획으로 설정하신 한계를 벗어나지 않는 한에서 선택의 여지를 허용하신다. 내 입장을 한마디로 정리하자면, 그 선택하심을 포함해 하나님의 모든 것은 우리의 모든 것보다 더 크고 위대하다는 것이다.

A.W. 토저는 이렇게 말했다.

"모든 영혼은 하나님의 소유이며 그분의 기쁘신 뜻으로 존재한다. 하나님의 하나님 되심과 우리의 우리 됨을 인정할 때에 우리 사이에 생각할 수 있는 유일한 관계는, 하나님은 온전한 주재권을 행사하시고 우리는 그 주재권에 온전히 복종하는 관계이다."[3]

나는 바로 이런 마음으로 이 책을 집필하고 있다. 그분의 주재권(lordship)을 인정하기를 사모하고, 그분의 말씀은 무엇이든 기꺼이 복종하기를 간절히 원한다. 이 매혹적인 주제를 탐구하고 나아가 발견의 기쁨을 누리는 데 독자 여러분을 초청한다.

---

주

장이 시작할 때 나오는 두 번째 글은 조지 카터 니함의 The Life and Labors of Charles H. Spurgeon(Boston: D.L. Guernsey, 1883), 12쪽에 수록된 C.H. 스펄전의 글을 인용함.
1. 토마스 브룩스, Precious Remedies Against Satan's Devices(CreateSpace Independent Publishing Platform, 2010), 154쪽.
2. Space.com Staff, "8 Baffling Astronomy Mysteries", 2013년 4월 3일, 1,7,8번, www.space.com/15936-astronomy-mysteries-science-countdown.html.
3. A.W. 토저, The Pursuit of God(Rockville, MD: Serenity, 2009), 89쪽.

2장

신학이나 전통이 아닌 실제로
성경이 가르치는 것은 무엇인가?

칼빈주의자와 알미니안주의자,
그리고 그 차이를 모르는 사람들에게
보내는 초대장

"아버지께서 내게 주시는 자는 다 내게로 올 것이요
내게 오는 자는 내가 결코 내쫓지 아니하리라."
요한복음 6장 37절

"성령과 신부가 말씀하시기를 오라 하시는도다 듣는 자도 오라 할 것이요
목마른 자도 올 것이요 또 원하는 자는 값없이 생명수를 받으라 하시더라."
요한계시록 22장 17절

신학이나 전통이 아닌 실제로
성경이 가르치는 것은 무엇인가?

전구 하나를 교체하는데 몇 명의 칼빈주의자가 필요할까? 한 명도 필요 없다. 오직 하나님만이 전구를 교체하실 수 있다. 어둠을 만드신 하나님이 빛이 켜질 때를 예정해 놓으셨기 때문에 우리는 가만히 앉아 그분을 신뢰하면 된다.

전구를 가는 데 알미니안주의자는 몇 명이 필요할까? 단 한 명만 있으면 된다. 하지만 먼저 전구 스스로 교체받고 싶은 마음이 있어야 한다.

칼빈주의자는 계단에서 굴러 떨어지면 뭐라고 말하는가?

"걸치적거렸는데 해결되어 좋아."

칼빈주의자는 어떤 상황을 곤혹스러워하는가? 그를 뷔페 식당으로 데려가 원하는 대로 다 먹을 수 있다고 말해 보라.

칼빈주의자들은 튤립(TULIP-칼빈 5대 교리 첫글자 모음)[1]을 애지중지한다. 그렇다면 알미니안주의자들은 어떤 꽃을 좋아하는가? 데이지이다. 왜 이 꽃을 좋아하는가?

"그는 나를 사랑하다가 변심한다. 나를 사랑하다가 사랑이 식어 버린다…."

자, 이제 정직히 대답해 보자. 당신은 위의 내용 중 어느 부분에서 웃음이 터졌는가? 바라건대 자신의 입장을 느긋하고 여유 있게 볼 수 있으면 좋겠다. 또한 칼빈주의와 알미니안주의가 무엇인지 모르는 이들에게는 이 장이 도움이 되기를 바란다.

### 모든 성경은 하나님의 감동으로 되었지만 때때로 이해하기 어렵다

80명의 신학생을 앞에 두고 "진정한 그리스도인들이라도 구원을 잃을 수 있는가?"라는 민감한 신학적 질문을 던진 적이 있다. 그리고 대답별로 나누어 서로 교실 반대 편에 서게 한 다음, 다시 몇 개의 소그룹으로 나누었다.

그런 다음 모두에게 20개의 성경 구절이 적힌 종이를 주었다. 학생들은 이 구절들을 큰 소리로 읽은 후에 그룹 별로 토론을 하고 "이 구절이 내가 가진 유일한 성경 구절이라면 상기한 질문에 '예'라고 대답할 것인가? 아니면 '아니오'라고 대답할 것인가?"를 결정하도록 했다. 교실에는 일순간 긴장이 감돌았다. 양쪽 학생들은 모두 혼란스러위 보였고 짜증을 내는 학생들도 있었다.

잠시 후, 나는 각 그룹에 완전히 다른 내용의 성경 구절을 적은 유인물을 나누어 주었다고 설명했다. 각 그룹이 받은 성경 구절은 그들이 대답한 입장과 정확히 반대되는 의미를 지닌 내용이었다. 내가 이렇게 한 의도는 우리가 믿고 싶은 것을 지지하는 성경 구절만이 아니라 전체 성경에 비추어 우리 입장을 확인해야 함을 알리기 위해서였다.

그리스도인이라도 구원을 잃을 수 있는가의 문제는 하나님의 주권과 인간의 선택이라는 문제와 관련이 있다. 이런 질문을 던지면 소위 알미니안주의자들과 칼빈주의자들은 이미 답이 정해져 있다. 흔히 존 웨슬리는 전형적인 알미니안주의자이고, 존 칼빈은 전형적인 칼빈주의자라고 본다. 그러나 칼빈도 웨슬리도 그렇게 극단적이지 않았다(80명의 신학생들에게 확인해 주고 싶었던 점이 바로 이것이었다).

불행하게도 칼빈주의자나 알미니안주의자라는 용어는 일반적으로 유익하기는 하지만, 여러 부정확한 주장과 획일적 사고의 소유자라는 암시를 풍긴다. 칼빈주의자라도 편차가 매우 크고 알미니안주의자 역시 마찬가지이다. 신학의 일반적 개념으로서 칼빈주의와 알미니안주의가 아무리 유익하더라도 그들이 "모두 A만 믿고 B는 전혀 믿지 않는다"라고 단정하는 사고로 귀결되면 전혀 유익하지 않다.

현대 칼빈주의자들은 칼빈이 쓴 저작물의 일부 내용과 교리를 편중적으로 강조할 때가 있다. 예를 들어, 칼빈이 그리스도나 성령과 신비로운 연합을 강조한 사실을 간과하거나 그리스도를 사랑한 칼빈의 온정적인 면모를 놓칠 수 있다. 아마도 그들은 칼빈이 "복음이 마음 내밀한 곳까지 침투해서 영혼에 뿌리를 내리고 철학자의 차가운 권면보다 백배 더 전인적 영향을 미쳐야 하는데 혀 끝으로만 복음을 떠드는데 만족하는"[2] 자들을 얼마나 증오했는지 한 번도 읽어 보지 않았을 것이다.

마찬가지로 현대 알미니안주의자들은 알미니우스보다 더 칼빈주의적이지 않은 경우가 많다. 가령, 어떤 알미니안주의자들은 전적 타락의 교리를 폄하하고 무시하지만 웨슬리처럼 알미니우스도 이 전적 타락 교리를 인정했다. 반대로 죄가 없는 완전주의(sinless perfectionism)라는 웨슬리의 교리를 부정하는 알미니안주의자들도 많다. 알미니우스 역시 이 교리를 지지하지 않았다.

양측 모두 하나님을 사랑하고 그분의 말씀을 믿지만 강조하는 성경 본문이 다르다. 따라서 "너희들이 정말 성경을 믿는다면 내 말에 동의할 것"이라는 양측 태도는 너무나 단순한 생각이다.

어떤 교리나 가르침을 제대로 이해하고 싶다면 성경의 일부가 아니라 '하나님의 모든 경륜'(the whole counsel of God, 행 20:27, 새번역)을 고려해야 한다. 성경은 너무나 광범위하고 심오한 진리를 제시하므로 선택적인 증거(selective proof texting)로는 이 진리를 절대 알 수 없다.

### 울타리 양쪽에서 보아야 할 필요성

본서는 서로 모순되어 보이는 두 진리를 다룬다. 흔히 사람들은 어느 한쪽에 집중하면 다른 한쪽은 부정하거나 축소하기 쉽다. 이에 대한 대안으로는 양쪽을 다 수용하는 방법이 있다.

찰스 스펄전은 이에 대해 "하나님의 말씀은 납득이 되든 안 되든 모두 진리임을 인정하라"는 해답을 제시했다. 그는 이렇게 말했다.

> 성경은 하나님이 섭리로 만물을 주관하시는 모습을 보여 줍니다. 그러나 한편으로는 인간이 원하는 대로 행동하도록 내버려 두시는 모습도 보여 줍니다 … 그러다가 어떤 곳에서는 모든 일이 예정되어 있고 그것이 진리라는 가르침을 듣게 됩니다. 또 어떤 곳에서는 인간의 행동에 모두 책임이 있고 이것이 진리라고 말합니다. 하지만 제 무지와 어리석음 탓인지 저는 이 두 진리가 서로 완전히 상충하는 것은 아니라고 생각할 때가 있습니다. 이 두 진리가 인간의 생각으로는 완전히 하나로 통합될 수 있으리라 보이지 않습니다. 이 두 진리는 나란히 달리는 평행선과 비슷합니다. 우리 머리로 아무리 애써도 두 선이 만나는 지점을 발견할 수 없을 것입니다. 그러나 이 두 진리는 반드시 하나로 만납니다. 영원히 가다 보면, 다시 말해 하나님의 보좌에 가까워지면 만나게 됩니다. 그분의 보좌는 모든 진리의 근원이기 때문입니다.[3]

역사적으로 칼빈주의와 알미니안주의는 하나님의 주권과 인간의 의미 있는 선택을 둘 다 믿었다. 단지 그 믿음을 견지하는 방법이 서로 달랐을 뿐이다. 칼빈주의자들은 하나님의 주권을 강조하는 반면 알미니안주의자들은 인간의 선택을 강조하는 경향이 있었다.

### 알미니안주의란 무엇인가?

알미니안주의는 네덜란드 신학자 제이콥 알미니우스(1560-1609)와 복음주의자 존 웨슬리(1703-1791)와 관련 있는 신학적 주장이다. 그런데 이 신학이 등장한 초창기와 그 추종자들이 이후로 발전시킨 주장 사이에는 큰 차이가 있기 때문에 여기서는 주권과 자유 의지, 인간의 책임이라는 영역에서 그들이 지닌 공통의 입장에 집중할 것이다.

아메리칸 헤리티지 사전(American Heritage Dictionary)은 알미니안주의를 "예정과 선택이라는 칼빈의 교리를 부정하고 인간의 자유 의지가 하나님의 주권과 양립한다고 믿은 제이콥 알미니우스의 신학을 가리킨다"[4]라고 정의한다.

정확한 정의라고 생각한다. 하지만 인간 의지가 하나님의 주권과 양립된다고 믿기 때문에 적지 않은 칼빈주의자들이 스스로를 양립가능론자라고 부른다. 그러나 이런 양립가능성을 바라보는 그들의 시각은 알미니안주의자들과는 차이가 있다.

한 칼빈주의자는 "알미니안주의는 예정을 거부하고 인간의 자유 의지를 그만큼 강조한다"[5]라고 썼다. 이에 대해 알미니안주의자는 이렇게 응수할지 모른다.

"예정설을 성경에서 가르친다고 진심으로 믿어요. 하지만 예정설에 대한 내 생각과 당신들의 생각은 달라요."

나는 알미니안주의적 성향이 강한 훌륭한 교회에서 처음 신앙을 가졌고 오랫동안 그 가르침의 영향을 받았기 때문에 하나님의 주권과 인간의 자유 의지에 대한 그들의 특별한 시각을 잘 알고 있다. 그 내용은 이런 측면들이 포함된다. 하나님은 주권자로서 보좌에 앉아 계시고 그분의 뜻을 이 땅에 펼치신다. 언젠가 그리스도는 재림하셔서 세상을 통치하실 것이다. 반면 우리는 하나님의 뜻이 온 사방에서, 그리고 우리로 인해 매일 묵살되고 있음을 알기에 "주의 뜻이 이루어지이다"라고 기도한다. 하나님과 비교는 안 되지만 실재하는 강력한 힘을 가진 존재, 사탄이 있기 때문이다.

모든 복음주의적 알미니안주의자는 타락으로 인간 본성이 심각하게 훼손되었음을 인정한다. 그러나 여전히 인간에게 선택할 자유가 있다고 믿는다. 다시 말해, 이미 정해진 대로 받아들일 필요 없이 다른 선택을 할 수도 있다는 것이다. 그들은 자발적인 자유 의지의 힘을 믿는다. 그들은 선택이 진정한 인간성의 핵심이라고 주장한다.

"사실상 한 가지 길 외에 갈 수 없는 선택이라면 선택이라고 할 수 없다. 이런 '자유'가 없이는 인간됨도 없다."[6]

알미니안주의자였을 때에 나 역시 하나님은 모든 죄인에게 충분한 은혜를 주셔서 복음을 검토한 후 믿고 죄를 회개하도록 하신다고 배웠다. 그러나 이에 대한 우리의 선택에 대해서도 간섭하지 않으신다고 배웠다. 개인이 천국에 갈지, 아니면 지옥에 갈지는 그가 자유 의지로 내린 선택에 의해 결정된다. 예수의 사역 없이는 아무도 구원을 받을 수 없다. 또 구원을 받기 위해서는 모두 성령의 도우심이 필요하다. 하지만 개인들은 그리스도를 영접하거나 거부할 수 있다. 누구나 선행 은총(prevenient grace)이라는 하나님의 은혜를 받는다. 예수 안에서 값없이 주시는 구원의 은혜를 거부할 수도 있고 받아들일 수도 있는 자유 의지가 모두에게 있다. 알미니안주의자들은 에베소서 2장 8-9절을 이렇게 이해한다.

"너희는 그 은혜에 의하여 믿음으로 말미암아 구원을 받았으니 이것은[이 은혜와 구원은/이 은혜나 구원은] 너희에게서 난 것이 아니요 하나님의 선물이라 행위에서 난 것이 아니니 이는 누구든지 자랑하지 못하게 함이라."

알미니우스는 베르나르두스의 글을 인용해 이런 핵심 주장을 뒷받침했다.

"하나님 외에는 그 누구도 구원을 줄 수 없다. 또한 자유 의지 외에 그 어떤 것으로도 그 구원을 받을 수 없다[비교. 요 1:12]."[7]

하나님의 은혜가 아니면 누구도 구원을 받을 수 없다. 하지만 믿음을 행사하여 그 선물을 받지 않는 자 역시 구원을 받을 수 없다. 이런 의미에서 믿음은 하나님께 드리는 성도의 선물이다.

복음주의적 알미니안주의는 믿음이 구원을 얻는 자격을 획득하는 행위라고 믿지 않는다. 하지만 칼빈주의자들은 그런 믿음이 자유 의지에 의한 선택이라는 적극적 행위로 선행 은총을 수용해서 생긴다면, 그 선택을 한 사람은 그 공을 인정받고 따라서 구원을 얻는데 일조한다고 인정하는 셈이라고 비난한다.

### 칼빈주의란 무엇인가?

아메리칸 헤리티지 사전은 칼빈주의를 "하나님은 그분의 전능하심과 오직 하나님의 은총으로만 선택된 자들을 구원하신다는 존 칼빈의 종교적 교리"[8]라고 정의한다.

칼빈주의자들끼리 조금씩 입장 차이는 있겠지만 이것이 상당히 근접한 정의라는데 모두 고개를 끄덕일 것이다. 이에 대해 알미니안주의자들 역시 "하지만 우리도 하나님의 전능하심과 은혜를 통한 구원을 믿습니다"라고 응수할 것이다.

칼빈주의자 팀 챌리스는 이렇게 말한다.

"칼빈주의자란 알미니안주의의 자유 의지 개념을 부정하고 모든 인간의 의지는 죄악된 본성의 영향을 받으며 하나님이 그 중생의 사역을 행하실 때에야 비로소 그 본성에서 벗어나게 된다고 믿는 이들이다."[9]

칼빈주의자들은 알미니안주의자들처럼 사람들에게 선택할 능력이 있다고 믿는다. 그러나 각자의 지배적인 기질에 무차별 영향을 받는다고 믿는다. 타락 이후로 인간의 의지는 죄성에 매여 있다. 그러므로 타락한 의지로 내린 결정은 죄악된 본성의 한계를 고스란히 드러낸다. 요약하자면 칼빈주의자들은 알미니안주의자들보다 자유 의지의 개념을 축소해서 바라본다. 그들은 인간이 적극적 선택의 주체로서 선택을 (외부에서) 강요받지 않으며 각자의 선택에 전적으로 책임이 있다고 인정한다. 하지만 그 본성을 거스르는 선택은 할 수 없다고 믿는다.

칼빈주의자들은 사람들이 그 본성대로 자유로이 선택할 수 있다고 인정하지만, 포괄적인 자유를 누리지는 못한다고 믿는다. 우리의 본성은 우리의 선택과는 무관한 수많은 요소로 이루어진다. 우리의 유전자나 성별, 육체적이고 정신적인 능력, 부모나 형제, 출생지와 양육 환경, 어린 시절의 영향력, 교육, 우리를 형성하는 수천 가지가 넘는 환경들은 우리 선택과 무관하다. 이 모든 요소가 우리의 현재 모습과 우리 선택에 중대한 역할을 하였다. 이런 모든 요인에 어떤 영향을 받았고 그동안 살아오면서 어떤 올바른 선택을 내렸던 간에 우리는 죄성을 갖고 있다. 다시 말해, 우리가 범죄하기 때문에 죄인이 아니라 죄인이기 때문에 범죄하는 것이다. 그렇다. 사람들은 원하는 대로 행동하지만 죄인이기에 죄를 원한다. 그러므로 하나님이 먼저 능력을 주시지 않으면 죄인은 하나님을 따르기로 선택할 수 없다. 죄로 죽었기 때문에 예수님이 죽은 나사로를 살리실 때, 그가 그 부활에 협력할 수 없었던 것처럼 우리는 살리시는 하나님의 사역에 협력할 수 없다.

구원은 변화시키는 은혜의 사역(중생 혹은 효과적 부르심)이 필요하다. 인간은 하나님의 은혜로 거듭난 후에야 의를 선택할 수 있는 의지를 행사하게 된다. 혹자는 이것을 진정한 자유 의지(알미니안주의자들은 이 용어를 선행 은총과 결부시키고, 하나님이 그리스도를 믿고 안 믿고를 사람들이 선택할 수 있도록 하신다고 주장)라고 부른다.

칼빈주의자들은 에베소서 2장 8-9절을 "너희는 그 은혜에 의하여 믿음으로 말미암아 구원을 받았으니 이것은[은혜나 구원이 아니라 믿음은] 너희에게서 난 것이 아니요 하나님의 선물이라 행위에서 난 것이 아니니 이는 누구든지 자랑하지 못하게 함이라"고 이해한다.

칼빈주의자나 알미니안주의자 모두 성경을 믿는다는 사실을 유의하라. 가령, 그들은 모두 에베소서 2장 8-9절의 진리를 믿는다. 그러나 하나님을 믿는 우리 믿음이 우리에게 주시는 하나님의 선물인지 아니면 그분에게 드리는 우리의 선물인지를 두고 해석이

갈린다.

### 알미니안주의자는 하나님의 주권을 부정하는가?

어떤 칼빈주의자는 "알미니안주의들은 피조물들의 자유 의지 때문에 하나님의 뜻이 꺾이는 것처럼 가르친다"[10]고 말한다. 그러나 이런 식으로 말하는 알미니안주의자가 정말 있는가? 알미니안주의 교회에 몸담고 있을 때, 나는 한 번도 그런 말을 들은 적이 없다.

하지만 대부분 알미니안주의자들이 하나님의 주권을 믿는다고 지적한 공정한 칼빈주의자도 있다.

> 하나님이 사람들에게 선택할 자유를 주신다고 해서 인류에 대한 그분의 권위를 포기하신다는 의미는 아니다. 주권적이라고 해서 일어나는 모든 일에 세세하게 개입하시고 통제하신다는 의미도 아니다. 알미니안주의자들은 하나님이 그분의 뜻대로 인간사를 다스릴 수 있으시지만 그렇게 하지 않는 편을 선택하신다고 믿는다. 이런 생각 역시 여전히 하나님의 주권을 인정하는 것이다.[11]

알미니안주의 신학자 로저 올슨은 공통된 우려를 표명한다. "알미니안주의자들이 보기에 현대 칼빈주의 학생들과 목사들과 평신도들 사이에 알미니안주의 신학에 대한 왜곡된 정보가 판을 친다 … 알미니안주의자들이 하나님의 주권을 믿지 않는다는 말은 너무나 뻔뻔한 거짓말이다. 알미니안주의자들은 이런 거짓된 주장 앞에서 마음이 위축된다."[12]

신앙생활을 하고 처음 십년 동안, 나는 수백 권이 넘는 알미니안주의 서적들을 대부분 섭렵했다. 때로 칼빈주의자들의 책을 읽어 보면 나 같은 알미니안주의 신자의 신앙에 대해 그들이 가진 오해가 충격스러울 정도였다. 누군가가 내가 믿지 않는 내용을 믿는다고 우기면, 자연스럽게 나 자신을 방어하면서 그가 말하는 다른 주장들에도 마음을 닫게 된다.

알미니안주의자들도 하나님의 주권을 분명히 믿는다. 하나님의 주권이란, 하나님이 누구에게도 설명하실 필요 없이 그 기쁘신 뜻대로 할 수 있다는 의미라고 생각한다. 그분의 계획과 뜻은 좌절당할 수 없다. 하나님은 그분의 뜻대로 행하시는 분이다. 하지만 그분의 뜻에 순종할 수도 있고 순종하지 않을 수도 있는 자유 의지를 가진 피조물들이 그분의 뜻에 기꺼이 순종하기를 그분은 원하신다! 어떤 사람들은 주권이란, 세상에 일어나는 모든 일이 다 하나님의 뜻이며 정확히 그분이 원하시는 대로만 일어난다는 의미라고 생각한다. 또 어떤 사람들은 피조물에게 그 뜻을 거역하도록 허용하실 때조차 하나님이 우주의 통제권을 유지하신다는 의미로 이것을 이해한다.

### 칼빈주의자들은 인간의 자유 의지를 부정하는가?

이제 울타리 반대 편에서 이야기할 차례이다. 나는 여러 칼빈주의자의 주장에 동의하지 않을 때도 있지만, 여전히 칼빈주의를 적극 옹호한다. 때로는 내가 전혀 믿지 않는 내용을 믿는다고 나를 공격하는 알미니안주의자에게 충격을 받을 때도 있다.

어떤 알미니안주의자는 칼빈주의를 이렇게 해석한다.

"사람들이 회개하는 선택을 할 수 있다고 생각하지만 칼빈주의자는 그들의 생각이 착각에 불과하다고 이야기한다. 회개하지 않는 사람들은 실제로 그들이 할 수 있는 유일한 일을 하고 있는 셈이다 … 그들은 구원 문제에 관해서는 아무 선택도 할 수 없다."[13]

알미니안주의자였을 때에 나는 칼빈주의에 대한 이런 억측을 수없이 들었다. 하지만 칼빈주의에 대한 수많은 책을 섭렵한 후, 칼빈주의자들 역시 인간의 선택을 당연하게 믿고 있음을 알았다. 알미니안주의 신학자 F.L. 폴린스는 이렇게 지적했다.

"칼빈주의와 알미니안주의 모두 개인이 선택할 수 있다고 믿는다. 선택하지 않고서 개인의 인격이 불신에서 믿음으로 변화되는 일은 일어나지 않는다."[14]

그러므로 알미니안주의자들이 하나님의 주권을 믿지 않는다거나 칼빈주의자들이 인간의 선택을 믿지 않는다고 주장하는 사람들의 말은 진지하게 들을 필요가 없다. 대신 알미니안주의자나 칼빈주의자가 이런 용어들을 사용할 때, 그들이 의미하고자 하는 뜻의 유사성이나 차이점이 무엇인지 주의 깊게 살펴야 한다.

아무 편견 없이 양 진영이 어떤 교리를 믿는지 확인하고 싶다면 그 입장을 지지하는 당사자에게 물어 보라. 어떤 입장을 반대하는 사람들이 제시하는 주장이 객관적일 가능성은 별로 없다. 내가 이 책에서 최대한 객관적이고자 애를 쓴다 하더라도 사실 내가 가진 입장에 우호적일 수밖에 없다.

### 하나님의 주권과 자유 의지라는 중요한 주제에 관한 칼빈주의와 알미니안주의의 5대 쟁점

칼빈주의의 5대 교리는 종종 'TULIP'으로 약칭되며 전적 타락, 무조건적 선택, 제한적 속죄, 불가항력적 은혜, 성도의 견인으로 요약된다.

이 5대 교리는 종교 개혁으로 거슬러 올라간다. 1610년 알미니우스의 추종자들은 칼빈주의 신앙에서 동의하지 않는 부분들을 크게 5가지로 요약한 5개 항론(Five Articles of Remonstrance)을 발표했다. 결국 이 주장은 알미니안주의 5대 강령인 셈이었다. 칼빈주의(혹은 개혁주의) 운동의 리더들은 1619년 이 항목들에 반박하며 도르트 총회에서 신앙의 다섯 교리를 명문화했다. 이것이 칼빈주의 5대 교리이다.

다음 표의 다섯 항목에서 하나님의 선택과 인간의 선택, 하나님의 주권과 인간의 자유 의지 문제들이 각 항목에 다 내재되어 있음을 유의해 살펴보라. 하나님의 주권과 자유 의지와 연관된 부분이라고 보이면 한 번 더 꼼꼼하게 읽어 보라.

|  | 칼빈주의 | 알미니안주의 |
| --- | --- | --- |
| 인간의 본성과 자유 | 전적 타락-인간은 그 마음의 소망을 추구할 수 있지만 본성상 죄로 죽은 상태이기 때문에 회개할 마음을 갖지도 않고 가질 수도 없으며 하나님께 돌아갈 수도 없다. 구원의 은혜가 없이는 하나님께 반응하고 그분의 영생의 선물을 받아들이기에 철저히 무능력하다. 하나님은 중생의 유일한 주체로서 그리스도 안에서 칭의를 주실 뿐 아니라 복음을 믿을 능력까지 주시는 분이다. | 알미니우스와 웨슬리 두 사람 다 전적 타락을 인정한다. 인간은 모두 죄인이며 구원이 필요하다. 하나님은 각 사람에게 돕는 능력을 주셔서 회개하고 하나님께 돌아오도록 하신다. 회심은 두 주체, 즉 하나님과 인간이 협력함으로 일어나지만 실제로 중생하게 하는 유일한 주체는 성령이시다. |
| 구원받을 자의 선택 | 무조건적 선택-하나님은 예견된 믿음이나 인간의 선택에 근거하시지 않고 창세 전에 구원받을 자를 선택하셨다. 결정적 선택은 인간의 선택이 아니다. 결국 하나님이 선택하신 모든 자는 그 능력 주심으로 구원을 소망하게 되고 믿음으로 복음에 반응하게 된다. | 조건적 선택-하나님은 그리스도를 믿을 사람들을 미리 아시고 그들을 구원하기로 선택하셨다. 하나님은 모든 인간에게 구원을 베푸시고 누구라도 원하는 자들에게 믿을 힘을 주신다. 그러나 하나님의 선물을 받아들이고 구원을 받을지 결정하는 것은 인간이다. |
| 그리스도의 십자가 사역의 대상 | 그리스도는 오직 선택된 사람들만을 위해 죽으셨다. 특별히 택한 사람들을 위해 속전을 지불하셨다. 복음을 만민에게 전해야 하는 이유는 하나님이 인간을 사용하셔서 선택된 자들을 부르시기 때문이고 우리 인간의 눈으로는 누가 선택된 자인지 알 수 없기 때문이다. 이것은 특별한 구속 혹은 한정적 속죄라 불리기도 한다. 일부 칼빈주의자들(때로 4대 강령 혹은 온건한 칼빈주의자들이라 불린다)은 이 교리를 반대하며 그리스도가 모든 사람의 죄를 위해 죽으셨다고 믿는다. | 비제한적 속죄-그리스도의 죽으심으로 모든 인간의 죄 값이 모두 지불되었다. 그러므로 그분의 속죄는 모든 인간이 구원받기에 충분하며 각자 개인적으로 그분의 선물을 받아야 한다. 그분은 모든 사람에게 피로 사신 구원을 주신다. 그러나 그 효력은 오직 개인적 믿음으로만 나타나거나 한정된다. 믿음은 자유 의지에 의한 반응이다. 그리스도의 죽으심은 모든 인간을 구원할 수 있지만 믿고 그리스도와 복음에 순종하는 자들에게만 효력이 나타난다. |

| | | |
|---|---|---|
| 은혜: 선재적 구원의 은혜 | 거부할 수 없는 은혜-궁극적으로 하나님의 구원의 은혜는 거부할 수 없다(일시적으로 거부하는 것은 가능하다 해도). 그분은 선택하신 자들을 일방적으로 거듭나게 하시고 믿음과 영생을 주신다. 그분이 구원하기로 작정한 사람들에게는 구원의 은혜가 효력을 발휘한다. 복음을 거부하더라도 하나님은 정하신 때에 그의 고집을 꺾으신다. 구원은 피조물이 아니라 전적으로 하나님의 손에 달려 있다. | 하나님의 은혜의 복음은 강제적 요구가 아니라 초청의 형식으로 제시된다. 하나님은 모든 사람에게 선재적 은혜를 베푸시고 각 사람을 믿도록 이끄시며 초청하시고 도와주시지만 믿도록 보장해 주시지는 않는다. 하나님의 구원의 은혜는 믿는 모든 사람에게 완전한 효력이 있다(칼빈주의자도 동의한다). 하나님은 모든 사람이 구원받도록 초청하시지만 은혜를 거부하는 개인의 결정을 절대 뒤집지는 않으신다. |
| 하나님의 백성들의 견인과 영원한 안전 | 성도의 견인-하나님은 사람들을 구원하시고 택하신 자들이 구원받을 수 있는 믿음을 견지하도록 보장해 주신다. 하나님이 한 영혼도 잃지 않고 지켜 주시기 때문에 성도의 견인이 가능하다. 그들의 이름을 생명책에 기록해 두셨으므로 그 무엇으로도 그 이름을 지울 수 없다. 참된 성도라도 죄를 지을 수는 있지만 고의적이고 지속적으로 범죄하지는 않는다. 칼빈주의자들은 '영원한 안정'보다 '견인'이라는 표현을 선호한다. | 성도들이라도 구원을 잃을 수 있다. 구원은 값없이 받는 선물이지만 이후에 회수당할 수 있다. 오늘 죽으면 천국에 갈 사람이 내일 그리스도를 거부하면 지옥에 갈 수 있다. 성도들은 자유 의지로 생명책에 그 이름이 기록되는 일에 기여한다. 믿음을 버리면 생명책에서 제명된다. 하나님은 구원에 대한 우리의 선택을 결정하시지 않는다. (일부 '4대 강령' 알미니안주의자들은 하나님만이 중생하게 하시므로 구원을 잃기란 불가능하다고 믿는다.) |

논리적으로 두 신학 모두 타당성이 있다. 그러므로 어느 한 신학을 신봉하는 사람이 종종 다른 신학적 입장들을 받아들이는 이유가 무엇인지 납득이 간다. 그러나 언제나 이것이 통하지는 않는다.

예를 들어, 청년 시절에 알미니안주의 5대 강령 중 4개항을 믿는 알미니안주의자였던, 다시 말해 칼빈주의 1개 항을 믿었던 나는 진정한 성도라면 구원을 잃을 수 없다고 믿었다. 내가 출석하는 교회의 거의 모든 사람이 신학적으로 알미니안주의자였지만 구원을 잃을 수 있는가의 문제에 관해서는 거의 정확히 반반으로 의견이 갈리었다. 나는 많은 성경 구절이 구원을 잃을 수 있다고 말한다는 점을 인정했지만, 요한복음 10장 27-28절과 같은 구절들은 구원을 잃을 수 없다고 단언하는 것 같았다.

세월이 흐르고 성경을 연구하면서 알미니안주의의 나머지 항목 중 세 항목에 대한 내 생각도 점점 달라졌다. (많은 다른 사람처럼 나 역시 시간이 흐르면서 달라졌다. 칼빈주의자들은 알미니안주의에 더 가까워지고 알미니안주의자들은 점점 칼빈주의자가 되는 것이다). 제한적 속죄론과 양립하는 듯한 많은 구절을 볼 수 있었지만, 이 신학을 독단적으로 가르치는 구절을 찾을 수는 없었다. 그러나 그리스도께서 단순히 선택된 사람들뿐 아니라 모든 사람을 위해 죽으셨다고 가르치는 듯한 구절들은 여러 곳에서 볼 수 있었다(가령, 사 53:6 ; 요 1:29 ; 딤전 2:6, 4:10 ; 히 2:9 ; 벧후 2:1 ; 요일 2:2). 따라서 나는 4대 강령을 믿는 칼빈주의자라 할 수 있다.[15]

다시 말해, 나는 알미니안주의자인 동시에 칼빈주의자이며 어느 신학 진영에 일방적으로 속한 적이 없다. 소위 '온건한 칼빈주의자' 내지 '일관성 없는 칼빈주의자'이다. 과거에는 온건한 혹은 일관성 없는 알미니안주의자였지만 한 번도 어느 한 진영에 100퍼센트 속해 본 적은 없었다.

이런 말을 하는 이유는 4대 강령 칼빈주의를 옹호하기 위해서가 아니다. 그저 사람들은 특정 신학 체계를 부분적으로 수용할 수 있고, 실제로 그런 사람들이 많다는 사실을 강조하기 위해서이다. 나 역시 예외가 아니다. 개인적인 경험으로 볼 때, 구원을 잃을 수 없다고 믿는 알미니안주의자들이 적지 않고, 그리스도가 모든 사람을 위해 죽으셨다고 믿는 칼빈주의자도 많다. 많은 사람이 각자 속한 신학적 입장(특별한 용어를 사용해 인간이 만든 체계)에서 다섯 교리에 대한 결론을 내리는 것이 아니라 하나님이 감동하신 성경에 대한 나름의 이해로 결론을 내린다.

한 체계와의 일관성을 고수하는 것이 우선순위가 된다면, 자기 신학을 본문에 무리하게 적용하여 억지로 끼워 맞추고 성경을 마음대로 추론하게 되는 렌즈를 쓰는 셈이 될 것이다. 본문의 의미가 명확함에도 불구하고 다른 의미로 재해석해 억지를 부릴 수도 있다(선택이 선택의 의미가 아니라거나 모두가 모두의 의미가 아니라는 식이다). 특정한 신학 체계를 고수하고 싶은 마음은 이해할 수 있지만, 이렇듯 무리하게 본문을 읽으려고 한다면 위험하다.

인간의 선택이나 책임과 연계해 하나님의 주권 문제를 대할 경우에도 본문에 특정 교리를 억지로 대입해 해석해서는 안 된다. 이렇게 하면 인간의 선택으로 하나님의 주권을 폄하하거나 하나님의 주권으로 인간 선택의 교리를 짓누르게 된다. 3장과 4장에서 주권과 인간의 선택에 관련된 구절들을 살펴볼 텐데 양쪽 구절들이 따로 노는 것 같더라도 우리는 두 진리를 모두 믿어야 한다.

알미니안주의 5대 항목 중 3가지만 믿는 알미니안주의자가 있고 칼빈주의 3대 강령만 믿는 칼빈주의자들도 있다. 그러나 양 진영의 많은 사람이 자기 진영을 100퍼센트 옹호하고 상대 진영은 절대 수용해서는 안 된다고 주장한다. 5대 강령을 믿는 일부 칼빈주의자들은 4대 강령을 믿는 칼빈주의자들을 알미니안주의자라고 낙인찍는다.[16] 어떤 이들은 사실을 과장해 "4대 강령 칼빈주의자는 절대 없다"[17]고 말한다. 또 어떤 이들은 그리스도께서 모든 사람을 위해 죽으셨음을 믿는 칼빈주의자들이 늘 있었다고 인정한다.[18] 또 칼빈이 여러 저작물에서 무제한적 속죄를 인정하는 듯한 글을 썼다고 지적하는 이들도 있다.[19] (물론 다른 많은 곳에서 그는 제한적 속죄를 분명하게 옹호한다.)

칼빈주의나 알미니안주의에 대해 전부가 아니면 무효라는 입장은, 성경이 아니라 어느 한 신학만 하나님의 영감을 받았고 우리는 그 권위에 복종할 의무가 있어야만 정당화될 수 있다. 그러나 우리는 특정 교리에서 논리적으로 추론되어야 한다고 믿는 바가 아니라 실제로 성경이 가르친다고 믿는 것을 일관되게 수용하기 위해 노력해야 한다.

칼빈주의자는 무조건 이것을 믿고 알미니안주의자는 무조건 저것을 믿는다고 단정적으로 말할 수는 없다. 두 사고 체계 내에서도 신념의 다양한 스펙트럼이 존재한다. 기껏해야 그들 대부분이 무엇을 믿는지 혹은 많은 이가 역사적으로 무엇을 믿었는지 말할 수 있을 뿐이다. 당사자에게 물어보기 전까지는 어느 특정 칼빈주의자나 알미니안주의자가 무엇을 믿는지 정확히 알 수 없다. 아니면 그 당사자가 직접 자기 입장을 밝힐 수도 있다. (때로 그 당사자의 입장을 들었다 해도 여전히 어떤 입장인지 애매하다면, 그가 자기 입장에 확신이 없거나 핵심 용어에 대해 다른 의미를 부여하기 때문일 것이다.)

### 하나님의 선택과 피조물의 선택에 대한 칼빈주의와 알미니안주의의 상이한 주장은 다른 여러 교리에 영향을 미친다

다음 표는 하나님의 주권과 자유 의지 외에 다른 일곱 주제에 대한 칼빈주의자와 알미니안주의자의 신념을 비교한 것이다. 앞의 5대 강령 표와 다소 중복된 면이 있지만 이 표의 내용은 대부분 앞의 표와 다른 내용이 담겨 있다.

열 가지의 민감한 주제에 대해 논쟁적인 두 관점을 요약하고자 하는 시도가 보기에 따라 용감하게 보일 수도 있고 무모하게 보일 수도 있다. 특히 각 주제에 대해 소위 같은 진영이라도 많은 이들의 생각이 다르다. 그리고 서로 생각이 같다 해도 표현하는 언어가 다를 수도 있다. 그럼에도 불구하고 칼빈주의 신학과 알미니안주의 신학의 주장을 최대한 정확하고 공정하게 반영하고자 노력했다.

|  | 칼빈주의 | 알미니안주의 |
| --- | --- | --- |
| 하나님의 주권 | 하나님은 만물을 통치하신다. 인생의 추악하고 세세한 일도 통치하신다. 그분의 뜻대로 하고자 하는 인간의 욕망과 결정에 영향을 미치시거나 그것을 무력화시키실 수 있다. 아무리 악한 일이라도 그 안에는 하나님의 뜻과 계획이 있다. | 하나님은 만물을 다스리시며 누구에게도 해명할 필요가 없으시고 무엇이든 그분의 기쁘신 뜻대로 행하신다. 하지만 인간의 자유로운 선택을 존중해 주신다. 하나님은 다스리시되 우리의 결정을 뒤집지 않으신다. 죄와 고통이 판치는 이 세상은 하나님이 원하시는 모습이 아니다. |
| 예지 | 하나님은 관계적 의미에서 그분이 '아시는' 자를 결정하신다(다시 말해서 구속하기로 작정한 자들을 결정하신다). 즉, 그들을 미리 아시고 직접 선택하신다. 미래를 작정하시는 분이 하나님이시므로 미래를 알고 계신다. | 하나님은 전지하심으로 일어날 일을 미리 다 아신다. 이것은 예지 혹은 '단순한 예지'를 의미한다. 즉, 하나님은 인간의 회심을 비롯해 미래에 있을 사건들을 다 아시지만 전체적으로 그 일들을 예정하시지는 않는다. |
| 선택 | 무조건이다. 하나님은 구원하실 자를 선택하시고 그들을 자기에게로 이끄신다. | 조건적이다. 하나님은 그분을 따를 자가 누구인지 미리 아시는 예지를 바탕으로 구원할 자를 선택하신다. |
| 예정 | 하나님은 영원 전에 일어날 일을 모두 결정하시고 그 예정하신 계획대로 모든 피조물 속에서 그분의 주권적 뜻을 이루어 가신다. 하나님의 영원한 뜻으로 선택한 자들에게는 영생을 미리 작정하셨고, 그분을 거부하는 자들에게는 저주를 미리 작정하셨다. | 하나님은 예수님을 믿는 모든 자에게는 구원을 예정하셨고, 예수님을 믿지 않는 자들에게는 저주를 예정하셨다. 그러나 누가 성도가 되어 구원에 이를지 혹은 불신자로 살아갈지 미리 정해두지는 않으셨다. 이 일은 개인의 자유로운 선택에 달려 있다. 하나님은 구원얻을 자를 미리 아시지만 결정하지는 않으신다. |
| 은혜 | 하나님은 선택하신 자들에게 효과적 은혜, 즉 거부할 수 없는 은혜를 주시며 그들이 거듭나게 하신 후, 구원얻는 믿음과 영생을 주신다. | 하나님은 모든 이에게 선행 은총을 주시고 모두에게 믿을 수 있는 능력을 주신다. 믿기로 작정한 자들을 거듭나게 하신다. |

| | | |
|---|---|---|
| 믿음 | 하나님은 죄인들에게 믿음을 주신다. 죄인 스스로는 믿음을 가질 수 없다. 온건한 칼빈주의자들은 이것을 개인의 선택이라 부르기도 한다. 이 선택은 하나님의 효과적 은총으로 보장을 받는다. | 성도는 하나님의 제안을 받아들이고 하나님의 약속을 믿는다. 하나님의 은혜의 초청에 자유 의지로 반응한다. |
| 구원 | 단독설: 하나님이 선택하신 자녀들만이 중생하고 믿도록 하신다. 그러므로 구원을 주시는 이는 오직 하나님이시다. | 신인 협동설: 하나님은 구원으로 초청하시고 인간은 믿음으로 반응한다. 이로써 하나님의 일방적인 중생의 사역이 이루어진다. |
| 안전 | 하나님이 구원 사역을 이루어가시므로 구원받은 자가 끝까지 믿음을 지키게 보장해 주신다. 한 번 구원은 영원한 구원이다. | 하나님은 구원의 문제에서 인간의 선택을 결코 뒤집지 않으시므로 성도는 구원을 잃어버릴 수 있다. |
| 죄성 | 모든 인간이 아담의 죄성을 물려받아 전적으로 타락하였다. 우리는 죄의 노예일 뿐 아니라 죄로 죽은 자이다. 하나님이 주시는 은혜를 스스로 선택할 능력이 없다. 그러므로 먼저 우리 의지가 하나님으로 살리심을 받아야 한다. | 모든 인간이 아담의 죄성을 물려받아 전적으로 타락하였다. 우리는 초자연적 은총이 없으면 죄의 노예이므로 하나님께 선한 의지를 발동할 수 없다. 그러나 하나님은 그분을 선택하든지 거부할 자유를 우리에게 주셨다. |
| 자유 의지 | 우리의 선택은 우리 욕망의 지배를 받지만 외부 권위의 강요를 받지 않는다. 구원받지 못한 자들은 죄로 죽어 있으며 그 의지는 예속된 상태에 있다. 하나님의 일반 은총으로 그들은 어느 정도 올바른 선택을 할 수 있지만 스스로는 예수님을 믿기로 선택할 능력이 없다. 오직 하나님만이 인간의 마음에 구원얻는 믿음을 주신다. | 우리는 하나님의 뜻과 반대되는 선택을 할 수 있다. 어떤 결정도 강요받지 않는다. 언제나 죄로 손상된 의지라는 제약이 있지만 자유롭게 선택할 수 있다. 구원받지 못한 자들은 하나님의 선행 은총으로 그분을 믿을 능력을 받고 그분을 믿기로 선택하기 전에는 그 의지가 예속 상태에 있다. 그러나 하나님은 그들이 믿도록 만드시지 않는다. 그것은 하나님의 선택이 아니라 그들의 선택이다. |

다음에 보이는 '결정론 척도 도표'(Determism Continuum)는 칼빈주

의와 알미니안주의, 그리고 그 아류에 속하는 이론들을 표시한 것이다. 왼쪽으로 갈수록 하나님이 모든 일을 결정하신다는 믿음을 더 강하게 견지하고, 오른쪽으로 갈수록 인간의 선택과 사탄의 선택, 그와 세력들이 세계 역사에 영향을 미칠 수 있다는 주장을 더 확실하게 믿는다. 하나님이 주권자시라 해도 인간이나 사탄의 선택과 사건들을 통제하지 않으시나 언젠가 재림하셔서 영원한 자기 왕국을 세우시고 통치하실 것이라고 믿는다.

대부분의 칼빈주의자들이 견지하는 시각은 '양립 가능론'이라 불리고, 대부분의 알미니안주의자들이 견지하는 시각은 '자유 의지론'이라 불린다. 3장에서는 하나님의 주권에 대한 성경의 계시를 살펴보고, 4장에서는 자유 의지에 대해 살펴본 후, 5장에서 자유 의지론과 양립 가능론을 함께 살펴봄으로 알미니안주의와 칼빈주의의 차이들을 더 상세히 살펴볼 것이다. 또한 몰리니즘(Molinism)이라 불리는 주장에 대해서도 살펴볼 것이다. 몰리니즘은 칼빈주의자도 그 핵심 주장을 수용하고 알미니안주의자도 그 핵심 주장을 수용하는 이들이 있기 때문에 표의 중간에 표시하였다.

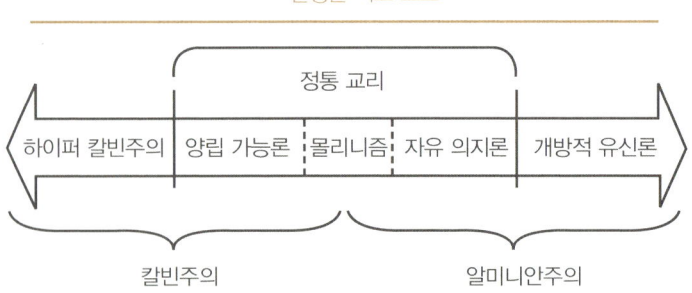

결정론 척도 도표

결정론 척도 도표의 왼쪽 끝에는 하나님이 인간이나 사탄의 생각과 행동 하나하나까지 모두 결정하신다고 주장하는 극단적인 하이퍼 칼빈주의가 자리한다. 이 주장에서 보면 실제적으로 피조물의 선택은 아예 존재하지 않는다(5장에서 더 자세히 다룰 예정이다). 오른쪽 끝에는 개방적 유신론이라는 또 하나의 극단적 주장이 자리한다. 이 주장은 피조물의 자유 의지의 능력을 강조하다가 실제적으로 하나님의 지식과 그분의 주권을 축소해 버린다. 개인적으로 이런 양 극단은 정통 교리의 범주 밖에 속한다고 믿으며(물론 동의하지 않을 이들도 있을 것이다) 주류 칼빈주와 알미니안주의는 정통 교리 범주 내에 포함된다.

칼빈주의와 알미니안주의 모두 정통 신앙일 수 있지만 반드시 정통 신앙인 것은 아니다. 정통성 여부는 각자의 구체적 신앙에 따라 결정된다. 예를 들어, 자신들의 공로로 구원받는다고 믿는 알미니안주의자들과 신봉하는 교리로 구원받는다고 생각하는 칼빈주의자들은 분명히 정통이 아니며 위의 도표상으로도 그렇다고 이해되지 않는다.

정통성은 성경이 가르치고 성도들이 역사적으로 견지한 그대로 믿음의 기본적 내용을 수용하느냐에 달려 있다. 정통성을 결정할 때 문제는 사람들마다 기독교 신앙의 '필수적 기본 요소'라고 인식하는 내용이 다르다는 것이다. 일반적으로 용인되는 핵심적 정통 신앙의 요소는 다음과 같다.

- 동정녀에게 태어나신 예수 그리스도는 완전하신 하나님이자 완전하신 인간이다.
- 그리스도는 우리 죄를 위해 죽으시고 죽은 자들 가운데서 부활하셨다.
- 유일하신 한 분 하나님은 삼위일체이시고 거룩하신 사랑의 하나님이다.
- 성경은 하나님의 영감으로 된 것으로 절대적 권위가 있다.
- 인간은 죄인으로 죄가 없으신 창조주와 분리되어 있다.
- 구원은 오직 그리스도로만 말미암는다.
- 구원은 인간의 공로가 아니라 믿음과 은혜로 가능하다.
- 성도는 영원한 생명으로 부활하고 불신자는 영원한 죽음으로 부활할 것이다.

이 기준이 절대적이거나 완벽한 것은 아니지만 대부분 정통 그리스도인이라면 인정할 내용이라고 생각한다. 내가 '주류' 칼빈주의자나 알미니안주의자를 '정통'이라고 부르는 것은, 이런 정통 신앙을 고백하는 양 진영의 다수를 지칭해서 하는 표현이다.

앞에서 핵심적 정통 신앙으로 하나님의 주권의 정확한 정의, 자유의지의 성격, 예정, 혹은 구원의 누락 가능성과 같은 내용이 언급되지 않았다는 점을 유의해서 보라.

기독교의 기본 핵심 교리를 하나 이상 탈락시키거나 왜곡하는 신학을 신봉하면 그 믿음은 이단이 된다. 신앙의 부차적 문제들, 가령 사역에서 여성의 역할이나 예언의 은사가 오늘날에도 유효한가의 문제, 천년 왕국의 성격이나 휴거 시기와 같은 문제들에 대해 의견이 갈릴 경우, 그 불일치가 실제적이고 뜨거운 논쟁의 대상이 될지라도 여전히 양 진영은 정통 신앙의 우산 아래 있다.

수많은 칼빈주의자들은 알미니안주의가 정통 신앙이 아니라고 믿고, 수많은 알미니안주의자들은 칼빈주의가 정통이 아니라고 믿는다. 그러나 칼빈주의가 무엇을 믿는지 알고 싶다면 칼빈주의자를 찾아야 하고, 알미니안주의가 무엇인지 알고 싶다면 알미니안주의자에게 확인해야 한다. 아무리 선한 의도로 비판하더라도 반대 진영의 비판이라면 객관적으로 바라보기가 쉽지 않다.

인터넷을 참고하는 것이 늘 좋은 생각은 아니다. 하지만 인터넷에서 이루어지는 설전은 대체로 아래와 같다.

- "칼빈주의는 승자를 정해놓고 짜고 치는 게임과 너무 비슷하다."[20]
- "알미니안주의는 최악의 나쁜 이단이다."[21]
- "칼빈주의는 사악하다."[22]
- "알미니안주의자는 아무도 구원받을 수 없다."[23]

이런 말들이 정말일지 정직하게 의견을 나누어 보면 어떨까?

일부 칼빈주의자들은 알미니안주의자들이 예수님을 택할 정도로 스스로 지혜롭거나 선하기 때문에 천국에 갈 수 있다는 생각을 한다고 주장한다. 결국 행위 구원을 믿는다는 것이다. 반면 어떤 알미니안주의자들은 칼빈주의자들이 사람들을 지옥에 보내고 싶어 하는 '잔혹한 하나님'을 믿는다고 비아냥거린다. 칼빈주의자들을 복음주의에 반대하고 사람에 대한 애정이 없다는 식으로 매도한다. 그들이 정말 구원을 받을 자격이 있는지 의심한다.

분명히 말하지만 내가 알미니안주의자였을 때, 행위 구원을 믿은 적은 한 번도 없었다. 내가 다니던 알미니안주의 교회 역시 은혜로 말미암아 믿음으로 구원을 얻는다고 가르쳤다. 또한 분명히 말하거니와 칼빈주의자가 된 지금의 나는 잔혹한 하나님을 믿지 않으며 사람들을 사랑하고 알미니안주의자였을 때와 마찬가지로 복음주의를 신봉한다.

상대 진영의 용어에 대한 주관적 해석 때문에 반대 진영의 성도들을 정죄하거나 사람들의 부정확한 판단에 편승해 그들을 정죄해서도 안 된다. 대신 실제로 무엇을 믿는지 직접 당사자에게 물어보아야 한다. 칼빈주의자들은 인간 마음의 부패함과 하나님의 은혜의 신비에 대한 알미니안주의자의 믿음이 얼마나 깊은지 직접 확인하면 놀라움을 느낄 것이다. 반대로 알미니안주의자는 하나님의 사랑에 감격해 눈물 흘리며 구원받지 못한 자들과 연약한 지체와 어려운 이웃을 향해 열정적으로 손을 내미는 칼빈주의자를 보고 놀라움을 느낄 것이다.

### 칼빈주의자들과 알미니안주의자가 서로의 믿음을 비난하는 이유는 무엇인가?

칼빈주의자는 알미니안주의를 '저주받을 이단'[24]이라고 비난한다. 알미니안주의자는 "칼빈주의자는 유신론적 숙명론의 다른 이름일 뿐이다"[25]라고 주장한다.

칼빈주의자는 "알미니안주의자들은 자력으로 구원을 받았다고 믿는다 … 인간은 믿음을 쌓아서 스스로를 구원해야만 한다 … 하나님과 공동으로 구속 작업에 참여해야 한다. 따라서 이들은 행위 구원을 믿는다"[26]라고 주장한다.

실제로 이런 식으로 말하는 알미니안주의자는 없다. 이것은 일부 칼빈주의자들이 생각한 알미니안주의 교리의 논리적 귀결일 뿐이다. 실제로 알미니안주의자는 이런 식으로 구원을 생각하지 않는다.

한 알미니안주의자는 이렇게 썼다.

"우리는 하나님의 손에서 놀고 있다. '개혁주의적'(칼빈주의적) 그리스도인이 바로 이런 식으로 하나님을 믿는다."[27]

정말 그런가? 모든 칼빈주의자가 실제로 이렇게 믿는다고 직접 말하는가? 아니면 그가 칼빈주의자들이 주장하는 내용이라고 주관적으로 판단하고 내린 추론인가?

로저 올슨은 칼빈주의자들이 알미니안주의 신학을 호도하는 사실을 안타깝게 여기며 칼빈주의에 대해 이렇게 말했다.

"그렇게 하면 하나님은 기껏해야 도덕적으로 모호하거나 최악의 경우 도덕적 괴물이 된다 … 모든 것이 하나님의 뜻이고 다스림이라고 주장하는 이런 칼빈주의에서는 (적어도 내가 보기에) 하나님과 사탄의 차이가 무색하다."[28]

올슨은 칼빈주의자를 비판하지만 그의 칼빈주의 해석은 정작 당사자인 칼빈주의자들과는 차이가 있다.

실제로 대부분의 칼빈주의자들은 하나님과 사탄의 차이를 구분하는데 아무 어려움이 없다! 또 내가 알미니안주의였을 때 일부 칼빈주의자들이 나를 비난했던 것과 달리 나는 '펠라기안주의자'(행위 구원을 믿음. 인간 본성의 선함과 인간의 자유 의지를 강조)가 아니었다. 나는 단 한 순간도 인간의 공로가 구원에 기여한다고 믿은 적이 없다.

대화가 시작하기도 전에 중단되게 만드는 이런 양측의 오해와 비난과 억측은 대체 무엇 때문인가?

오래전 아내와 나는 상대의 말을 서로에게 같은 의미처럼 해석하면 안 된다는 사실을 어렵사리 배웠다. 가령 아내나 내가 "원하면 오늘밤 외식할 수 있어"라고 말했다고 생각해 보자. 실제로는 "정말 외식하고 싶어"라는 의미임에도 상대방은 "나는 별로 내키지 않지만 당신이 원하면 갈게"라는 뜻으로 받아들일 수 있다.

A는 B의 말을 듣고 "내가 그렇게 말했더라도 실제 하고 싶은 말은 이것이다"라고 단정한다. 그러면 B는 A의 말에 대해 논리적 결론을

내리고(A의 논리가 아니라 B 자신의 논리로) 그것을 A가 실제로 믿는다고 추측한다. 그러나 대부분이 사실과 전혀 다르다.

예를 들어, 알미니안주의자가 "사람들은 원하는 대로 선택할 자유가 있다"고 말하면, 칼빈주의자는 "아, 그렇다면 당신은 사람들이 죄성을 갖고 태어난다거나 하나님이 주권자이심을 믿지 않습니까?"라고 묻는다. 이 말에 충격을 받은 알미니안주의자는 "뭐라고요? 저는 그 두 가지를 다 믿는데요"라고 대답한다. 칼빈주의자는 "아니, 당신은 믿지 않아요"라고 말한다. 이것은 알미니안주의자의 말에 대해 스스로 논리적 결론이라고 생각한 내용이 그 알미니안주의자에게는 논리적 결론이 아닐 수 있음을 염두에 두지 않았기 때문이다.

마찬가지로 알미니안주의자는 칼빈주의자가 "하나님은 구원얻을 사람을 선택하시고 그들이 믿도록 힘을 주신다"라고 하는 말을 듣고, "그렇다면 당신은 인간에게 선택할 능력이 있음을 부정하는군요. 사람들은 로봇에 불과하니 복음 전도와 선교가 아무 필요 없겠네요"라고 단정적으로 말한다. 그가 생각하기에 이 모든 것은 칼빈주의자의 말에 대해 논리적으로 완벽한 결론이다. 그러나 그것은 칼빈주의자의 결론이 아니다.

오직 칼빈주의자들만이 하나님에 대한 광대한 시각을 가질 수 있다고 믿는 한 칼빈주의자가 스스로를 칼마니안(절반은 칼빈주의자, 절반은 알미니안주의자)이라고 밝힌 A.W. 토저를 비난했다. 나는 「하나님에 관한 지식」(The Knowledge of the Holy)을 읽어 보고 토저가 엄위하신 하나님의 주권을 인정하고 찬양하는지 아닌지 확인해 보라고 권면해 주었다. 실제로 그 탁월한 책을 읽어 본 사람이라면 누구나 그런 비난이 오해라는 것을 단박에 알 것이다.

토저는 성경을 믿는 신자들 사이에 난 틈을 이어주는 저자들 중 한 사람이다. 한번은 칼빈주의 신학자 한 명과 알미니안주의 신학자 한 명과 점심 식사를 했다. 두 사람 다 유명한 신학자였다. 그 중 한 사람이 성경 외에 가장 깊은 영향을 받은 책이 무엇이냐고 내게 물었다. 나는 「하나님에 관한 지식」이라고 대답했다. 그 칼빈주의 신학자는 "농담 아니지요? 나도 그래요"라고 말했다. 알미니안주의 친구 역시 깜짝 놀라며 "내가 제일 많은 영향을 받은 책도 바로 그 책이에요"라고 말했다.

칼빈주의자들과 알미니안주의자들은 같은 주를 믿고 같은 성경을 믿기에 이질적인 면보다 공통점이 훨씬 더 많다. 우리는 나와 다르게 생각하고 다른 용어를 쓴다는 이유만으로 같은 성경을 믿는 성도들의 주장을 섣불리 비판하면 안 된다. 누구라도 원치 않는 성경 구절들을 배제하기만 하면 성경 몇 구절로 거의 모든 주장을 '증명'할 수 있다.

성경을 믿고 그리스도를 사랑한다는 면에서 칼빈주의자들과 알미니안주의자들은 많은 공통점이 있다. 대부분 칼빈주의자들은 알미니안주의자들처럼 일상 생활을 한다. 자유롭게 선택하고 자기 행위에 책임을 진다. 대부분 알미니안주의자들은 칼빈주의자들처럼 기도한다. 주권자되시는 하나님이 사람들의 마음을 변화시키심을 믿는다.

"당신은 칼빈주의자인가요, 아니면 알미니안주의자인가요?"라는 질문보다 더 좋은 질문들이 있다. 그 중 하나는 "성경이 실제로 무엇을 가르치는가?"이다. 또는 "당신은 성경을 믿는가?"라는 질문도 바람직하다. 우리는 우리 자신이 선호하는 신학 체계나 교회 전통에 끼워맞춘 말씀이 아니라 하나님의 말씀을 있는 그대로 믿어야 한다. 이 책이 바로 이 입장에 서 있다.

### 성경은 하나님의 주권과 인간의 선택에 대해 많은 내용을 할애한다

이 책의 원서 제목에 실망감을 느꼈을 사람들도 있으리라 생각한다. 칼빈주의자는 'hand in HAND'(손에 손 잡고)라는 제목이 두 동등한 존재의 협력적 사역을 강조하는 것처럼 받아들이고, 결국 인간을 높이고 하나님을 모욕하는 것이라고 생각할지 모른다. 인간의 손은 소문자로 표시하고 하나님의 손은 대문자로(hand in HAND) 표기한 것을 유의하여 보지 않은 사람들도 있을 것이다. 하나님의 손은 우리보다 훨씬 더 많은 영역을 다스리신다. 그리고 원하신다면 언제라도 잡은 손에 힘을 주시거나 힘을 푸실 수도 있다.

알미니안주의자는 인간을 어린 자녀의 위치에 두고 어린 자녀의 '선택'은 기본적으로 부모에게 완벽하게 통제된다는 의미가 풍긴다고 이 제목에 실망할 수도 있다. 나는 그런 사람에게 부모의 손을 잡고 있는 자녀라도 나머지 손으로 여전히 원하는 대로 할 수 있음을 상기시켜 주고 싶다.

이 한 권의 책으로 어거스틴이나 칼빈, 웨슬리 같은 뛰어난 신학자들도 해결하지 못한 복잡하고 난해한 퍼즐을 풀 수 있으리라고 믿을 만큼 내가 뻔뻔스럽겠는가? 절대 그렇지 않다. 그러나 문제를 완벽하게 다 풀 수는 없어도 조금이라도 이해하도록 도울 수는 있다.

하나님의 말씀으로 우리 뇌를 스트레칭해 주면 좋겠다. 그렇게 하면 우리 신앙에 유익하고 때로는 아주 흥미진진한 경험을 하게 될 것이다.

### 본서의 각 장에서 최대한 유익을 얻으려면 전체적으로 보아야 한다

이 책은 한 장만 보아서는 균형잡힌 시각을 얻을 수 없다. 3장을 보면 내가 의미 있는 인간의 선택을 사실상 믿지 않는 것처럼 보일 것이다. 또 4장을 보면 내가 하나님의 주권을 믿지 않는 것처럼 보일 것이다. 그러므로 결론을 정하기 전에 먼저 두 장과 그 이후의 장들을 읽어 보아야 한다. 이 책은 별로 길지도, 전문적이거나 모호하지도 않다. 나는 문제의 핵심에 집중하고자 노력했기 때문에 이 주제와 무관한 세세한 부분은 다루지 않았다.

나는 칼빈주의와 알미니안주의의 주장을 모두 인용하였다. 그들의 신학이 다르지 않아서가 아니다. 분명히 두 진영의 신학은 다르다. 그리고 일부 차이점은 중요하다. 단지 나는 양진영의 사람들이 때로 다 일리 있는 주장을 하고 있음을 알리고 싶을 뿐이다.

내가 몸담고 있는 대학의 한 신학 교수는 대학이 견지하는 것과 상반된 시각이 담긴 신간 서적을 며칠 동안 수업 시간에 비판하고 거의 난도질하다시피 했다. 그 교수의 주장에 따르면 그 책의 논리가 매우 비성경적이고 참기 어려울 정도로 빈약하다는 것이다. 나는 그 교수가 명석하고 신뢰할 만한 사람이기 때문에 그의 비판도 정확할 것이라고 생각했다.

그해 여름 나는 시간을 내어 그 책을 직접 읽어 보았다. 그 교수의 비판과 달리 성경을 매우 공정하게 다룬 탁월한 책이었다. 그 교수가 수업 시간에 신랄하게 비판했던 것과는 완전히 다른 메시지가 담겨 있었다.

이런 말을 하는 이유는 간단하다. 나와 다른 신학적 주장들을 대할 때 하나님의 말씀을 부정하지 않는 이상 열린 마음으로 접근하라는 것이다. 성경을 새로운 눈으로 읽어 보라. 그러면 때로 평소 생각해 왔던 것과 다른 말씀이 담겨 있음을 알게 될 것이다.

**먼저 각 장에 소개한 성경 말씀으로 말씀해 주시도록 하나님께 구하라**

하나님은 "내 입에서 나가는 말도 이와 같이 헛되이 내게로 되돌아오지 아니하고 나의 기뻐하는 뜻을 이루며 내가 보낸 일에 형통함이니라"(사 55:11)라고 말씀하신다. 그러니 부디 본서를 읽을 때, 다음을 유의해 주기를 바란다.

- 내 말에 꼬투리를 잡으려고 하기 보다 하나님의 말씀에 집중하라.
- "간절한 마음으로 말씀을 받고 이것이 그러한가 하여 날마다 성경을 상고"(행 17:11)한 베뢰아인처럼 성경 말씀으로 내 말을 즉각 검증하라.

이런 작업을 하기 위해서는 훈련과 하나님의 계시된 말씀에 진정으로 열린 자세가 필요하다. 하나님이 하시는 말씀을 깊이 경청하면, 그분의 주권과 인간의 의미 있는 선택에 대해 그분이 얼마나 깊고 폭넓고 아름다운 말씀을 계시해 주셨는지 깨닫고 놀라게 될 것이다.

---

주

**1.** TULIP은 전적 타락(Total depravity), 무조건적 선택(Unconditional election), 제한적 속죄(Limited atonement), 불가항력적 은혜(Irresistible grace), 성도의 견인(Perseverance of the saints)의 머리글자이다. 1600년대 알미니안주의자들의 5개항으로 된 '반박문'에 대응해 도르트 대회에서 이 '칼빈주의 5대 교리'를 천명하였다.

**2.** 존 칼빈, 「기독교 강요」, 존. 맥닐 편집(Louisville, KY: westerminster John Knox, 2006), 1:688.

**3.** C.H. 스펄전, "Sovereign Grace and Man's Responsibility"(1858년 8월 1일 로얄 서레이 가든, 설교 207), wwwspurgeon.org/sermons/0207.htm.

**4.** American Heritage Dictionary, s.v. "Arminian", www.ahdictionary.com/word/search.html?q=Arminian.

**5.** 마이클 말로우, "What Is Arminianism?", Bible Research, www.bible-researcher.com/arminiannism.html.

**6.** 로버트 E. 피키릴리, Grace, Faith, Free Will(Nashville: Randall House, 2002), 41쪽.

**7.** 베르나더스, "De Libero Arbit. et Gratia", James Arminius편의 The Works of James Arminius, D. D에서 인용, 제임스 니콜스 번역(Auburn, NY: Derby, Miller and Orton, 1853), 1:531.

**8.** American Heritage Dictionary, s.v. "Calvinism", www.ahdictionary.com/word/search.html?q=Calvinism.

**9.** 팀 챌리스, "The Introduction to Calvinism and Arminianism", Informing the Reforming(블로그), 2003년 11월 24일자, www.challies.com/articles/a-introduction-to-calvinism and arminianism.

**10.** 어윈 루처, The Doctrines That Divide: A Fresh Look at the Doctrines That Separate Christians(Gran Rapids, MI: Kregel, 1989), 212쪽.

**11.** C. 마이클 패튼, "Twelve Myths About Arminianism", Credo House Ministries, Parchment and Pen Blog, 2013년 8월 8일, www.reclaimongthemind.org/blog/2-13/08/twelve-myths-about-arminianism/.

**12.** 로저 올슨, Arminian Theology: Myths and Realities(Downers Grove, IL: InterVarsity, 2006), 116.

**13.** 데이빗 서번트, "Calvinism's Five points Considered", Shepherd Serve, www.heavensfamily.org/ss/calvinism/calvinism-total-depravity-and-irresistible-grace.

**14.** F.L. 폴린스, Classical Arminianism: A Theology of Salvation, 편집, J.M. 핀슨 (Nashville: Randall House, 2011), 156.

**15.** 4대 강령만 믿는 사람들은 청교도로는 리차드 박스처, J.C. 라일, 신학자로는 밀라드 에릭스, 브루스 데마레스트, 브루스 웨어, 그렉 앨리슨이 있다. 칼빈은 때로 제한적 속죄론을 분명히 주장하는 듯하지만 때로는 무제한적 속죄를 주장하는 것처럼 보이기도 한다. 칼빈은 마가복음 14장 24절에 대해 주석하면서 그리스도가 '많은' 사람을 위해 피를 흘린다고 하셨을 때 "'많은'이란 세상의 일부 사람들만이 아니라 온 인류를 염두에 두신 것"이라고 해석했다(Calvin's Commentaries, "Commentary on Mattew, Mark, and Luke", 3권, www.ccel.org/ccel/calvin/calcom33.ii.xxvii.html).

**16.** 니콜라스 보스의 R.C. 스프라울 비디오 강의, 2:35부터 2:45 부분인 "Men Who Think They Are Four point Calvinists Are Actually No Point Calvinists"을 참고하라. (블로그), http://nickvoss.wordpress.com/2012/06/04/men-who-think-they-are-four-point-calvinists-are-actually-no-point-calvinists/.

**17.** "There are no Four-Point Calvinists", www.reformationtheology.com/2006/03/there_are_no_fourpoint_calvini_1.php.

**18.** 게리 L. 슐츠, A Multi-Intentioned View of the Extent of the Atonement(Eugene, OR: Wipf & Stock, 2014).

**19.** "citations from Clavin on the unlimited work of expiation and redemption of Christ," http://calvinandcalvinism.com/?p=230.

**20.** 캘리프그레이셔, "Notes on Calvinism: Calvinism, a Rigged Carnival Game," Notes from a Retired Preacher(블로그), 2013년 9월 14일, http://expreacherman.com/2013/09/.

**21.** C. 매튜 맥마흔, "The 'god' of Arminianism Is not Worshipable", A Puritan's Mind(블로그), www.apuritansmind.com/arminianism/the-%E2%80%9Cgod%E2%80%9D-of-arminianism-is-not-worshippable/.

**22.** 다니엘 존스, "Calvinism Is Evil", The Usual Foolishness(블로그), 2014년 2월 21일, http://usual foolishness.com/2014/02/21/calvinism-is-evil/.

**23.** 마크 C. 카펜터, "Are All Arminians Unsaved?" Outside the Camp(블로그), www.outsidethecamp.org/efl161.htm.

**24.** 윌리엄 칠링워스, The Religion of Protestants: A Safe Way to Salvation(London: George Bell, 1888), 423쪽.

**25.** A.M. 힐스, "Calvinism and Arminianism Compared", Biblical Theology(블로그), www.biblical-theology.net/calvinism_and_arminianism_compared.htm.

**26.** 제리 존슨, "Why Do Calvinist [sic] Believe Arminians Are Teaching Work Salvation?," Calvinism Is the Gospel, 2014년 2월 19일, http://calvinismisthegospel.com/why_do_calvinist_believe_arminians_are_teaching_work_salvation_by_jerry_jonson/#sthash.TyyBRUn4.dpuf.

**27.** 스테판 파커, "Reincarnation and Predestination", Mystics444(블로그), 2009년 10월 17일, http://mystics444.wordpress.com/page/16/.

**28.** 로저 올슨, Against Calvinism(Grand Rapids, MI: Zondervan, 2011), 23쪽.

3장

하나님은 주권자이시다

"나는 하나님이라 나 외에 다른 이가 없느니라 나는 하나님이라
나 같은 이가 없느니라 내가 시초부터 종말을 알리며
아직 이루지 아니한 일을 옛적부터 보이고 이르기를 나의 뜻이 설 것이니."
이사야 46장 9-10절

"그리스도인들이여, 힘을 내라. 어떤 일도 우연이 아니다.
세상은 절대 맹목적인 운명이 지배하지 않는다. 하나님이 뜻을 세우시면
그 뜻은 반드시 이루어진다. 하나님이 계획을 세우시며 그 계획은 지혜롭다.
절대 무효화 될 수 없다."
찰스 스펄전

하나님은 주권자이시다

    1815년 나폴레옹 보나파르트는 영국을 침공하기로 자신만만하게 결정하고 구체적 시기와 장소를 정했다. 그는 워털루를 공격 지점으로, 공격 일시를 6월 18일로 잡고 전투가 마무리되면 영국이 프랑스에게 굴복할 것이라고 확신했다. 그러나 일은 그의 뜻대로 되지 않았다. 역사가들은 그 전쟁의 성패에 극적으로 영향을 미친 한 요소는 '비'였다고 믿는다.

    나중에 프랑스 소설가 빅토르 위고는 "신의 섭리는 약간의 비만 있어도 되었다 … 비가 오지 않는 계절에 하늘에 뜬 먹구름은 한 제국을 무너뜨리기에 충분했다"[1]고 썼다.

    빅토르 위고의 이 글은 성경적인 근거가 있다. 레위기 26장 4절, 열왕기상 8장 35절, 18장 41-45절, 이사야 55장 10절, 예레미야 5장

24절, 14장 22절, 스가랴 10장 1절, 야고보서 5장 17-18절 말씀은 하나님이 그분의 뜻에 따라 비를 내리시기도 하고 멈추시기도 함을 보여 준다.

선지자 예레미야는 "이방인의 우상 가운데 능히 비를 내리게 할 자가 있나이까 하늘이 능히 소나기를 내릴 수 있으리이까 우리 하나님 여호와여 그리하는 자는 주가 아니시니이까 그러므로 우리가 주를 앙망하옵는 것은 주께서 이 모든 것을 만드셨음이니이다"(렘 14:22)라고 말했다.

이 광대한 우주에서 비는 하나님이 그분의 뜻을 이루기 위해 사용하실 수 있는 수많은 수단 중 하나에 불과한 사소한 것일 뿐, 구체적으로 어떤 방법을 사용하시는지는 대부분 알려져 있지 않다.

타이타닉호를 건조한 사람이 실제로 "하나님도 이 배를 침몰시키실 수 없다"라고 했는지는 확실하지 않다. 하지만 인간은 오만함에 빠져 용납하기 어려운 어리석은 주장들을 매일 쏟아낸다.

나폴레옹이 등장하기 수백년 전 또 다른 오만한 왕 느부갓네살은 겸허히 엎드릴 수밖에 없는 한 가지 사실을 알게 되었다. 하나님은 느부갓네살의 왕국을 잠시 그에게서 빼앗겠다고 선언하시고 이렇게 전하도록 하셨다.

"하나님이 다스리시는 줄을 왕이 깨달은 후에야 왕의 나라가 견고하리이다"(단 4:26).

하나님의 말씀대로 정확히 그는 왕위에서 좌천되었고, 후에 마음이 가난해진 왕은 "하늘의 군대에게든지 땅의 사람에게든지 그는 자기 뜻대로 행하시나니 그의 손을 금하든지 혹시 이르기를 네가 무엇을 하느냐고 할 자가 아무도 없도다"(35절)라고 고백했다.

### 우리 하나님은 주권자 되신다

알미니안주의 신학자 잭 코트렐은 "하나님의 주권은 절대적 주재권으로 간결히 요약할 수 있다. 그것은 왕국이나 왕권 혹은 통치와 유사한 개념이다"[2]라고 말했다.

칼빈주의 신학자 A.A. 호지는 하나님의 주권을 "그 선하시고 기쁘신 뜻대로 모든 피조물을 다스리시고 처분하실 수 있는 그분의 절대적 권리"[3]라고 정의했다.

만물이 하나님의 통치 아래 있으며 그 어떤 일도 하나님이 허락하시거나 작정하셔야 일어난다는 사실을 인정하는 하나님의 주권이라는 개념에 이의를 제기할 그리스도인은 거의 없으리라 생각한다.

하나님은 거룩하심과 공의, 진노뿐 아니라 사랑, 자비, 은혜에 있어서도 완벽하신 분이다. 그분은 편재하시는 분이므로 우주에서 그분의 손길이 미치지 않는 공간은 없고 분자나 원자까지 다 그분의 뜻대로 움직인다. 그러므로 할 수 없는 일을 하시려다 뜻이 좌절되는 일은 없다. 네덜란드의 수상으로 재직했던 신학자 아브라함 카이퍼는 이렇게 설명했다.

"우리 인간 실존의 전 영역에서 만물의 주권자되신 그리스도가 '내 것이라'고 선언하시지 않은 영역은 단 1인치도 존재하지 않는다."4)

"나라는 여호와의 것이요 여호와는 모든 나라의 주재심이로다"(시 22:28).

하나님은 절대적 권능을 소유하시는 분이므로 사탄과 인간들이 그분의 도덕적 뜻을 거스르고자 해도 그분의 궁극적 뜻을 좌절시킬 수는 없다.

그리스도는 "그의 능력의 말씀으로 만물을 붙드신다"(히 1:3). '붙들다'로 번역된 헬라어는 페로(phero)로, '옮기다'는 뜻이며 누가복음 5장 18절에서 중풍병 걸린 사람의 친구들이 침상에 그를 메고 예수님께 고침받고자 나아왔을 때에 사용한 단어이다. 하나님은 사람들이 침대를 메고 옮기듯이 온 우주를 메고 계신다.

바울은 "모든 일을 그의 뜻의 결정대로 일하시는 이의 계획을 따라 우리가 예정을 입어 그 안에서 기업이 되었으니"(엡 1:11)라고 말한다. '모든 일'에는 어떤 것이 포함되는가?

알미니안주의 신학자 잭 코트렐은 에베소서 1장 문맥에서 이 단어는 "온 우주를 포괄하는 단어가 아니다. 하나님의 작정하신 뜻은 자연과 역사의 전 영역에서 발생하는 일을 모두 포괄하지 않는다. 그것은 유대인과 이방인을 한 머리되신 예수 그리스도 아래서 하나되게 하는 몸으로서 교회의 세움이 포함된다(비교. 엡 1:10)⁵⁾고 말했다.

반면에 대부분 칼빈주의자들은 에베소서 1장 11절의 '모든 일'을 포괄적으로 해석하여 어떤 예외도 허용하지 않는다. 따라서 하나님의 도덕적 뜻에 반하는 일에도 그분이 역사하신다고 생각한다.

### 인간의 삶과 환경에 대한 하나님의 주권을 인정하는 성경 구절은 수없이 많다

많은 성경 구절은 하나님의 피조물이 그분의 뜻에 반대할 수는 있더라도 궁극적으로는 그 시도가 패배로 돌아감을 분명히 명시한다. 몇 가지 예를 들면 아래와 같다.

> "내가 시초부터 종말을 알리며 아직 이루지 아니한 일을 옛적부터 보이고 이르기를 나의 뜻이 설 것이니 내가 나의 모든 기뻐하는 것을 이루리라 하였노라"(사 46:10).
>
> "내가 알거니와 여호와께서는 위대하시며 우리 주는 모든 신들보다 위대하시도다 여호와께서 그가 기뻐하시는 모든 일을 천지와 바다와 모든 깊은 데서 다 행하셨도다"(시 135:5-6).

우리 창조주 되신 "하나님은 복되시고 유일하신 주권자이시며 만왕의 왕이시며 만주의 주"(딤전 6:15)이시다. 성경은 하나님에 대해 아래와 같이 말한다.

"주는 만물의 주재가 되사 손에 권세와 능력이 있사오니 모든 사람을 크게 하심과 강하게 하심이 주의 손에 있나이다"(대상 29:12).
"그는 뜻이 일정하시니 누가 능히 돌이키랴 그의 마음에 하고자 하시는 것이면 그것을 행하시나니"(욥 23:13).
"지극히 높으신 이가 사람의 나라를 다스리시며 자기의 뜻대로 그것을 누구에게든지 주시며"(단 4:17).

우연히 일어나는 것처럼 보이는 일도 사실은 우연이 아니다.

"제비는 사람이 뽑으나 모든 일을 작정하기는 여호와께 있느니라"(잠 16:33).

예수님은 "참새 두 마리가 한 앗사리온에 팔리지 않느냐 그러나 너희 아버지께서 허락하지 아니하시면 그 하나도 땅에 떨어지지 아니하리라 너희에게는 머리털까지 다 세신 바 되었나니"(마 10:29-30)라고 말씀하셨다.

이 말씀들을 진심으로 믿는다면 어려운 일을 당할 때에 우리 반응이 사뭇 달라진다. 우리 힘으로는 안되지만 우리는 하나님이 그 문제들을 통제하실 수 있음을 알기에 어려움을 만나도 두려워하지 않을 것이다. 모든 일이 그분에게 영광이 되고 우리에게 유익이 되도록 해 주실 것을 믿는다.

### 하나님은 악과 재앙도 다스리신다

하나님이 악을 창조하시지는 않았지만 그것은 하나님의 계획 속에 처음부터 포함되어 있었다. 악에서 구속하시는 것이 그분의 계획의 일부였다. 세상을 창조하시기 전에 악이 등장할 것을 아시고 그분의 구속 계획에 필요한 역할을 하도록 이용하셨다.

하나님의 자녀들은 재앙과 수많은 악이 하나님과 상관없는 것처럼 대하는 경우가 있지만 성경은 그런 식으로 말하지 않는다. 오히려 하나님은 분명하게 "나는 빛도 짓고 어둠도 창조하며 나는 평안도 짓고 환난도 창조하나니 나는 여호와라 이 모든 일들을 행하는 자니라"(사 45:7)고 말씀하신다. 아모스 3장 6절은 "여호와의 행하심이 없는데 재앙이 어찌 성읍에 임하겠느냐"라고 말한다. 이 말씀 다음에 아모스 4장 6-12절에서는 자연 재해에 대한 설명이 등장한다. 하나님은 이 재앙들을 심판의 목적으로 보내셨을 뿐 아니라 자기 백성들이 하나님께 돌아오도록 징계의 목적으로도 보내셨다고 말이다. (지금 언급한 구절들은 하나님이 자기 백성들을 심판하시는 구체적 맥락을 소개하고 있지만, 모든 재앙이 하나님의 심판이라는 근거 구절은 아니다.)

자연 재해와 질병의 배후에 사탄이 있다 해도 하나님이 세상을 다스리시는 능력을 포기했다고 볼 수는 없다. 혹자는 하나님이 아니라 사탄이 자연 재해와 질병을 보내고 비극적 사건을 일으키며 생명을 앗아간다고 강조한다. 그리고 실제로 일부 성경 구절들은 이 견해를 지지하는 것처럼 보인다. 가령 복음서의 일부 구절들은 귀신의 소행으로 병에 걸리는 것처럼 말한다.

욥기는 휘장을 걷어서 보이지 않는 세계로 우리를 인도하며 하나님과 사탄이 인간의 심각한 곤경에 대해 대화를 나누는 내용을 보여 준다. 여기에는 두 가지 자연 재해가 포함된다.

"여호와께서 사탄에게 이르시되 네가 내 종 욥을 주의하여 보았느냐 그와 같이 온전하고 정직하여 하나님을 경외하며 악에서 떠난 자는 세상에 없느니라 사탄이 여호와께 대답하여 이르되 욥이 어찌 까닭 없이 하나님을 경외하리이까 주께서 그와 그의 집과 그의 모든 소유물을 울타리로 두르심 때문이 아니니이까 주께서 그의 손으로 하는 바를 복되게 하사 그의 소유물이 땅에 넘치게 하셨음이니이다 이제 주의 손을 펴서 그의 모든 소유물을 치소서 그리 하시면 틀림없이 주를 향하여 욕하지 않겠나이까 여호와께서 사탄에게 이르시되 내가 그의 소유물을 다 네 손에 맡기노라 다만 그의 몸에는 네 손을 대지 말지니라 사탄이 곧 여호와 앞에서 물러가니라"(욥 1:8-12).

사탄은 스바 사람을 부추겨 욥의 종들을 죽이고 그의 소와 나귀들을 훔치게 했다(욥 1:14-15절). 이 일이 있은 후, 욥의 종 하나가 "하나님의 불이 하늘에서 떨어져서 양과 종들을 살라 버렸나이다 나만 홀로 피하였으므로 주인께 아뢰러 왔나이다"(16절)라고 알렸다. 다음으로 갈대아 사람이 세 무리를 지어 급습해서 낙타를 빼앗고 더 많은 종을 죽였다(17절). 마지막으로, 욥의 아들과 딸들이 맏아들의 집에서 잔치를 하던 중 강풍이 불어 집이 무너져 모두 사망했다(18-19절).

스바인들과 갈대아인들은 이 강도와 살인에 대한 책임이 있는가? 그렇다. 그렇다면 그들을 부추긴 사탄에게 책임이 있는가? 물론이다. 번개와 강풍을 보낸 이도 그였다.

사탄이 '자연' 재해를 보낼 수도 있지만 욥기는 하나님이 사탄에게 악을 행하도록 선별적으로 허용하시며 그 통치를 중단 없이 지속하심을 분명히 말한다. 사탄은 하나님이 허락해 주시지 않으면 인간이 악을 행하도록 부추기고 번개를 보내어 불을 내거나 바람을 보내어 건물을 무너뜨리고 생명을 앗아가는 일을 할 권한이 없다는 사실을 알고 있었다. 우리 역시 이 사실을 알아야 한다. 하나님은 절대 악의 급습을 받지 않으시며 악에 무력하지도 않으신다.

성경은 그리스도를 "죽임을 당한 어린양"이라고 부른다(계 13:8). 또한 하나님이 "곧 창세 전에 그리스도 안에서 우리를 택하사"(엡 1:4) "그 기쁘신 뜻대로 우리를 예정하사 예수 그리스도로 말미암아 자기의 아들들이 되게 하셨으니"(5절)라고 말한다.

### 하나님은 요셉의 형들의 악행과 애굽에서의 요셉의 시련을 선한 용도로 이용하셨다

요셉은 오래전 그를 종으로 판 형들과 대화하면서 하나님의 주권을 인정하였다.

> "하나님이 큰 구원으로 당신들의 생명을 보존하고 당신들의 후손을 세상에 두시려고 나를 당신들보다 먼저 보내셨나니 그런즉 나를 이리로 보낸 이는 당신들이 아니요 하나님이시라 하나님이 나를 바로에게 아버지로 삼으시고 그 온 집의 주로 삼으시며 애굽 온 땅의 통치자로 삼으셨나이다"(창 45:7-8).

하나님은 형들의 악행으로 요셉이 애굽에 팔려 가게 허용하셨다. 하지만 사실은 하나님이 그를 애굽으로 직접 보내신 것이었다.

요셉은 또 형들에게 "당신들은 나를 해하려 하였으나 하나님은 그것을 선으로 바꾸사 오늘과 같이 많은 백성의 생명을 구원하게 하시려 하셨나니"(창 50:20)라고 말했다. "하나님은 그것을 선으로 바꾸사"라는 구절은 하나님이 단순히 나쁜 상황을 최대한 이용하셨다는 뜻이 아니다. 오히려 요셉의 형들이 어떤 짓을 할지 다 아시고 그들이 죄를 짓도록 허용하심으로 악한 상황이 선한 목적에 사용되도록 작정하셨다는 뜻이다. 형들은 악을 선택했지만 하나님은 선을 선택하셨다. 그들의 악을 이용하셔서 이스라엘과 애굽이라는 두 민족뿐 아니라 요셉의 가족들을 구원하셨다.

하나님은 악의 창조자는 아니시다. 하지만 악이 등장하는 이야기의 저자이시다. 하나님은 그분의 주권으로 태초부터 악을 허용하셨고 악을 이용해서서 구속적 선을 이루기로 계획하셨다. 즉, 하나님은 즉흥적으로 구속 계획을 짜시고 통제 밖에서 벌어진 사건들을 최대한 활용하는 식으로 일하시지 않는다는 말이다.

창세기 초반에 등장하는 한 구절은 50장 사건의 극적 배경이 된다. 하나님은 아브라함에게 "너는 반드시 알라 네 자손이 이방에서 객이 되어 그들을 섬기겠고 그들은 사백 년 동안 네 자손을 괴롭히리니"(창 15:13)라고 말씀하셨다. 이스라엘을 약속의 땅으로 인도하실 때는 그들이 구원을 받을 준비가 되고 아모리 족속이 심판을 받기에 마땅한 때가 되어 가나안에서 그 거민들을 몰아내야 할 때라고 설명하셨다(16절).

그리스도를 따르는 우리 그리스도인들 중 하나님이 선택하신 민족 이스라엘을 구원하는 도구로 사용될 사람은 많지 않을 것이다. 하지만 우리는 여전히 요셉과 많은 공통점을 지니고 있다. 그가 하나님의 자녀였듯이 우리 역시 그렇다. 그래서 나는 하나님이 요셉을 사용하신 이유가 그의 탁월함 때문이 아니라고 말해도 틀리지 않다고 생각한다. 요셉은 분명히 우리와 비교할 수 없을 정도로 놀라운 영향력을 미쳤다. 하지만 하나님이 요셉의 인생을 통해 강조하시는 것은, 그분이 우리 인생에서도 주권적으로 역사하신다는 사실이라고 나는 믿는다. 요셉의 인생이 우리와 너무나 달라서가 아니라 너무나 유사해서 놀라운 것이다. 비극적 우여곡절로 가득한 인생이라도 하나님은 그 일들을 통해 은총을 베푸시고 그분의 계획을 이루신다.

### 하나님은 주권적으로 역사적 사건을 진행하시며 어떤 일들은 반드시 일어나야 한다고 말씀하신다

예수님은 성경에 예언한 대로 하나님의 주권적 뜻을 이루기 위해 반드시 일어나야 할 일들이 있다고 선언하셨다. 그 중 일부를 소개한다.

> "이때로부터 예수 그리스도께서 자기가 예루살렘에 올라가 장로들과 대제사장들과 서기관들에게 많은 고난을 받고 죽임을 당하고 제삼일에 살아나야 할 것을 제자들에게 비로소 나타내시니"(마 16:21).
> 
> "난리와 난리의 소문을 들을 때에 두려워하지 말라 이런 일이 있어야 하되 아직 끝은 아니니라"(막 13:7).
> 
> "또 복음이 먼저 만국에 전파되어야 할 것이니라"(막 13:10).
> 
> "그러나 그가 먼저 많은 고난을 받으며 이 세대에게 버린 바 되어야 할지니라"(눅 17:25).
> 
> "그리스도가 이런 고난을 받고 자기의 영광에 들어가야 할 것이 아니냐 하시고"(눅 24:26).

삼위 하나님이 영원 전에 아시고 결정하신 일이기 때문에 예수님이 십자가로 나아가는 일은 선택 사항이 아닌 반드시 해야 하는 일이었다. 하나님은 어떤 일을 선택하셨고, 그 일이 계획대로 이루어지기 위해서는 반드시 일어나야 할 일이 있었다.

베드로는 예루살렘 군중에게 설교하면서 그리스도에 대해 이렇게 말했다.

"그가 하나님께서 정하신 뜻과 미리 아신 대로 내준 바 되었거늘"
(행 2:23).

하나님은 죄인을 구속하기로 계획하시고 그 일을 이루는데 필요한 일을 하셨다. "예루살렘에 올라가", "있어야 하되", "죽임을 당하고", "정하신 뜻"이라는 표현들은 하나님의 주권과 예정과 관련해 반드시 일어나야 할 일이 있음을 보여 준다.

### 하나님은 질병과 장애도 주장하신다

성경은 때로 육체적 질병을 타락의 결과로 인식하거나 때로 귀신의 장난이라고 말하지만, 궁극적으로는 하나님이 허락하신 것으로 본다.

하나님은 모세에게 "누가 사람의 입을 지었느냐 누가 말 못 하는 자나 못 듣는 자나 눈 밝은 자나 맹인이 되게 하였느냐 나 여호와가 아니냐"(출 4:11)라고 말씀하셨다. 놀랍게도 하나님은 이런 질병과 장애가 온전히 자기 책임이라고 말씀하신다. 하나님이 장애를 주신다면 질병은 왜 아니겠는가? 그렇다면 하나님이 이차적 수단을 이용해 사람들에게 다운증후군과 기형과 암도 주셨다고 이해해야 하는가?

1985년 이후로 매일 나는 인슐린 의존 당뇨병과 싸워야 했다. 그 과정에서 나는 하나님을 절대적으로 의존해야 살 수 있는 존재임을 인정하게 되었다. 나는 이 병으로 인해 하나님께 더욱 가까이 나아가게 되었고 이제는 이 병을 주신 하나님께 감사하고 있다.

어떤 그리스도인들은 장애가 하나님과 무관하며, 장애를 하나님의 주권적 역사로 보면 그분을 괴물 같은 존재로 만드는 꼴이 된다고 주장한다. 또한 사람들이 하나님에 대해 분노할 빌미를 준다고 주장한다. 하지만 이런 주장은 하나님이 사람들에게 장애를 주었다고 직접 말씀하신 출애굽기 4장 11절의 분명한 내용 앞에서 무력해진다. 납득이 되지 않더라도 성경이 나의 최종 권위라면 그 성경을 믿어야 하지 않겠는가? 나는 그동안 수많은 장애인들과 대화를 나누면서, 장애를 주신 이가 하나님이라는 것을 받아들일 때에 그들이 오히려 큰 위로를 얻는 것을 확인하였다.

### 하나님은 장애를 이용하셔서 특별한 뜻을 이루신다

명석한 두뇌를 가진 친구 데이비드 오브리언은 선천성 중증 뇌성마비를 앓고 있지만 신체의 악조건에 굴복하지 않고 늘 환하게 웃으며 큰 기쁨을 누리고 산다. 한번은 데이비드의 요청으로 장애인 모임에 참여하게 되었다. 그는 작성해 온 연설문을 온 힘을 다해 읽어내려가다가 한 번씩 쉬곤 했다. 나는 그가 쓴 글을 한 줄 한 줄 큰 소리로 따라서 읽었다.

데이비드의 글은 "하나님이 장애나 고통을 초래할 사건에 직접 개입하실 수 있는가?"라는 내용으로 시작되었다. 그 글을 읽어 내려가던 나는 창세기 32장 24-28절의 야곱이 인간의 모양을 했지만 하나님으로 밝혀진 남자와 씨름하는 이야기를 보았다. 데이비드는 이렇게 썼다.

"성경을 보면 하나님이 그분의 손으로 야곱의 넓적 다리를 치셔서 그의 엉덩이 뼈가 탈골되었다고 합니다. 하나님이 직접 이 장애를 주신 것이지요. 저는 야곱이 하나님의 축복(데이비드는 야곱의 장애를 축복이라고 표현했다)으로 목숨이 보존되었고, 이후 하나님의 능력을 평생 의지하며 살게 되었다고 믿습니다."

데이비드는 하나님이 보지 못하고 듣지 못하고 말하지 못하는 사람들을 만드셨다는 출애굽기 4장 11절의 말씀을 인용하면서 이렇게 말했다.

"하나님은 각 사람의 마음과 생각을 아시고, 주의 뜻을 따르기에 적합한 몸으로 빚어 주십니다. 정원사는 조금씩 긴장을 가하는 식으로 나무를 아름다운 아치 모양으로 만듭니다. 특별한 몸은 마음과 의지가 점진적으로 긴장 상태로 만들어 하나님께 영광을 돌리도록 만들어 준답니다."

그러고 나서 데이비드는 요한복음 9장 1-3절을 거론했다. 제자들은 날 때부터 장님인 사람의 장애가 그 죄 때문이라고 생각했다. 그런데 예수님은 제자들의 이런 생각을 "이 사람의 죄 때문도 아니고 그 부모의 죄 때문도 아니다"라고 고쳐 주셨다. 그리고 그 장애의 목적을 "하나님의 일이 그 인생에서 드러나도록 하기 위해서"라고 설명해 주셨다. 하나님은 그가 고침받기 오래전에 그 인생을 향한 의도적인 뜻을 세워두고 계셨다. 사탄이나 유전자, 그 외 수많은 다른 요인들이 장애나 질병의 직접적인 혹은 이차적인 원인이 될 수 있음을 데이비드 오브리언도 인정할 것이다. 하지만 하나님은 여전히 모든 것의 궁극적이고 일차적인 원인이 되신다.

데이비드는 "그리스도께서 고난으로 온전하게 되셔야만 했다면 우리 같은 인간이 어떤 식으로든 고난을 당할 수밖에 없음을 예상해야 마땅하지 않겠습니까?"라고 자신의 글을 정리했다. 그러고 나서 잊을 수 없는 한마디를 덧붙였다.

"하나님은 각자에 알맞게 고난을 맞춤 제작해 주신답니다."

데이비드의 다음 말은 이해하기가 쉽지 않지만 전달하고자 하는 의미는 분명했다.

"지금의 저를 만드신 하나님의 지혜에 어찌 감히 의문을 품을 수 있겠습니까?"

회의론자들은 장애를 지닌 성도들에 대해 "그 사람들은 이런 식으로 현실을 부정하고 거짓 위로를 얻고 있다. 그들을 사랑하는 하나님이 진짜 계신다면 그런 식으로 그들을 대하지 않을 것이다"라고 혹평할지 모른다.

그러나 그곳에 있던 청중들은 데이비드의 강연을 듣고, 그 보혈로 우리를 구원하시고 부활을 선물로 주신 주권자 하나님을 경배할 이유를 더 분명히 알게 되었다. 절망만을 안겨 주는 회의론자들을 믿기보다 위로와 소망을 주시는 분을 더 신뢰하고 경배할 이유가 분명히 있는 것이다.

### 하나님은 우리의 고난에도 주권자가 되신다

하나님의 주권 교리가 우리에게 위로로 작용할지 위협으로 작용할지는 우리 마음 상태에 달려 있다. 19세기의 윌리엄 어니스트 헨리는 "인빅투스"(Invictus-정복되지 않는)라는 시에서 오만한 인간의 태도를 잘 드러낸다. 그는 자신의 '굴복하지 않는 영혼'에 대해 말하면서 이렇게 단언했다.

아무리 문이 좁을지라도
아무리 많은 형벌이 기다릴지라도
나는 내 운명의 주인
내 영혼의 선장이다.[6]

찰스 스펄전은 "주권 교리처럼 그 자녀들에게 위로가 되는 하나님의 속성은 없다 … 반면에 이 교리처럼 세상 사람들에게 증오의 대상이 되는 진리도 없다"[7]라고 말했다.

우리는 하나님뿐 아니라 그 누구에게도 강요받기를 원치 않는다. 야고보는 하나님의 계획에 복종하지 않고 자기 마음대로 할 수 있다고 착각하는 인간의 오만함을 꼬집었다.

> "들으라 너희 중에 말하기를 오늘이나 내일이나 우리가 어떤 도시에 가서 거기서 일 년을 머물며 장사하여 이익을 보리라 하는 자들아 내일 일을 너희가 알지 못하는도다 너희 생명이 무엇이냐 너희는 잠깐 보이다가 없어지는 안개니라"(약 4:13-14).

하나님이 자력으로 인생을 살아가도록 하신다고 생각하면, 인생이 뜻대로 풀리지 않을 때 쉽게 하나님을 원망하고 심지어 '믿음을 잃게' 된다. 그러나 사실 그런 믿음은 잃어야 좋다. 다시 말해, 그런 믿음은 모든 어려움에서 우리를 지켜 주시지는 않지만, 모든 어려움 속에서 우리와 함께 하겠다고 약속하시는 주권적 은혜의 하나님을 믿는 믿음으로 대체되어야 한다.

### 모든 어려움 속에서 하나님의 사랑의 주권을 신뢰할 수 있다

벤자민 B. 워필드는 1921년 사망하기까지 프린스턴신학교에서

34년간 학생들을 가르쳤다. 오늘날까지 그의 책이 널리 읽히지만 그의 개인사를 아는 이는 별로 없다. 1876년 25세에 그는 애니 킨케드와 결혼했다. 그런데 신혼 첫날 무서운 폭풍 속에서 애니는 번개에 맞아 완전 불구가 되었다. 워필드는 1915년 그녀가 숨을 거둘 때까지 지극 정성으로 아내를 보살폈다. 아내가 혼자 힘으로 아무것도 할 수 없었기 때문에 39년간의 결혼 생활을 하면서 불가피한 경우가 아니라면 워필드는 한 번에 두 시간 이상 집을 비우지 않았다.[8]

개인적 시련을 로마서 8장 28-29절의 렌즈로 바라보았던 워필드는 이렇게 썼다.

> 첫째로, 하나님이 우주를 통치하신다고 생각한다. 우리에게 일어나는 모든 일은 하나님의 통치 범위 안에 있다. 둘째로, 하나님은 그분을 사랑하는 자들에게 그 은혜를 베푸신다고 생각한다. 만물을 통치하시는 하나님이라면 그가 은혜를 베풀고자 하는 사람들에게 일어나는 일은 모두 좋은 일일 수밖에 없다 … 그리고 우리에게 일어나는 모든 일에서 좋은 것만을 거두도록 세상을 통치하실 것이다.[9]

실제로 워필드 박사에게 좋은 일만 일어났는가? 우리는 우리에게 일어나는 모든 일에서 좋은 열매만 거두고 있는가? 워필드는 고통의 한가운데서 이 말을 했고 하나님의 사랑의 주권을 분명하게 인정하고 강조했다.

어떤 성도들은 하나님이 우리 인생의 어려움을 조율하신다는 생각을 잘 받아들이지 못한다. 그러나 워필드의 생각은 매우 다르다.

> 어떤 어려움이 닥치더라도 하나님을 사랑하는 자에게 모든 것이 합력하여 선을 이루리라고 확신하는 이유는 하나님이 섭리하시기 때문이다 … 하나님의 섭리가 없다면, 하나님이 주시지 않았음에도 어려움이 닥칠 수 있다면, 하나님이 다른 생각을 하시거나 여행을 가서서 자리를 비웠거나 주무시는 와중에 성도가 악한 원수의 먹이가 될 수 있다면, 우리에게 어떤 희망이 있겠는가? … 모든 일이 주님의 주관 아래 있지 않다면 우리가 받을 위로는 송두리째 사라진다.[10]

### 하나님은 최악의 상황을 최선의 상황으로 만드신다

낸시 거스리는 청중들에게 종이 한 장을 반으로 접어 보라고 지시했던 한 강사의 이야기를 들려 주었다. 강사는 반으로 접은 종이 윗면에 그동안 겪었던 가장 고통스러운 기억들을 적고 아랫면에는 가장 좋았던 일을 적으라고 시켰다. 예외없이 사람들은 윗면에 적은 내용이 아랫면에 있음을 발견했다. 가장 힘들었던 일이라고 생각했던 것이 시간이 흐르면서 최고의 일로 반전되는 계기가 된 것이다.[11]

나 역시 이것을 확인했다. 당신도 확인해 보라. '최악의 일'이 시간이 지난 후에 가장 행복한 일과 겹친다는 것을 알게 될 것이다.

이런 결과는 불행과 고통이 바람직한 것은 아니지만, 하나님이 이 일들을 사용하셔서서 지극히 선한 일을 이루신다는 설득력 있는 증거가 된다. 이 사실을 명심하면 현재의 고난에서 어떤 구원의 의미도 찾지 못할 때조차 하나님은 우리를 보고 계시며 언젠가 우리도 그것을 확인하리라는 큰 확신을 얻을 수 있다.

> 하나님이 그분의 능력을 사용하시는 방법에 대해서는 생각이 다르더라도 그분이 주권자되시고 전능하신 분이라는 사실은 모두 동의한다

하나님은 "강하고 능한 여호와시요 전쟁에 능한 여호와"(시 24:8)이시다. "여호와께서 능치 못한 일이 있겠느냐"라는 수사적 질문은 없다는 대답을 이미 함축하고 있다(창 18:14 ; 렘 32:27과 비교). 예수님은 "하나님으로서는 다 하실 수 있느니라"(마 19:26)고 말씀하셨다.

하나님은 "전능하신" 분이다(고후 6:18 ; 계 1:8). "우리가 구하거나 생각하는 모든 것에 더 넘치도록 능히 하실 이"이다(엡 3:20). 세례 요한은 "능히 이 돌들로도 아브라함의 자손이 되게" 하시는 분이라고 말했다(마 3:9).

하나님의 주권은 분명한 진리이지만 주권에 대해 사람들이 하는 말이 모두 진리는 아니다. 성경은 하나님의 주권을 강조하지만 사탄과 귀신들뿐 아니라 악인들의 역할도 전적으로 인정한다.

성경은 사탄과 귀신들이 실제로 이 세상의 일에 강력한 영향력을

발휘한다는 사실을 분명하게 명시한다(살후 2:9 ; 딤전 4:1 ; 요일 5:19 ; 계 12:9). 우리는 하나님의 주권을 강조하다가 가공할 악의 세력을 부정하거나 무시하면 안 된다.

주권만을 강조하면 인간의 선택이 사실상 무시되고 명목상으로만 존재할 뿐 결과적으로 유명무실해진다.

"하나님은 주권자이시기 때문에 우리가 어떻게 사는지는 실제로 중요하지 않다. 우리가 죄를 선택하더라도 그것까지 다 하나님의 계획 안에 있다. 개인의 노력이 중요하지 않은데 직장 생활이나 가정 생활 혹은 부모님과 관계를 개선하기 위해 노력할 이유가 어디 있는가?"

그러나 성경에는 이런 결론을 부정하는 구절들이 가득하다. 모세가 신명기 30장 19절에서 "너와 네 자손이 살기 위하여 생명을 택하고"라고 말했을 때, "하나님이 너희들의 선택을 모두 다 예정해 두셨으니 옳은 선택을 하든 그른 선택을 하든 실제로 하나님이 선택하도록 하신다"는 의미로 말한 것이 분명 아니었다.

"너희가 섬길 자를 오늘 택하라"(수 24:15)고 여호수아가 권면했을 때, 그들이 우상과 하나님 중에 누구를 택하든 그것은 전부 다 그들의 선택이라는 의미로 이 말을 한 것은 아닌가? 물론 우리는 올바른 선택을 할 힘을 주시도록 하나님께 구해야 마땅하다. 그러나 그것은 하나님이 우리 대신 선택을 해 달라는 의미와는 다르다.

죄의 비극적 결과를 알려 주는 수많은 성경 구절들은 어떻게 생각하는가? 아간의 죄로 그 가족이 전부 몰살당하고(수 7:10-26) 헤롯이 아기 예수를 죽이기 위해 수많은 영아들을 학살했을 때(마 2:16-18), 이 선택은 하나님이 허락하시고 사용하신 실제적인 선택이며 또 그런 의미에서 예정된 선택이라고 보아야 하는가? 아니면 누구도 죄를 짓도록 하시지 않았다는 의미에서 하나님의 결정이 아니라고 보아야 하는가?

칼빈주의 목회자라도 교인들에게 "하나님은 여러분의 죄와 여러분의 알미니안주의 신학을 포함해 모든 일을 주권적으로 예정해 두셨기 때문에 여러분이 어떤 선택을 하는지는 전혀 중요하지 않습니다"라고 말하지 않는다. 오히려 회개를 촉구하고 죄를 짓지 말며 올바른 진리를 믿기로 선택하라고 훈계한다. 모든 설교가 교인들에게 올바른 선택을 호소하고 있지 않는가? 그리고 실제로 우리 역시 그런 선택들을 하기 위해 노력하지 않는가?

> "그의 신기한 능력으로 생명과 경건에 속한 모든 것을 우리에게 주셨으니 이는 자기의 영광과 덕으로써 우리를 부르신 이를 앎으로 말미암음이라"(벧후 1:3).

하나님은 우리에게 올바른 선택을 할 능력을 주셨다. 우리가 종종 그릇된 선택을 한다는 사실이, 하나님뿐 아니라 우리 역시 우리 인생의 방향을 직접 결정하고 있다는 의미가 아니겠는가?

하나님의 주권은 분명하게 인정하지만 그렇다고 인간의 선택 능력이나 각자가 내린 선택의 책임마저 부정하는 것은 아니다. 이렇게 해서 우리의 두 번째 주제, 즉 의미 있는 인간의 선택이라는 주제와 자연스럽게 연결된다.

---

주

장이 시작할 때 나오는 두 번째 글은 C.H. 스펄전의 '여름 과일 광주리A Basket of Summer Fruit'(1860년 10월 28일, the Strand Exeter Hall, New Park Street Pulpit, 343번 설교)에서 인용함. www.spurgeon.org/sermons/0343.htm

1. 빅토르 위고, 「레미제라블」(New York: Modern Library, 1992), 14쪽.
2. 잭 코트렐, What the Bible Says About God the Ruler?(Eugene: College Press Publishing, 2000), 266쪽.
3. A.A. 호지, 신학 개요, 윌리엄 H. 굴드 편집(London: T. Nelson, 발행연도 모름), 130쪽.
4. 아브라함 카이퍼, 아브라함 카이퍼: A Centennial Reader, 제임스 D. 브래트 편집 (Grand Rapids, MI: Eerdsmans, 1998), 461쪽.
5. 잭 코트렐, 'Dr Jack Cottrell on Ephesians 1:1–11', Armanian Today(블로그), http://armaniantoday.com/2012/10/03/dr-jack-cotrell-on-ephesians-11-11/.
6. 윌리엄 어니스트 헨리, 'Invictus,' 로이 J. 편찬, 명시 101선(Chicago: McGraw-Hill, 1958) 95쪽에서 인용.
7. C.H. 스펄전, 'Divine Sovereignty'(1856년 5월 Southwark, New Park Street Chapel, 77번 설교), www.spurgeon.org/sermons/0077.htm.
8. 존 D. 우드리지, Great Leaders of the Christian Church(Chicago, Moody, 1989), 344쪽.
9. B.B. 워필드, Faith and Life(Edinburgh: Banner of Truth, 1991), 20쪽.
10. B.B. 워필드, 'God's Providence over All', 존 E. 미터 편집(1929; 1991년 Grand Rapids, MI: Baker 재출간), 1:110.
11. 낸시 거스리, Holding On to Hope: A Pathway Through Suffering to the Heart of God(Carol Stream, IL: Tyndale, 2002), 39쪽.

—
4장
—

인간은 자유 의지로
의미 있는 선택을 한다

"너희 조상들이 강 저쪽에서 섬기던 신들이든지 또는
너희가 거주하는 땅에 있는 아모리 족속의 신들이든지
너희가 섬길 자를 오늘 택하라
오직 나와 내 집은 여호와를 섬기겠노라."
여호수아 24장 15절

"나는 생전에 만든 쇠사슬을 차고 있다네.
한 줄 한 줄 내가 만든 사슬이라네.
내가 직접 자유 의지로 만들고 내 의지로 쓰게 되었다네."
찰스 디킨스의 「크리스마스 캐롤」 中 제이콥 말리의 유령의 대사

인간은 자유 의지로
의미 있는 선택을 한다

    76세의 리비우 리브레스쿠는 버지니아공과대학에서 항공우주 공학을 가르치는 교수였다. 2007년 4월 16일 총으로 무장한 사람이 강의 중인 교실로 난입하려고 하자, 리브레스쿠는 문을 몸으로 막아 20명 중 한 명을 제외한 학생들이 창문으로 빠져나갈 틈을 만들어 주었다. 무장한 사람은 그에게 다섯 방을 쏘았다. 머리를 겨냥한 마지막 한 방으로 그는 숨을 거두었다.

    홀로코스트 생존자였던 리브레스쿠는 자신의 몸으로 살해범을 막아 학생들의 생명을 구했다. 그날은 바로 홀로코스트 기념일이었다. 리브레스쿠의 의미 있는 자발적 선택으로 그 학생들은 목숨을 구할 수 있었다.

### 알미니안주의자도 칼빈주의자도 인간의 선택을 매일 인정한다

선택이란 너무나 분명하고 당연한 것으로 재고의 여지가 없다. 그러기에 이런 논증을 읽는 자체가 이상하게 생각될지 모른다. 그러나 선택의 문제는 본서의 두 중심 주제 중 하나로서 꼼꼼하게 따져볼 가치가 있는 중요한 주제이다.

일부 알미니안주의자들은 칼빈주의자들이 인간의 선택을 믿지 않는다고 생각한다. 뷔페 식당에서 칼빈주의자들이 "원하는 대로 마음껏 골라 먹을 수 있다"는 말을 들으면 당혹스러워한다는 농담도 이런 맥락에서 나온 것이다. 그러나 대부분의 알미니안주의자들이 하나님의 주권을 믿듯이 대부분의 칼빈주의자들 역시 인간의 선택을 믿는다.

칼빈주의자가 알미니안주의자에게 자기 입장이 옳음을 설득하려고 할 때마다 사실 그는 선택권을 행사하여 알미니안주의자에게 같은 선택을 하도록 권면하는 셈이다. 하나님이 칼빈주의자의 생각을 바꾸어 주시도록 기도하는 알미니안주의자 역시 하나님이 인간의 선택에 개입하신다는 사실을 인정한다. 본서를 쓰기로 결정한 나의 선택, 그리고 이 책을 읽기로 한 독자의 선택 역시 '의미 있는 선택'이 가능하다는 강력한 증거이다.

알미니안주의자들은 하나님이 주권으로 사람들이 죄를 짓도록 허용하신다고 믿는다. 실제로 사람들은 타인들의 죄와 폭력에 희생될 수 있다. 온갖 살인, 강간, 대량 학살이 이 사실을 증명한다. 많은 알미니안주의자들이 악에 대한 하나님의 계획이 있다고 주장한다. 그러나 이것은 본질적으로 피조물의 그릇된 선택을 하나님 탓으로 돌리는 것이라고 생각한다.

칼빈주의자들 역시 하나님이 악을 허용하신다고 생각하지만 허용보다 더 강한 표현을 사용한다. 그들은 하나님이 악을 일으키시지는 않지만 악을 '작정하시거나' '정하신다'는 식으로 말한다. 하나님은 그분의 주권적 계획으로 그 일을 하시고, 심지어 사산이나 끔찍한 사고로 한 사람의 인생이 완전히 망가지는 사건처럼 어떤 선한 이유가 있는지 전혀 납득할 수 없는 일도 하나님의 주권적 계획에 속한다. 칼빈주의자들은 그런 일이 하나님의 계획에 속해 있지 않다면, 사실상 하나님이 세상을 통치하시지 않는 것이라고 믿는다. 많은 알미니안주의자들은 고난을 비롯한 인생의 세세한 모든 일을 하나님이 계획하신다고 보지 않으며 하나님의 계획이 큰 붓으로 윤곽만 그려진 상태와 같다고 믿는다. 그래서 피조물은 하나님이 계획하시지 않은 많은 일을 선택하고 결정한다.

### 하나님은 선택의 결과를 아심에도 인간에게 선택의 자유를 주셨다

선택이란 누군가의 의지적 행위이다. 하나님이 의지를 작동하시듯이 인간도 의지를 작동한다. 사탄 역시 하나님과 정반대되지만 자기 의지가 있다(딤후 2:26). 의지는 모든 지적 존재의 특성이며 선택할 수 있는 능력은 인간됨의 핵심 요소이다.

하나님은 지성적이시고 창조적이시며 소통하시되 그분의 뜻대로 선택하시는 분이다. 그렇다면 그분의 '형상'대로 만들어졌다는 것은 실제적으로 어떤 의미인가?(창 1:27, 5:1). 학자들은 이 문제에 대해 의견이 분분하다. 하나님의 형상으로 만들어졌다는 것은 유한하기는 하지만 그분의 속성을 일부 물려받았다는 의미일 가능성이 높다. 그분이 생각하시므로 우리도 생각할 수 있고, 그분이 말씀하시기에 우리도 말할 수 있으며 그분이 창조하시기에 우리도 창조할 수 있고, 그분이 선택하시기에 우리도 선택할 수 있다.

하나님은 태초부터 천사와 인간이 어떤 환경에서 어떤 선택을 할지 다 아셨다. 그분은 그들이 범죄하지 않도록 개입하실 수 있었지만, 그들의 선택권을 존중하셨다. 미리 프로그램되는 것은 로봇의 특성이지 인간의 본질이 아니다.

철학자 앨빈 플랜팅가는 "하나님은 자유로운 피조물을 창조하실 수 있지만, 그들이 오직 옳은 일만 하도록 만들거나 강요하실 수는 없다"[1]고 말했다. 피조물이 그분의 뜻대로 행하도록 만들 능력이 하나님께 없다는 의미로 이렇게 말한 것이 아니다. 단지 하나님이 그분의 뜻대로 피조물이 움직이도록 능력을 사용하신다면 그 피조물이 '자유롭다'고 부를 수 없다는 뜻이다.

C.S. 루이스는 「순전한 기독교」에서 이렇게 지적했다.

하나님은 자유 의지를 지닌 존재를 창조하셨다. 다시 말해서 옳은 일을 할 수도 있고 그릇된 일을 할 수도 있는 피조물을 창조하셨다. 혹자는 자유로우면서도 그릇된 길로 갈 가능성이 원천 배제된 피조물이 가능하다고 생각한다. 그러나 나는 생각이 다르다. 어떤 존재가 그 뜻대로 선을 행할 수 있다면 또한 악을 행할 수도 있다. 자유 의지란 악을 저지르는 의지도 포함된다. 그렇다면 왜 하나님은 자유 의지를 주셨는가? 자유 의지란 악을 저지를 수도 있지만 또한 사랑이나 선과 유익한 기쁨을 가능하게 하는 유일한 것이기 때문이다. 피조물들이 기계처럼 움직이는 로봇화 된 세상은 창조할 가치가 별로 없다. 하나님이 고등한 피조물에게 주고자 계획하신 행복은 자유롭고 자발적으로 그분과 또는 서로와 합일하는 기쁨이다 … 이런 이유로 인간은 자유로워야 한다.[2]

루이스는 또 다음과 같은 중요한 점을 지적했다.

물론 하나님은 그들이 자유를 남용하면 무슨 일이 일어날지 아셨다. 하지만 그분은 그 위험마저도 감수할 가치가 있다고 생각하셨다 … 하나님이 자유 의지를 위해 우주의 이런 전쟁 상태를 감수할 가치가 있다고 생각하신다면, 다시 말해서 하나님이 줄을 당길 때만 움직이는 장난감 세상이 아니라 피조물 스스로 선을 행하거나 악을 저지를 수도 있고 실제적으로 중요한 일이 일어날 수도 있는 살아 움직이는 세상을 만드시기 위해 이런 상태를 감수할 가치가 있다고 생각하신다면, 우리 역시 그것을 감수할 가치가 있다고 생각해야 할지 모른다.[3]

### 아담과 하와는 범죄하기로 선택했다

창세기 2장 16-17절은 "여호와 하나님이 그 사람에게 명하여 이르시되 동산 각종 나무의 열매는 네가 임의로 먹되 선악을 알게 하는 나무의 열매는 먹지 말라 네가 먹는 날에는 반드시 죽으리라 하시니라"고 전한다.

우리는 "각종 나무의 열매는 네가 임의로 먹되"라는 하나님의 말씀을 액면 그대로 받아들여야 한다. 에덴 동산은 수백 그루가 넘는 나무로 뒤덮여 있었을 것이다. 하지만 하나님은 그 중 선악을 알게 하는 나무의 열매는 먹지 말라고 하셨다. 아담과 하와가 죄를 지을 수밖에 없는 환경이었다면 이 성경 이야기는 터무니없어 보인다. 사탄은 그들에게 영향을 미쳤지만 그들을 지배하지는 않았다. 그들이 스스로 하나님의 뜻을 저버리고 자신들 뜻대로 하기로 결정했다.

하나님은 주권적 능력으로 환경을 조율하실 수 있었다. 그리고 실제로 그렇게 조율하신 환경에서 죄가 세상에 들어왔다. 하나님은 아무것도 금지하지 않는 선택을 하실 수도 있었다. 금단의 실과가 먹고 싶지 않도록 만드실 수도 있었다. 사탄이 아담과 하와에게 접근하지 못하도록 봉쇄하실 수도 있었다. 그들이 전혀 유혹을 받지 않도록 차단하고 타락하지 않도록 만드실 수도 있었다. 그럼에도 하나님은 그렇게 하시지 않았다.

이것은 하나님이 실제로 그들이 범죄하도록 만드신 것과는 매우 다른 의미이다. 하나님이 그들의 범죄를 조장하셨다고 말한다면 자신이 준 명령을 위반하도록 적극 개입하셨다는 말이 된다. 또한 아담과 하와가 죄를 짓도록 하셨다면 그들에게 그 책임을 묻는 것은 어불성설이므로 그분은 불의한 하나님이 된다. 성경은 하나님이 누구도 시험하시지 않는다고 말한다(약 1:13).

하나님은 하와에게 "사탄이 시켜서 이 일을 했느냐"라고 묻지 않으시고 "네가 어찌하여 이렇게 하였느냐"(창 3:13)라고 물으셨다. 아담과 하와와 사탄은 모두 실제적인 선택을 했고 하나님은 그에 맞게 그들을 심판하셨다.

하나님은 악을 만드신 분이 아니며 아담과 하와가 죄를 짓도록 만드신 장본인도 아니다. 다만 피조물들이 선과 악을 선택할 능력을 만드셨다. 그들이 자유 의지를 행사해 악을 행할 것을 아시면서도 그런 환경을 만드신 것이다. 그분의 피조물들은 죄를 짓기로 선택했다. 하지만 하나님이 그분의 주권을 포기하신 적은 단 한순간도 없었다.

C.S. 루이스에 따르면 하나님은 "눈깜짝할 새에 완벽하게 해 낼 수 있는 일을 느리고 서투르나마 우리에게 직접 해 보라고 명령하신다. 강제로 시켜도 되지만 우리가 태만하게 임하거나 실패하도록 허

용하신다. 우리는 유한한 자유 의지가 전능성과 공존할 수 있도록 하는 문제가 어떤 함축적 의미를 지니는지 제대로 가늠하기 어려울지 모른다. 이것은 매순간 일종의 신적 포기를 수반하는 것처럼 보인다."[4]

'보인다'는 루이스의 단어 선택은 아주 적절하다. 그는 주권자되시는 하나님이 보좌를 포기하지 않으신다는 것을 알았다. 그러나 주권을 행사하셔서 모든 피조물을 뜻대로 순종하게 하실 수 있으셨음에도 불구하고 선택 가능한 존재로 인간을 창조하셔서 문제가 복잡해진 것은 분명히 사실이다. 피조물이 틈만 보이면 반역하고 그분 뜻에 도전하는 세상에서 주권자로 통치하시는 것은 훨씬 더 위대한 하나님이 요구되는 거대한 도전이다.

### 자유 의지라는 단어는 오해의 소지가 많다

본서가 중제목으로 자유 의지(free will)라는 단어를 자제하고 있음을 혹 알아차린 독자들도 있을 것이다. 대신에 '의미 있는 선택'이라는 표현을 사용했다. 이 표현을 선호하는 이유는, 자유 의지라는 용어가 얼마나 소통에 방해가 되고 상식적 믿음에 대한 논의를 차단하는지 여러 토론에서 직접 보았기 때문이다.

자유 의지라는 단어를 선호하지 않는 이유는 이 용어가 부정확한 인상을 전달할 수 있기 때문이다. 인간의 의지는 매우 심각한 제한을 받는다. 먼저, 우리는 유한하기 때문에 자유 의지가 제약을 받는다.

도덕적으로 완벽할 때조차 아담과 하와는 하늘을 날 자유도, 스스로 키를 크게 하거나 작게 할 자유도 누리지 못했다. 오직 하나님만이 무한하시며 절대적으로 자유로우셔서 원하시는 것은 무엇이든지 뜻대로 행하실 수 있다(물론 그분의 무결점 성품과 일치하게 행동하신다).

인과율이 작동하는 세상에서 아무리 소소한 선택이라도 우리는 타인과 환경과 여러 사건의 영향을 받는다. 스포츠 용품점에서 셔츠를 구매하는 경우라도 우리의 '자유 의지'는 날씨나 재고량, 가격, 세일 유무, 개인의 취향, 카우보이에 열광하고 자이언트 팀을 싫어하는 곳에서 성장한 사실에 영향을 받을 수 있다.

그러나 우리의 '자유 의지'는 인간의 타고난 죄성 때문에 더 심각한 제약을 받는다. 우리는 단순히 유한하기만 한 것이 아니라 타락한 상태이다. 예수님은 "진실로 진실로 너희에게 이르노니 죄를 범하는 자마다 죄의 종이라"(요 8:34)고 말씀하셨다. 종은 자유롭지 않다.

칼빈은 "사람에게 자유 의지가 있다는 말을 들을 때에, 사람이 자기의 지성과 의지의 주인이요 자기 힘으로 선을 향해서든 악을 향해서든 나아갈 수 있다는 식으로 생각하지 않을 이가 과연 몇이나 되겠는가?"[5]라고 말했다. 그는 또 "은혜로 도우심을 입지 않으면 자유 의지로 선한 일을 행할 수 없다"[6]라고 썼다.

그러나 구속함을 입은 죄인들은 "죄로부터 해방되고 하나님께 종"이 되었다(롬 6:22). 그러므로 우리에게는 '해방을 얻은 의지'(freed wills)가 있다. 다시 말해서 착한 일을 할 수 있게 되었다. 하지만 구속함을 받은 죄인이라 하더라도 완전히 죄에서 자유롭지 않으며 그리스도의 은혜와 능력이 함께 하지 않으면 '육신'이나 죄에 끌리는 성향을 이길 수 없다(롬 8:1-4 ; 딛 2:11-12).

우리는 우리 앞에 있는 다양한 가능성을 고려하고 실제적인 효과가 있는 것을 자발적으로 선택할 능력이 있다고 믿는다. 이것이 이른바 '의미 있는 선택'이라는 것이다. 따라서 자유 의지의 의미를 이런 식으로 생각한다면, 나 역시 자유 의지를 수용한다고 말할 수 있다.

그러나 나는 복음주의자 찰스 피니가 정의한 자유 의지의 개념은 인정하지 않는다.

"자유 의지란 도덕적 문제에 관한 모든 선택의 순간에 스스로 선택하고 결정하며 우리 스스로 주권을 발휘하는 능력을 의미한다. 도덕적 의무와 관련된 모든 사안에서 의무를 따르든지 거부하든지 결정하거나 선택하는 능력을 말하는 것이다."[7]

특별히 나는 "우리 스스로 주권을 발휘하는"이라는 표현에 거부감이 생긴다. '의무에 순응해' '도덕적 의무와 관련된 모든 사안'에서 선택할 수 있는 자유는 우리에게 올바른 선택을 할 능력이 있음을 암시함으로 인간 조건이 허용하는 선을 넘어 우리가 죄를 짓지 않는다고 주장할 여지를 준다. 요한은 "만일 우리가 범죄하지 아니하였다 하면 하나님을 거짓말하는 이로 만드는 것이니 또한 그의 말씀이 우리 속에 있지 아니하니라"(요일 1:10)고 말한다.

### '정반대의 선택'은 어떻게 정의하는가에 따라 의미 있는 선택의 일부가 될 수 있다

칼빈주의자들은 알미니안주의자들이 사용하는 '정반대의 선택'이라는 용어를 죄인이 자신의 죄성과 반대로 행동할 능력이 있다는 암시를 준다고 종종 반대한다. 개인적으로 나는 이것이 타당한 비판이라고 생각한다. 정반대 선택이라는 말이, 인간이 그 선택으로 하나님의 뜻을 좌절시킬 수 있다는 의미로 사용될 경우 역시 나는 인정하지 않는다. 하나님은 헤롯과 빌라도와 이방인들과 유대인들을 사용하셔서 "권능과 뜻대로 이루려고 예정하신 그것을" 이루게 하셨다고 성경은 말한다(행 4:28). 헤롯이나 빌라도나 다른 사람들이 하나님의 계획을 좌절시킬 정도로 그분의 뜻을 거스르는 선택을 했다고 보는가? 당연히 아니다.

때로 정반대의 선택이라는 개념은 개인이 선택을 하는 순간 변심해서 다른 선택을 할 경우 벌어질 일을 하나님이 모르셨음을 암시한다고 인정을 받지 못한다. 분명히 하나님은 한 개인이 내릴 수 있을 선택의 가능성을 모두 아시며 또한 앞으로 실제로 내릴 유일한 한 가지 계획도 다 아신다. 결정론은 모든 것이 이미 결정되어 한 가지 선택만 가능하다는 의미라고 주장하는 이들도 있지만, 양립 가능론에서는 결정론과 자유로운 선택이 병행할 수 있다고 주장한다. 하나님은 피조물에게 순수한 선택을 허용하시는 동시에 여러 가지 일을 결정하실 수 있을 정도로 광대한 사고가 가능하신 분인가? 반대 선택이 단순히 가능한 선택지가 한 가지 이상 존재한다는 의미라면 선택의 일차적 의미 역시 이렇게 보아야 맞지 않는가? 하나님에 대한 우리의 시각이 충분히 포괄적이라면 이런 정반대 선택은 그분의 주권에 아무 위협이 되지 않는다.

자유 의지론에서 '반대 선택'은 종종 인간의 자율성과 연관된다. 여기서 인간의 자율성은 외부의 영향에서 자유로운 자가 통치(self-goverment)를 의미하는 단어이다. 이 관점에서 반대 선택은 하나님의 주권과 반대된다. 그러나 이 단어의 이런 전문적 개념과 별개로 우리는 대부분 반대 선택이라는 것을 믿고 있지 않는가? 그리스도를 믿지 않는 사람들이라도 출근하거나 결근할지 선택할 수 있고 은행을 털기로 한 계획을 바꾸어 은행을 털지 않기로 선택할 수 있다고 믿지 않는가? 그리스도 안에 있는 사람들 역시 유혹을 이기고 배우자를 향한 정절을 지킬 수 있도록 성령께 도우심을 간구하지 않는가?

이런 선택을 '반대 선택', '다른 선택' 혹은 '실제적 선택'이라고 표현할 경우 단순하고 일반적인 선택과 구분하기가 쉽지 않다. 반대 선택이라는 용어에 훨씬 더 다양한 의미를 부여하는 이들이 있다. 그러므로 누군가와 토론을 하게 된다면 그 용어를 노골적으로 거부하거나 무턱대고 받아들이지 말고 그 용어에 대해 자신이 이해하는 의미를 밝히고 자신이 거부하는 내용과 수용할 수 있는 부분을 설명해 주라. 자유 의지라는 용어에 대해서도 역시 반사적으로 반응하지 말고 상대방이 생각하는 그 용어의 실제적 의미가 무엇인지 먼저 확인하고 그의 의견을 받아들일지 거부할지 결정해야 할 것이다.

반대 선택이 하나님의 뜻과 반대로 선택할 자유를 의미한다고 믿는 사람이라면 나는 분명히 그의 제안에 동조하지 않을 것이다. 과일 바구니를 건네줄 때 사과가 아닌 바나나를 선택할 수 있다는 의미로 이 단어가 사용된다면, 혹은 선택을 한 후 돌이켜 보고 바나나가 아니라 사과를 선택할 수 있었다고 말하는 의미라면, 그런 선택은 하나님의 주권적 결정에 방해가 되지 않을 것이다.

반대 선택이 마치 신이라도 된 것처럼 나로 우쭐하게 만드는 것이 아니라 단순히 하나님이 새롭게 주신 본성으로 혹은 하나님의 일반 은총이나 특별 은총으로 이 선택이 아닌 다른 선택을 할 수 있다는 의미로 사용된다면, 대부분의 경우 나는 그 의미를 옳다고 인정한다. 나는 그리스도를 알기 전에 그랬던 것처럼 지금도 매일 수많은 선택을 한다. 그 선택이 진정한 의미의 선택이라면, 제약은 있겠지만 다른 선택의 가능성도 있었을 것이고, 또 그렇게 다른 선택을 했더라도 하나님은 다 예상하셨을 것이다.

성경은 끊임없이 나로 다른 선택을 하라고, 부정함이 아닌 정결함을 선택하고 사랑과 평안과 격려를 선택하고 증오와 원망과 험담과 욕심을 버리는 선택을 하라고 권면한다. 그런 의미에서 나는 하나님의 은혜와 힘 주심으로 이런 반대 선택을 할 수 있다.

하나님은 "옛 사람을 벗어 버리고 오직 너희의 심령이 새롭게 되어 하나님을 따라 의와 진리의 거룩함으로 지으심을 받은 새 사람을 입으라"(엡 4:22-24)고 우리에게 명령하신다. 또한 "거짓을 버리고" "참된 것을 말하고" "분을 내어도 죄를 짓지 말라"고 말씀하신다(25-26절). 도둑질하던 사람은 "다시 도둑질하지 말고" 대신 "자기 손으로 수고하여 선한 일을 하라"고 말씀하신다(28절). 이런 명령들이 그 은혜로 내가 할 수 있고 또 마땅히 해야 한다고 하나님이 말씀하신 반대 선택 아니겠는가?

불신자들은 하나님의 일반 은총으로 가난하고 어려운 사람들에게 친절을 베풀고 도우며 그 배우자에게 신실함을 지키고 자녀들을 사랑하는 선택을 할 수 있지 않는가?

이런 식으로 사람들은 누구나 다르게 행동할 수 있음에도 어떤 한 가지 일을 선택함으로 일종의 반대 선택을 하고 있지 않는가? 내가 보기에 칼빈주의자들은 때로 반대 선택이라는 개념에 과도하게 거부감을 갖는다. 반대 선택이 하나님을 조롱하거나 완전한 자율성이나 자신의 본성과 반대로 행동하는 것을 의미한다면, 반대 선택을 인정하지 않는다고 주장해야 마땅하다. 사람들은 타고난 본성과 기질이나 기존의 영향이나 편견과 무관한 선택을 하지 않는다. 하나님의 주권적 작정을 뒤집을 수도 없다.

앞서 말한 제한적 의미에서 칼빈주의자가 반대 선택을 인정하기가 어려우리라 생각하지 않는다.

### '의미 있는 선택'은 누가 할 수 있는가?

성경이 거의 모든 장에서 인간의 의미 있는 선택을 전제하고 있음을 인정해야 한다. 여기에는 두 가지 중 어느 하나를 선택하는 경우도 포함된다.

실제로 이에 관해서는 수천 가지 예를 제시할 수 있다. 예를 들어, 바울은 "각각 그 마음에 정한 대로 할 것이요 인색함으로나 억지로 하지 말지니 하나님은 즐겨내는 자를 사랑하시느니라"(고후 9:7)고 권면했다. 우리 선택의 범위가 행동뿐 아니라 태도도 포함된다는 점을 유의하라. 즐겨내겠다는 선택은 마음이 새롭게 되는 과정을 포함할 수 있다(롬 12:1-2). 이 과정은 하나님의 성령 사역이 필수적이지만 우리가 구하고 받아들이며 자유롭게 참여하는 선택이 가능하다.

일종의 선택이라는 단어가 포함된 성경 구절들을 모두 조사해 보면, 그 중 현저하게 많은 부분이 하나님의 선택에 대해 이야기하고 있음을 알게 된다. 성경에는 그분의 자유 의지가 압도적으로 많이 등장한다. 그러나 하나님의 말씀은 인간의 의미 있는 선택에 대해서도 꾸준히 이야기한다. 수많은 여러 선택 외에 무엇을 믿을지 선택하고 하나님을 사랑하고 사람들을 사랑할지 선택한다는 것이다.

하나님이 이스라엘에게 율법을 주시고 순종과 불순종의 결과를 알려 주신 후, 모세는 이스라엘 동족들에게 "내가 오늘 네게 명령한 이 명령은 네게 어려운 것도 아니요 먼 것도 아니라"(신 30:11)고 안심을 시켜 주었다. 그들에게는 선택권이 있었다. 그래서 모세는 "생명을 택하고 네 하나님 여호와를 사랑하고 그의 말씀을 청종하며 또 그를 의지하라"(19-20절)고 말했다.

수백 년이 흘러 하나님은 자기 백성들에게 "나는 악인이 죽는 것을 기뻐하지 아니하고 악인이 그의 길에서 돌이켜 떠나 사는 것을 기뻐하노라 이스라엘 족속아 돌이키고 돌이키라 너희 악한 길에서 떠나라 어찌 죽고자 하느냐"(겔 33:11)라고 말씀하셨다. 그분을 거부하는 것 외에 아무 선택도 할 수 없는 사람들에게 하나님이 이렇게 절절하고 진정어린 호소를 하려 하셨겠는가?

잠언 4장 13-15절을 생각해 보라.

"훈계를 굳게 잡아 놓치지 말고 지키라 이것이 네 생명이니라 사악한 자의 길에 들어가지 말며 악인의 길로 다니지 말지어다 그의 길을 피하고 지나가지 말며 돌이켜 떠나갈지어다."

어떤 이들은 이 명령에 순종하는 선택을 하고, 어떤 이들은 반대 선택을 할 것이다. 모두가 각자 책임을 져야 할 정도로 이런 선택이 실제적이고 의미 있는 것인가? 물론이다.

인간의 실제적이고 진정한 선택 능력을 인정하지 않는 하나님의 주권과 인간 선택의 교리는 성경의 많은 구절을 무시할 뿐 아니라 하나님의 말씀의 본질과도 맞지 않다. 물론 "그러므로 하늘에 계신 너희 아버지의 온전하심과 같이 너희도 온전하라"(마 5:48)는 명령처럼 우리 힘으로 감당할 수 없는 명령들이 성경에 있다. 그러나 수백 가지 명령이 등장하는 잠언서는 많은 내용이 인간의 올바른 처신과 태도를 다루고 있으며 불신자들도 실천할 수 있는 사례들을 담고 있다.

실제로 하나님의 율법은 우리에게 진심으로 순종할 능력이 없으며 하나님의 기준에 미달한다는 사실을 깨우쳐 주는 역할을 한다(롬 3:20,23). 그러나 예를 들어, 정직한 저울을 사용하고 남을 속이지 말라는 하나님의 명령(레 19:36 ; 잠 16:11)은 수많은 불신자들도 하나님이 주신 양심과 일반 은총 덕분에 충분히 순종할 수 있다.

### 어거스틴과 펠라기우스의 자유 의지 논쟁

자유 의지에 관해 알려진 최초의 논쟁은 4세기 후반 어거스틴과 펠라기우스의 논쟁이다. 펠라기우스는 정통이 아니기 때문에 성경을 믿는 알미니안주의자들과 동급으로 취급되지는 않는다. 오히려 그는 성경의 가르침을 더 이상 믿지 않는 현대의 자유주의 기독교 종파에 더 가깝다. 영국 수도승인 펠라기우스는 어거스틴의 "당신이 명하시는 것을 주시고, 당신이 원하시는 것을 명하소서"라는 기도를 강력히 반박했다.

어거스틴은 사람들이 하나님의 은혜를 받아야 그분이 명하신 대로 순종할 수 있다고 생각했다. 그러나 펠라기우스는 이런 생각을 거부했고 책임에는 능력이 내포되어 있다고 믿었다. 어떤 사람이 하나님의 율법에 순종할 도덕적 책임을 질 수 있기 위해서는 특별한 능력을 따로 받지 않더라도 순종할 수 있어야 공평하다는 것이다.

펠라기우스는 하나님이 사람들에게 어떤 식으로든 선택할 자유를 주셨고, 인간은 선택을 할 때 추가로 하나님의 힘을 받을 필요가 없다고 믿었다.

그는 또한 아담으로 모든 인류가 범죄했다는 주장을 부인했다. 하지만 로마서 5장 18-19절은 "그런즉 한 범죄로 많은 사람이 정죄에 이른 것 같이 … 한 사람이 순종하지 아니함으로 많은 사람이 죄인 된 것 같이"라고 분명히 가르친다. 그는 아이들이 타락 이전의 아담과 하와처럼 결백한 상태로 세상에 태어난다고 가르쳤다. 오늘날 자유주의 교회에서는 펠라기우스의 믿음이 만연해 있다. 바울의 주장보다는 펠라기우스의 주장이 사람들에게 더 호소력이 있고 모욕감을 덜 주기 때문이다. 하지만 성경을 믿는 성도들은 '어느 입장이 가장 공평한가'가 아니라 '어느 것이 성경적으로 옳은가'가 더 중요하다.

어거스틴과 펠라기우스의 논쟁은 원죄의 교리뿐 아니라 인간이 실제로 얼마나 자유로운 존재인가에 관한 문제가 핵심이었다.

정통 알미니안주의는 본질적으로 펠라기우스주의나 반(semi)펠라기우스주의와 무관하다. 개별적으로는 누구라도 양자에 다 속할 수 있다. 이런 역사적 논쟁과 이런 개념들의 여러 의미를 연구하는 작업이 그래서 중요하다.

### 루터와 에라스무스의 자유 의지 논쟁과 종교 개혁

1524년 데시데리우스 에라스무스는 「자유 의지론」을 써서 마틴 루터의 주장을 논박했다. 마틴 루터 역시 「노예 의지론」을 써서 그에게 맞섰다. 시대와 문화는 달라졌지만 문제의 핵심은 그대로이기 때문에 그들의 상호 공방은 오늘날에도 여전히 되풀이되고 있다.

신학자 로저 올슨은 "알미니우스와 그의 충성스러운 제자들 역시 가톨릭 개혁가 에라스무스의 영향을 받았다"[8]고 말한다. 올슨은 또한 알미니안주의자들이 "구원에서 하나님의 은혜가 우월한 역할을 하고 인간의 자유 의지(nonresistance)는 부차적 역할을 한다"[9]고 믿는다고 지적한다. 이것은 에라스무스의 시각과 상통한다. 반대로 루터는 "인간의 자유 의지는 구원에 하등 역할을 할 수 없다. 죽은 사람은 스스로의 부활에 개입할 아무 힘이 없기 때문이다"라고 대답했을 것이다.

루터는 사람들이 그리스도 안에서 의지적으로 구원을 받아들인다고 믿었다. 그러나 또한 그들이 의지적 반응을 하기 위해서는 하나님이 영적 생명을 주셔야만 한다고 믿었다. 에라스무스라면 이런 입장에 반대하며 하나님이 각 개인에게 그리스도를 영접하는 문제에 대해 지적 선택을 내릴 충분한 자유 의지를 주셨다고 주장할 것이다.

루터는 하나님이 개인을 새롭게 살려 주셔야만 그 개인이 죄가 아니라 하나님을 사랑할 힘을 얻게 된다고 믿었다. 그러나 구원과 상관없는 문제에서는 자유 의지가 작동한다는 자신의 신념을 천명했다. "인간은 자신이 결정할 수 있는 것들에 한해서 자유로운 선택이 허용된다 … 반면에 하나님과의 관계나 구원이나 저주와 관련된 문제에서 인간은 자유로운 선택의 여지가 없는 노예일 뿐이다."[10]

에라스무스는 인간이 할 수 없는 일을 하나님이 하도록 명령하시지 않는다고 믿었다. 반면에 루터는 하나님의 명령은 의를 선택할 우리의 무능함을 까발리는 평가 기준이라고 보았다.

루터는 은혜로만 구원을 받으며 하나님의 구원하시는 은혜가 있어야만 의를 선택하도록 도우시는 그분의 능력이 우리에게 적용된다고 주장했다. 에라스무스는 하나님의 은혜를 인정하면서도 회개하고 죄에서 돌이켜 하나님께 돌아오는 것은 인간의 자유로운 선택 능력으로 가능하다고 믿었다. 루터는 이런 에라스무스에게 "그대의 명령과 권면이 끝나면 맨 위에 로마서 3장 20절을 써놓을 것이다"라고 말한 것으로 전해진다.

왜 루터는 이 한 절로 논쟁이 끝난다고 믿었는가? 아무도 율법을 지킬 자가 없기 때문에 율법을 지킨다고 의가 전가되는 것은 아니라고 이 구절이 말하기 때문이다.

에라스무스는 하나님이 반복해서 순종하라고 명령하시는 것으로 보아 우리에게 하나님께 순종할 능력이 있음이 분명하다고 주장했다. 에라스무스의 주장은 일견 일리가 있다. 낸시와 나는 우리 아이들에게 공중 부양을 하라고 강요한 적은 한 번도 없지만 마약을 멀리하라는 말은 많이 했다.

루터는 명령을 할 때, "해야 한다는 표현이 사용되어야만 명령의 뜻이 전달된다"는 사실을 초등학생들도 안다고 주장했다. 해야 한다는 말은 할 수 있다는 말과는 분명 다르다는 것이다.[11] 다시 말해서 '당위'와 '가능'이 다르다는 것이다.

종교 개혁은 보통 칭의 교리가 핵심이라고 생각한다. 그러나 그 교리는 하나님의 주권과 인간의 자유 의지의 범위와 능력이라는 문제와 직결되어 있다.

### 자유 의지에 대한 알미니안주의의 믿음이 하나님은 주권적이지 않다는 의미인가?

알미니안주의 신학자 로저 올슨은 이렇게 썼다.

> 하나님의 주권에 관해 알미니안주의가 반드시 배제하는 유일한 주장은, 하나님이 죄와 악을 만드셨다는 것이다. 알미니우스의 신실한 제자들은 하나님이 온 우주와 온 역사를 통치하신다는 사실을 언제나 믿었다. 하나님이 허락하시지 않으면 어떤 일도 일어날 수 없다. 또 많은 일들이 직접적이고 구체적으로 하나님의 통제를 받으며 하나님에 의해 발생한다. 고전적인 알미니안주의 신학에서는 죄와 악이라도 하나님의 섭리적 통치에서 벗어나지 않는다. 하나님은 그것들을 허용하시고 제한하시되 그것들을 일으키시거나 작정하시지는 않는다.[12]

반면에 많은 알미니안주의자들은 칼빈주의자들이 인간에게 아무 선택 능력이 없다고 생각한다고 믿는다. R.C. 스프라울은 이런 편견을 반대하며 이렇게 반박했다.

> 어거스틴은 인간이 타락했어도 여전히 의지를 소유하고 있으며 그 의지는 선택할 수 있는 능력이라는 점을 부정하지 않았다 … 우리는 우리가 원하는 것을 여전히 선택할 수 있다. 하지만 우리 욕망은 우리의 악한 충동의 지배를 받는다. 어거스틴은 의지 안에 남아 있는 자유는 항상 죄로 이끈다고 주장했다. 그러므로 육신으로는 죄를 지을 자유만 있으므로 그 자유는 실로 공허한 자유이다 … 참 자유는 오직 외부에서 주어지며 그 영혼에 역사하는 하나님이 주셔야만 가능하다. 그러므로 우리의 회심은 부분적이 아니라 전적으로 은혜에 의존한다.[13]

죄인들이 그리스도께 나아올 때, 하나님의 의를 힘입게 되고 내주하시는 성령이 그들에게 힘을 주신다. 이제 그들은 자유로우며 하나님께 순종하는 선택을 할 수 있게 되었다. 구속함이 없이는 성결하게 할 어떤 일도 할 수 없다.

칼빈은 이렇게 말했다.

"우리는 인간이 선택을 하며 그 선택은 자기 결정에 따른 것임을 인정한다. 그러므로 인간이 악을 행한다면 그 악은 그의 책임이며 그 스스로 선택한 것이다. 강제와 억압은 없다. 이것은 의지의 본질과 모순되고 또 공존할 수도 없기 때문이다."[14]

우리가 죄에 예속되었다는 성경의 가르침을 감안한다면 자유 의지라는 용어보다는 어거스틴의 '이성적 자기 결정'(reasonable self-determination)이 더 유용한 용어일 것 같다.

5대 강령 칼빈주의자인 웨인 그루뎀은 이렇게 설명한다.

"우리는 무엇을 할지 생각하고 의식적으로 결정한 다음 우리가 선택한 행동 과정을 그대로 따른다 … 실제로 우리 선택이 일어날 일을 결정하는 셈이다. 우리 결정이나 행동에 상관없이 일이 일어나는 것은 아니다. 오히려 우리가 결정하고 행동했기 때문에 일이 일어난다."[15]

알미니안주의자라면 이 말에 수긍할 것이다. 하나님은 사람들에게 "일어날 일을 실제로 결정하는" 선택을 허락하신다. 하나님은 우리 선택에 따라 결과가 결정되도록 주권적으로 정해 놓으셨다.

### 자유 의지와 전적 타락은 오해의 소지가 있다

바울은 불신자들에 대해 "이런 이들은 그 양심이 증거가 되어 그 생각들이 서로 혹은 고발하며 혹은 변명하여 그 마음에 새긴 율법의 행위를 나타내느니라"(롬 2:15)고 말했다. 죄인이 선행으로 스스로를 구할 수 없다는 말은 어떤 죄인도 선을 행할 능력이 없다는 말과 다르다. 자기 몸을 수류탄으로 막아 자녀들의 생명을 구한 불신자는 분명히 선한 일을 행한 것이다.

전적 타락이라는 용어는 '완전히 악하다'는 암시를 주기 때문에 개인적으로는 탐탁치 않게 생각했다. 한때 기독교를 지극히 혐오하셨던 나의 부친은 많은 선행을 베푸셨고 가족을 성실하게 부양하셨다. 그 누구도 늘 죄를 짓는 사람은 없다. 중생하지 않은 사람들이라도 올바른 선택을 할 수 있다. 알코올 중독인 불신자가 술을 끊을 수 있는가? 물론이다. 중독에서 회복된 많은 사람이 보여주듯이 수백만의 불신자들이 유혹에 맞서 다른 결정을 내리는 법을 배운다. 우리는 물론 죄인이다. 하지만 우리가 모두 철저히 타락했다면, 전적으로 타락했다면 인간 사회는 존립할 수 없다.

결국 나는 칼빈주의자들과 일부 알미니안주의자들(존 웨슬리를 포함한)이 사용하는 '전적 타락'이라고 하는 표현이 사실상 자력으로 하나님의 호의를 얻기에 '전적으로 무능력'하다는 표현임을 알게 되었다. 칼빈주의 신학자 안토니 호크마는 '전적 타락'이라는 용어를 '만연한 타락'으로 대체해 사용했다. 그는 죄가 우리 존재의 전 영역에 침투해 우리의 선택 범위를 축소시킨다고 주장한다. 하나님의 은혜가 없이 죄인은 그리스도를 영접하는 선택을 절대 할 수 없다는 칼빈주의자의 주장에 알미니안주의자들도 동의한다.

불신자들이 나쁜 행동을 고칠 수는 있지만 본성에 내재된 죄를 피할 수도 없고 자력으로 천국에 갈 수도 없다. 로마서 7장은 죄인들이 악을 멈출 수 없다고 말하지만 그렇다고 절대로 선을 행할 수 없다는 말은 아니다.

인간은 죄의 노예이므로 알미니안주의자들은 자유 의지보다 더 적절한 용어를 발굴해야 한다는 점을 인정해야 한다. 죄의 노예는 일관되게 옳은 선택을 할 수 없다. 성경을 믿는 칼빈주의자들은 불신자도 악하지 않은 일을 어느 정도 할 수 있으므로 전적 타락 역시 오도될 가능성이 높은 용어라는 점을 인정해야 한다.

하지만 내실 있고 알찬 논의를 하고 싶다면 상대방의 용어를 사용해 우리의 개념을 적용함으로써 사람들을 다그치지 않도록 자제해야 한다. '전적 타락'을 믿는 칼빈주의자는 모든 사람이 가능한 최대한 수준까지 악하다는 뜻으로 이 표현을 사용하지 않는다. '자유 의지'를 강조하는 알미니안주의자 역시 사람들이 죄의 종이라는 점을 반드시 부정하지 않는다. 우리는 각기 사용하는 용어의 의미가 무엇인지 서로에게 묻고 성급하게 단정하고 판단하지 않도록 해야 한다.

알미니안주의자가 전적 타락을, 칼빈주의자가 자유 의지를 믿을 수 있다. 각자 규정한 개념 안에 이 개념이 모두 내포되어 있다

유명한 한 종교 개혁가는 아래와 같이 말했다. 이 사람이 누구인지 맞추어 보라.

> 이렇게 [타락한] 상태에서 진정한 선을 향한 인간의 자유 의지는 상처 입고 파손되고 약화되고 왜곡되었을 뿐 아니라 포박 당하

고 파괴되어 자취조차 사라졌다. 그리고 은혜의 조력을 받지 않으면 그 의지력은 쇠퇴하고 무용지물이 될 뿐 아니라 하나님의 은혜로 살림을 받지 않고는 아무 위력도 발휘할 수 없다. 그래서 그리스도께서 "나를 떠나서는 너희가 아무것도 할 수 없다"고 말씀하셨다.[16)]

이 글이 누구의 글이라 생각되는가? 대부분 존 칼빈의 글이라 생각할 것이다. 정답은 제이콥 알미니우스이다. 1610년 5개 항론 세 번째 항에서 초기 알미니안주의자들은 다음과 같이 천명했다.

> 인간은 변절하고 타락한 상태에서 스스로는 참으로 선한 것을 생각할 수도 없고 행할 수도 없으므로 스스로의 힘이나 자유 의지로 구원얻는 은혜를 얻을 수 없다. 그러기 위해서는 그리스도 안에서 하나님의 능력으로 다시 태어나야 한다.[17)]

현대의 저명한 두 알미니안주의자는 이 논조를 바탕으로 이렇게 말했다.

> 인간은 스스로는 하나님의 은혜를 받을 자격은 물론이고 어떤 선한 것도 생각하거나 원하거나 행할 수 없고, 우리 죄로 받아 마땅한 심판과 정죄에서 우리를 구원할 수 없다. 심지어 복음을

믿을 수도 없다 … 구원받기를 원한다면 하나님이 먼저 손을 내미셔야만 한다.[18]

칼빈주의자인 조나단 에드워드는 자유 의지를 '원하는 대로 선택할 능력'이라고 규정했다. 그는 "어떤 경우라도 인간은 스스로의 욕망에 반하는 것이나 자기 뜻과 반대되는 것을 원하지 않는다"[19]라고 설명했다. 이런 의미에서 죄인은 제약이 없는 자유 의지를 누린다. 그러나 인간의 죄악된 본성을 고려할 때, 모든 것을 다 원할 능력은 없다. 특히 참된 의가 그렇다.

여러 면에서 신학적 입장이 서로 다르지만 제이콥 알미니우스는 인간의 타락을 믿었고, 인간이 구원얻는 믿음을 스스로의 의지로 원할 수 없다고 생각했다. 반면에 조나단 에드워드는 자유 의지를 믿었다. 각기 자신이 이해한 용어들로 의미를 규정했기 때문에 사람들은 그들이 말하고자 하는 의도를 오해하지 않았다. 오늘날 이런 문제들을 논하는 사람들 역시 마찬가지일 것이다. 그러므로 때로 표현은 달라도 같은 내용을 가리키거나 같은 용어를 사용하더라도 그 의미가 다르다는 것을 알 수 있다.

### '제한적 선택'과 '무(無) 선택'은 다르다

어떤 이들은 자유 의지의 범위가 아주 광범위해 보인다는 점을 인정한다. 타락한 인간의 도덕적 조건, 중독, 다른 지배적 영향력으로 우리의 의지적 자유는 크게 위축될 수 있다.

자유 의지에 관한 논문들은 때로 미래의 선택을 예언할 수 있는 사람이 아무도 없다는 점을 강조한다. 중독의 성격을 이해하는 사람들은 근본적 변화가 없을 경우, 중독자가 어떤 선택을 할지 쉽게 예측할 수 있음을 안다. 알코올 중독자는 술을 마실 것이고 약물 중독자는 약을 입에 댈 것이고 음란물 중독자는 기회가 되면 음란물을 볼 것이다(그러지 말아야 할 강력한 이유가 없는 한 말이다). 마찬가지로 탄수화물 중독자는 도넛을 외면하기가 쉽지 않다.

중독 문제, 욕망, 인정 욕구, 또래 압력에 대한 취약성은 자유로운 선택이 사실상 '강요된 선택'일 수도 있음을 보여 준다. 외부 세력의 강요를 받지 않고 자유로운 선택을 할 수 있지만, 강력한 내부적 충동이 특정 선택을 강요할 수 있다. 외부의 제약이 없는 상태에서 죄인들은 보통 죄를 짓는 쪽을 선택한다. 죄를 짓지 않을 이유가 없는 것이다. 즉각적 죽음의 위협이 있을 경우에는 죄를 자중할 가능성이 크다. (물론 사람들은 자신이나 타인들을 죽일 수도 있음을 알면서 음주 운전을 선택한다. 그러므로 바른 선택을 할 수 있을 때라도 그릇된 선택을 하고 때로 반복적이고 따라서 예측 가능한 선택을 한다.)

본인 스스로의 노력과 누군가의 도움을 통해 특정 행동을 교정하고 심지어 태도를 교정할 수도 있다. 하지만 성경은 우리 힘으로는 근본적인 성품을 바꿀 수 없다고 말한다. 진리가 우리를 자유하게 하리라고 약속하신 그리스도 안에 소망이 있다(요 8:32). 그러나 자유에 대해 다루기 앞서 그리스도를 떠나 죄에 예속된 우리 상태를 먼저 살펴볼 필요가 있다.

예레미야 17장 9절은 "만물보다 거짓되고 심히 부패한 것은 마음이라 누가 능히 이를 알리요마는"이라고 말한다. 우리는 무엇이든 최선을 선택하는 경향이 있는 무고한 존재가 아니다. 심지어 도덕적으로 중립적 존재도 아니다. 선천적으로 타락한 존재이다.

그렇다면 정말 우리는 어느 정도 자유로운가? 도덕적 책임을 질 정도로, 책임이 따르는 선택을 할 정도로 자유롭다. 하지만 하나님 앞에서 스스로 의로워질 정도로 자유롭지는 않다.

웨슬리는 하나님이 죄인들에게 선행 은총을 베푸셔서 복음을 믿을 능력을 주신다고 믿었다. 선행 은총은 개인이 영생이라는 하나님의 선물을 받아들이도록 해 주지만, 실제로 그것을 받아들이도록 보장해 주지는 않는다. (어거스틴 역시 선행 은총에 대해 말했지만 거부할 수 없다고 믿었다.)

선행 은총을 제대로 이해해야 하는 이유는 일부 칼빈주의자들이 모든 알미니안주의자들을 반(semi)펠라기안주의자로 매도하기 때문이다. 펠라기우스는 사람들이 도덕적 중립 상태로 태어나므로 하나님의 은혜가 불필요하다고 가르쳤다. 하지만 알미니안주의자들은 사람들이 본성상 죄인이므로 복음에 반응하기 위해 하나님의 은혜가 절대적으로 필요하다고 말한다.

### 하나님은 우리를 시험하시고자 선택권을 주신다

하나님은 모세에게 "내가 너희를 위하여 하늘에서 양식을 비 같이 내리리니 백성이 나가서 일용할 것을 날마다 거둘 것이라 이같이 하여 그들이 내 율법을 준행하나 아니하나 내가 시험하리라"(출 16:4)고 말씀하셨다.

여호수아가 죽은 후, 하나님은 이스라엘 주변 이방 민족들을 사용하셔서 "이스라엘이 그들의 조상들이 지킨 것 같이 나 여호와의 도를 지켜 행하나 아니하나 그들을 시험하려 함이라"(삿 2:22)고 말씀하셨다.

다윗 왕은 "주께서 마음을 감찰하시고 정직을 기뻐하시는 줄을 내가 아나이다"(대상 29:17)라고 말했다.

야고보는 "시험을 참는 자는 복이 있나니 이는 시련을 견디어 낸 자가 주께서 자기를 사랑하는 자들에게 약속하신 생명의 면류관을 얻을 것이기 때문이라"(약 1:12)고 약속했다.

하나님이 우리가 보일 반응을 정확히 예정하셨다면 어떻게 우리를 시험하리라는 말씀을 하실 수 있는지 이해하기가 어렵다.

### 사랑의 하나님이 실제로 뭔가를 작정하신다면 그분을 따른다는 선택은 실제적이고 의미 있어야 한다

하나님은 분명히 내 선택을 뒤집으실 수 있고, 또 원하시면 언제라도 그렇게 하실 자격이 있으시다. 그러나 하나님이 나의 모든 선택을 예정하셨다면 내가 죄를 짓더라도 그 죄를 짓게 만드신 분은 하나님이 된다. 하지만 악을 행하도록 부추기는 것은 하나님을 대적하는 나의 죄성으로, 내면에 활약하는 세력이다. 죄를 짓도록 부추기는 이가 하나님이라면, 그리고 죄가 하나님을 대적하는 행위라면 하나님이 자신에 맞서는 셈이 된다(약 1:13-14).

최소한 어느 정도의 자유 의지가 인정되지 않는다면 성경의 수많은 구절들은 성립되지 않는다. 가령 대표적인 구절이 "사람이 감당할 시험 밖에는 너희가 당한 것이 없나니 오직 하나님은 미쁘사 너희가 감당하지 못할 시험 당함을 허락하지 아니하시고 시험 당할 즈음에 또한 피할 길을 내사 너희로 능히 감당하게 하시느니라"(고전 10:13)이다. 이 절은 우리가 그 능력을 구하며 맞서 싸우기로 선택할 수 있는 시험만 하나님이 허락해 주신다는 의미인가? 이 구절은 하나님의 주권과 우리의 올바른 선택의 자유를 모두 인정한다. 그러나 하나님이 "피할 길을 내사 너희로 능히 감당하게" 섭리하신다고 해서 최종 결말을 보장해 주시지는 않는 것 같다. 분명히 하나님의 자녀들이라도 때로 유혹에 굴복할 수 있기 때문이다. 그리고 유혹에 굴복하면 그 선택에 대해 책임을 져야 한다.

알미니안주의 계열의 목회자도, 칼빈주의 계열의 목회자도 그리스도를 따르고 거짓 교리를 버리며 진리(하나님의 주권에 대한 진리를 포함해)를 받아들이라고 끊임없이 교인들을 권면한다. 또한 불신자들에게 그리스도를 영접하라고 도전한다. 불신자이든 신자이든 우리는 어느 정도 의미 있는 선택이 가능하다고 믿는다. 하나님은 그분께로 나아오도록 사람들의 마음을 감동하실 수 있고, 또 실제로 그렇게 하시는 경우도 있다.

요한계시록 3장 20절은 그리스도가 초청하시는 대상이 불신자인지 신자인지 해석하는 문제와 별개로, 하나님은 주도적 제안자로, 인간은 문을 열지 거부할 지 선택할 수 있는 제안의 수용자로 분명히 묘사한다.

> "볼지어다 내가 문 밖에 서서 두드리노니 누구든지 내 음성을 듣고 문을 열면 내가 그에게로 들어가 그와 더불어 먹고 그는 나와 더불어 먹으리라."

칼빈주의자는 하나님이 허락해 주셔야만 문을 열 능력이 생긴다고 주장할지 모른다. 하나님이 그렇게 해 주시면 우리는 실제로 문을 열 것이다. 대부분 알미니안주의자들은 하나님이 실제로 그 능력을 허락해 주셔야 하며 실제로 선행 은총으로 늘 그 능력을 허락해 주신다고 말한다. 하지만 개인은 자유 의지로 문을 열지 않기로 선택하고 그 초청을 거부할 수도 있다.

### 내주하시는 성령께서 선택할 새 힘을 주신다

중생으로 우리 심령이 변화되면 우리의 의지적 성향도 달라진다.

거듭나면 그리스도 안에 있는 새로운 피조물로서 더 나은 것을 원하게 되고(고후 5:17), 죄에 얽매여 살 때보다 더 큰 선택의 자유를 누리게 되므로 더 나은 길을 선택할 수 있다.

"만일 너희 속에 하나님의 영이 거하시면 너희가 육신에 있지 아니하고 영에 있나니"(롬 8:9).

중생하면 이전에 보이지 않던 하나님의 역사를 볼 수 있고 이전에 깨닫지 못하던 하나님의 일을 깨달을 수 있다(고전 2:12-16 ; 고후 4:4,6 ; 골 3:10). 중생하면 의지가 새로워져서 거룩한 선택을 할 힘이 생긴다(빌 2:13 ; 살후 3:5). 거듭나면 여전히 죄가 우리 생활 속에 있다 해도(롬 6:11-14 ; 요일 1:8-2:2) 죄에 대해 죽었기 때문에(롬 6:6-9) 죄를 이길 초자연적 능력이 생긴다.

일부 신자들이 그리스도 안에서 허락된 이 승리를 삶으로 누리지 못한다는 사실은 성령의 능력을 받아들이거나 거부할 실제적 선택의 능력이 우리에게 있음을 암시한다.

### 제한적 선택이라도 의미 있고 중요할 수 있다

죄수가 책을 읽고 텔레비전을 보며 운동을 하거나 편지를 쓰고 기도하며 가족을 그리워하거나 탈출을 계획할 수 있다. 그러나 시내 커피숍을 가거나 런던행 비행기를 탈 수는 없다. 구속된 사람도 의미 있는 선택을 한다. 그러나 그 한계가 아주 분명하다.

오래전에 낸시와 나는 손자들이 도로로 나가지 않도록 울타리를 설치한 적이 있다. 손자들은 자유롭게 여러 선택을 한다. 하지만 그들과 지내다 보니 "찻길로 나가면 안 돼"라고 말만 해서는 충분하지 않다는 사실을 알았다. 우리는 아이들의 안전을 위해 선택을 제한했다. 그렇게 세운 울타리는 실제적이지만 몇 야드 안이라는 제한적 선택을 가능하게 했다.

하나님은 제한적이나마 실제적 자유를 우리에게 허락하시는가? 그렇다. 우리는 요리를 할 때, 페인트칠을 할 때, 노래하고 놀 때, 그 자유를 사용한다. 하나님은 우리에게 진실을 말하거나 거짓을 말할 수 있는 선택 능력을 주신다.

어떤 여성이 어떤 대학을 갈지 어디서 직장 생활을 하고 누구와 결혼할지 혹은 세금을 성실하게 납부할지 탈세를 할지 선택할 수 있는가? 자유 의지라고 부르든 의미 있는 선택이나 그 외 어떤 용어로 부르든 그것은 하나님이 주신 실제적인 선물이다. 그렇지 않다면 우리의 결정과 삶은 단순히 환상이며 스스로에게나 다른 이들에게 선택을 요구하는 것은 미친 짓일 것이다.

우리는 거의 언제나 실제적 선택을 할 수 있다. 어떤 일을 할 힘이 결여되어 있을 때조차 우리는 여전히 다른 일들을 할 수 있다.

### 우리에게 허락된 선택의 자유에 감사해야 한다

처음 이 장을 시작할 때, 버지니아공과대학에서 무장 학생에게 32명의 인명이 무참히 살해된 날 영웅적 선택으로 학생들의 목숨을 구한 리비우 리브레스쿠 교수의 이야기를 소개했다. 그가 그리스도인이었는지는 모른다. 하지만 죽음 앞에서 그가 용감하면서도 의미 있고 중요한 선택을 했다는 사실은 분명하다.

그의 선택이 의미 있고 감동적인 이유는 그가 다른 선택을 할 수도 있었기 때문이다. 그러나 그는 올바른 선택을 했고 학생들과 그들의 가족들은 그의 희생에 지금도 깊이 감사하고 있다.

---

주

장이 시작할 때 나오는 두 번째 글은 찰스 디킨스의 「크리스마스 캐롤」에서 인용함(London, William Heinmann, 1906), 21쪽.

1. 앨빈 플랜팅가, God, Freedom, and Evil(Grand Rapids, MI: Eerdmans, 1974), 30쪽.
2. C.S. 루이스, 「순전한 기독교」, The Complete C.S. Lewis Signature Classics(New York: HarperOne, 2002), 47-48쪽.
3. C.S. 루이스, 「순전한 기독교」, The Complete C.S. Lewis Signature Classics, 48쪽.
4. C.S. 루이스, "The Efficacy of Prayer", The World's Last Night: And Other Essays(Boston: Mariner Books, 2002), 9쪽.
5. 존 칼빈, 「기독교 강요」, 1.264,266(2.2.7-8), 웨인 A. 그루뎀의 Systematic Theology: An Introduction to Biblical Doctrine(Leicester, England: InterVarsity; Grand Rapids, MI: Zondervan, 1994), 330쪽.
6. 존 칼빈, 「기독교 강요」 1:262(2.2.6), 그루뎀의 Systematic Theology 330쪽 인용.
7. 찰스 G. 피니, Lectures on Systematic Theology(Fairfax, VA: Xulon, 2002, 1:62,

**8.** 로저 올슨, Arminian Theology: Myths and Realities(Downers Grove, IL: InterVarsity, 2006), 63쪽.

**9.** 로저 올슨, Arminian Theology, 63쪽.

**10.** 마틴 루터, 데시데리우스 에라스무스, Luther and Erasmus: Free Will and Salvation(London: Westerminster, 1969), 111쪽.

**11.** 마틴 루터, The Bondage of the Will(New York: Digireads.com Publishing, 2009), 65-66쪽.

**12.** 로저 올슨, Arminian Theology, 116쪽.

**13.** R.C. 스프라울, "Augustine and Pelagius", Leadership U, www.leaderu.com/theology/augpelagius.html

**14.** 존 칼빈, The Bondage and Liberation of the Will: A Defense of the Orthodox Doctrine of Human Choice Against Pighius(Grand Rapids, MI: Baker, 1996), 69쪽.

**15.** 웨인 그루뎀, Systematic Theology: An Introduction to Biblical Doctrine(Grand Rapids, MI: Zondervan, 1994), 192-193쪽.

**16.** 제이콥 알미니우스, "Disputation 11: On the Free Will of Man and Its Powers," section 7, Complete Works of Arminius, www.ccel.org/ccel/arminius/works1.v.xii.html.

**17.** 제랄드 루이스 브레이 편집, Documents of the English Reformation 1526-1701(Cambridge, UK: James Clarke, 1994), 454쪽.

**18.** 브라이언 아바시아노와 마틴 글린, "An Outline of the FACTS of Arminianism vs. the TULIP of Calvinism," Society of Evangelical Arminians, 2013, 2월 28일, http://evangelicalarminians.org/an-outline-of-the-facts-of-arminianism-vs-the-tulip-of-calvinism/.

**19.** 조나단 에드워드, A Careful and Strict Inquiry, Books for the Ages, AGES Software(Rio, WI: Master Christian Library Series, 2000), 10쪽.

5장

하나님의 주권과 인간의 선택에 관한
주요 신학적 입장

"오직 우리 하나님은 하늘에 계셔서 원하시는 모든 것을 행하셨나이다."
시편 115편 3절

"어떤 행동을 하더라도 하나님의 뜻에 이바지하게 됩니다.
그러나 유다처럼 섬기느냐 요한처럼 섬기느냐는 개인에게 달려 있습니다."
C.S. 루이스

하나님의 주권과 인간의
선택에 관한 주요 신학적 입장

본서로 하나님의 주권과 인간의 자유와의 관계를 둘러싼 신학적 논쟁이 마무리되지는 않겠지만 이 장은 이 논쟁에 관한 다양한 시각을 이해하는데 도움이 되리라 생각한다.

개별적으로 차이는 있지만 하나님의 주권과 인간의 자유 문제에 대한 입장은 크게 세 가지이다. 자유 의지론, 결정론, 양립 가능론(종종 '온건한 결정론'으로 불린다)이다. 여기에 몰리즘(molism)을 추가하는 사람들도 있지만 나는 이 세 입장의 어딘가에 포함된다고 보는 것이 더 타당하다고 믿는다.

이 입장들이 철학적으로 기독교만의 독점적 용어가 아니라는 사실을 이해할 필요가 있다. 무신론자들이 비록 입으로는 성경의 권위를 전면 부정하더라도 그들은 결정론자나 자유주의자나 양립가능론자가 될 수 있다.[1] 하지만 칼빈주의자나 알미니안주의자라는 용어는 기독교에만 있다. 이 두 용어는 역사적으로 (1) 성경을 믿으며 강경한 결정론자나 양립 가능론자(칼빈주의자)나 (2) 성경을 믿는 자유 의지론자(알미니안주의자)를 가리킨다. 지금까지 칼빈주의자와 알미니안주의자라는 용어를 주로 사용한 이유가 이 때문이다. 그러나 이 문제를 더 심층적이고 명료하게 파헤치기 위해서는 이 용어를 더 폭넓게 살펴볼 필요가 있다.

본서를 읽고 자유 의지론자나 강경한 결정론자나 양립 가능론자라는 용어들을 사용하든 하지 않든, 일단 기본 개념들을 이해할 필요가 있다. 일단 제대로 그 의미를 이해하면 이 용어들은 혼란스럽기보다 명확한 이해에 도움이 될 것이다. 이런 여러 입장을 비교해서 성경이 가장 지지한다고 생각하는 입장을 결정하는데 유용한 통찰을 얻을 수 있다.

두 권의 책을 추천한다. 「하나님의 섭리에 관한 네 가지 시각」(Four Views on Divine Providence)과 「예정과 자유 의지」(Predestination and Free Will)[2]이다. 두 책은 각 입장을 대표하는 주자들의 논증을 제시하고 각 저자가 상대 주장을 비판하는 식으로 구성되어 있다. 이런 식의 접근이 의미 있는 이유는 각 주장의 실제적인 입장에 대한 반응을 평가해 볼 기회가 생기기 때문이다. 자기 주장만을 고집하지 않고 열린 태도를 가진다면 때로 이 저자들 중 누군가에게 설득되기도 하고 그 주장이 일리가 있다는 생각이 들 수도 있다. 그런 다음 나머지 저자들이 그 입장에서 쓴 반박 내용을 읽고 생각에 변화가 일어나거나 최소한 생각을 수정할 수도 있다. 결과적으로 각 주장의 강점과 약점을 이해하게 될 것이고 다른 입장에 있는 학자들에게서 도전을 받게 될 것이다.

배움이란 남들의 시각에 귀기울이며 그 시각을 존중하는 것이다. 그러므로 자신과 다른 입장의 주장을 들을 때, 그 입장을 충분히 숙지한 다음에 거부하든지 반박하도록 하라.

"사람마다 듣기는 속히 하고 말하기는 더디 하며 성내기도 더디 하라"(약 1:19).

### '자유 의지론'이란 반대 선택을 할 수 있는 자유를 의미한다

'자유 의지론'은 인간이 여러 선택지 중에서 선택할 수 있으며 인간의 자유와 '결정론'은 공존할 수 없다고 주장한다. 대부분의 알미니안주의자들이 스스로를 자유 의지론자라 여긴다.

이들의 자유 의지는 선택이 자유로운 상황에서 A를 선택했지만 B나 다른 것도 충분히 선택할 수 있었다는 말이다. 자유 의지론자들은 이렇게 반대 선택을 할 수 있는 자유가 우리 인간성에 필수적이며 도덕적 책임에 핵심이라고 믿는다. 여러 다른 영향에도 불구하고 사람들의 선택은 여전히 그들 자신의 선택이며 전적인 '죄의 예속'이나 외부적 원인들 때문에 특정 방향으로 선택하도록 결정되어 있지 않다고 본다. 자유 의지론자들은 이것이 참일 경우에만 우리는 우리 행동에 책임을 질 수 있다고 주장한다. (많은 칼빈주의자들이 자유 의지를 믿지만 자유 의지론자들의 자유 의지는 믿지 않는다. 다시 말해서 그 본성에 따라 자유롭게 선택하는 의지가 있지만 그 본성과 반대 선택은 할 수 없다고 믿는다.)

존 웨슬리는 "인간이 자유를 박탈당하면 돌처럼 아무 덕도 행할 수 없다"[3]라고 말했다.

알미니안주의 신학자 잭 코트렐은 자유 의지론을 아래와 같이 규정한다.

> 하나님은 우리를 이미 예정된 운명의 지배를 받거나 간섭이나 강요 없이 주도적으로 행동할 내재적 힘을 지닌 존재로 창조하셨다. 그렇다고 인간이 완전한 자율성을 지닌 존재라는 의미는 아니다. 인간 의지는 통치하시는 하나님의 주권과 인간의 유한성이라는 한계 안에서 작동하기 때문이다. 그러나 이것은 자기 외부의 어떤 힘으로 선택이 정해지거나 결정되지 않고(영원 전이든 현재이든) 도덕적으로 반대되는 대안 중에서 선택할 수 있는 능력이 포함된다.[4]

알미니안주의자라고도 하는 기독교 자유주의자들은 하나님의 능력이 무한하다고 보지만 유의미한 정도의 선택 능력을 하나님이 인간과 귀신과 사탄을 비롯한 피조물들에게 위임하기로 작정하셨다고 믿는다. 이 위임의 수준은 결코 낮지 않다. 그럴 경우 "온 세상은 악한 자 안에 처한 것이며"(요일 5:19)와 같은 말씀이 성립될 수 없을 것이다.

타락한 세상에 실제로 벌어지는 일과 연관시켜 보면 자유 의지론은 다음 그림처럼 보일지 모른다(여기서 '피조물'이라고 표현한 이유는 단순히 인간만이 아니라 귀신과 사탄을 포함시키기 위해서이다).

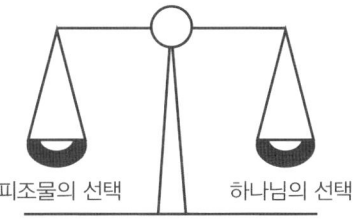

어떤 알미니안주의자도 하나님의 주권과 피조물의 선택이 동등한 수준이라고 말하지 않는다. 다만 하나님이 주권적으로 매우 상당한 수준의 선택 능력을 그 피조물에게 위임하셨다고 본다. 이런 관점으로라면 일부 알미니안주의자들은 위의 그림을 받아들이겠지만 거부할 이들도 적지 않을 것이다.

그러나 어떤 칼빈주의자는 이사야 40장 15절을 인용하여 자유 의지론에 대한 이 그림을 받아들이지 않는다.

"보라 그에게는 열방이 통의 한 방울 물과 같고 저울의 작은 티끌 같으며 섬들은 떠오르는 먼지 같으리니."

이 그림이 하나님의 주권을 제한시킨다고 믿기 때문에 그들은 자유 의지론의 시각이 아래에 더 가깝다고 볼 것이다.

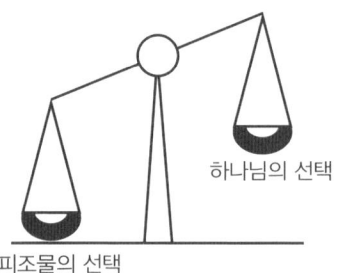

인간을 하나님보다 더 강한 존재처럼 보이게 만든다는 이유로 이 그림을 받아들이지 않을 알미니안주의자들도 있을 것이다. 그들은 "자유 의지를 허용한 것은 하나님의 선택이었다. 하나님은 사탄과 귀신들과 악인들의 선택에 큰 비중을 두신다"고 지적하며 저울이 더 균형을 이루어야 한다고 주장할 것이다. 바울은 "우리의 씨름은 혈과 육을 상대하는 것이 아니요 통치자들과 권세들과 이 어둠의 세상 주관자들과 하늘에 있는 악의 영들을 상대함이라"(엡 6:12)고 말한다. 하나님이 주권을 행사하시더라도 그 원수들은 하나님께 받은 힘을 행사할 수 있다.

### 결정론은 하나님의 자유로운 선택이 그 피조물의 선택 속에 작동한다는 뜻이다

결정론은 "의지적 행위, 자연에서 일어나는 일, 혹은 사회적, 심리적 현상들이 선행 사건이나 자연 법칙에 의해 인과적으로 결정된다"[5]고 본다. 그리스도인들은 이 원인에 인간 본성과 욕망뿐 아니라 하나님의 개입도 포함된다는 내용을 추가할 것이다.

칼빈주의자들은 결정론자들이지만 그 정도는 개인마다 다르다. 운명론으로 연결되며 종종 하이퍼 칼빈주의와 연결되는 강한 결정론은 대부분 반대한다. 양립 가능론자들은 스스로를 온건한 결정론자들이라고 자처하며 결정론과 책임이 따르는 선택이 양립할 수 있다고 믿는다.[6]

양립 가능론자들은 하나님이 원하시면 피조물의 선택을 기각하실 수 있지만, 옳든 그르든 자유로운 선택으로 그 주권적 뜻을 이룰 수 있다면 기각하시지 않는 방향으로 선택하신다고 믿는다. 하나님은 피조물의 모든 생각과 행위를 결정하시기에 주권자이시지만(강한 결정론자들의 입장) 또 그들에게 실제적 선택을 허용하기로 결정하시기에 주권자라 할 수 있다.

많은 알미니안주의자들은 어떤 형태로든 결정론이 옳다면 하나님이 주신 선택의 자유, 반대 선택이 가능한 이 자유는 성립될 수 없다고 믿는다. 결정론이 자유 의지와 양립할 수 없다고 믿기 때문에 그들은 양립 불가능론자들이다. 주권에 대한 결정론적 사고를 받아들이면 자유 의지는 결국 위축되다가 사라져 무의미해진다고 대부분 믿는다.

결정론자들은 강한 경우이든 약한 경우이든 그들의 입장만이 하나님의 주권을 인정한다고 주장한다. 그래서 결정론자들은 주권을 모든 사건의 궁극적 통제라는 관점으로 해석한다. 그러나 자유 의지론자들은 하나님의 주권이란 그분이 누구에게도 책임이 없으시지만 어떤 선택을 하든지 피조물에게 자유를 허락하시고, 또한 상당한 힘을 허용해 주시기로 선택하셨다는 뜻이라고 믿는다. 하나님은 원하시는 뜻대로 하시지만 일어나는 모든 일이 다 하나님이 원하시는 일은 아니다. (양립 가능론자들은 하나님의 뜻이 다양하다고 인정한다[7]. 여기에는 종종 좌절되는 도덕적 뜻과 항상 성취되는 작정적 뜻이 있다).

강한 결정론

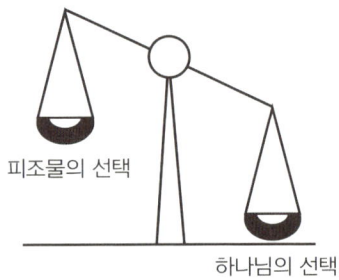

## 약한 결정론

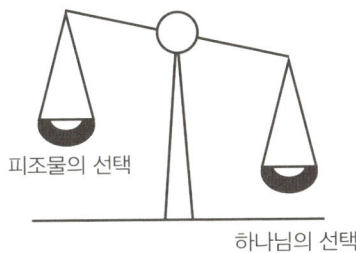

피조물의 선택

하나님의 선택

강한 결정론자들은 피조물의 선택을 하나님이 직접 예정하신다고 주장한다. 그들은 피조물이 스스로 선택한 일에 전적으로 책임을 져야 한다고 말하지만 그 이유나 과정을 설명하기가 쉽지 않다. 피조물의 의지가 아무 실체가 없어 보이기 때문에 나는 저울 그림에서 하나님의 결정이 절대적으로 무겁고 피조물의 선택은 아무 무게가 나가지 않는 것으로 그렸다.

약한 결정론자(혹은 양립 가능론자)는 하나님의 선택이 피조물의 선택보다 훨씬 무게가 무거우며 결과적으로 피조물의 악한 선택조차 하나님이 그 뜻을 이루는데 사용하신다고 믿는다. 그들은 피조물의 선택이 어느 정도 무게가 나가지만 하나님의 선택의 무게에는 턱없이 미치지 못한다고 생각한다. 그리고 피조물의 선택은 절대 하나님의 선택을 좌절시키지 못한다. 그러므로 위의 그림은 피조물의 선택이 어느 정도 무게가 나가지만 하나님의 선택에 비하면 아무것도 아니라는 점을 보여 준다.

### 양립 가능론은 자유 의지와 결정론이 공존할 수 있다고 믿는다

양립 가능론은 자유 의지(사람들이 의미 있는 선택을 할 수 있고 그 선택에 대해 도덕적 책임을 진다)와 결정론(하나님이 완전하게 통치하시고 피조물의 선택에 절대 영향을 받지 않는다)이 공존할 수 있다고 주장한다. 양립 가능론자들은 이 타락한 세상에 일어나는 많은 일이 하나님의 도덕적 뜻에 위배되지만 일어나는 모든 일이 그분의 작정적 뜻(하나님이 그 거룩하신 작정으로 기뻐하시는 일은 모두 이루신다는 주권적이고 효력 있는 뜻[8])과 일치한다고 믿는다.

### 이 세 주장은 모든 선택을 어떻게 이해하는가?

자유 의지론은 피조물의 자유 의지로 선택을 하되 그 선택에 도덕적 책임을 지는 것이라고 이해한다. 피조물이 어떤 선택을 할 경우 다른 선택도 가능했을 것이라고 믿는다(그렇지 않다면 선택이라고 할 수 없다). 알미니안주의자들은 하나님을 절대적으로 자율적인 분으로 이해하는 하나님의 주권과 자유 의지론이 공존할 수 있다고 믿는다. 또한 이 세상에 일어나는 많은 일이 비록 그분의 뜻에 위배됨에도 하나님은 그분의 계획을 실행하는데 전혀 방해받지 않으신다고 믿는다.

일부 자유 의지론자들은 양립 가능론이 한꺼풀만 들추면 결국 강한 결정론이라고 주장한다. 어떤 이들은 양립 가능론과 강한 결정론의 차이를 인정하면서도 양립 가능론으로는 주권과 인간 선택을 조화시키는 문제가 해결되지 않는다고 생각한다.

다음 세 그림은 이 세 가지 주장을 그린 것이다. 하나님의 행동은 왼쪽으로 이동하는 사선으로 그려진 반면 인간의 행동은 오른쪽으로 이동하는 사선으로 표현되었다. (이 그림은 D.A. 카슨의 「신적 주권과 인간의 책임」Divine Sovereignty and Human Responsibility을 참고로 하였다. 설명은 필자의 것이다.)

### 자유 의지론(역사적 알미니안주의)

인간은 종종 하나님의 뜻과 반대 선택을 하지만 하나님은 인간에게 그럴 자유를 주신다

하나님의 행동
인간의 행동

자유 의지론은 인간 행동이 하나님의 행동과 독립적이라고 본다. 하나님은 주권적으로 역사하시며 특정 환경을 마련하실 수도 있지만 피조물의 실제 선택은 간섭하지 않으신다.

이렇게 말하면 자유 의지론자들인 알미니안주의자들이 예정 교리를 인정하지 않는 듯한 인상을 준다. 그러나 실제로 그렇지 않다. 알미니우스는 흡사 칼빈의 말을 반복하는 것처럼 예정을 이렇게 설명했다.

"인간에 대한 구원의 선택과 파멸의 유기."[9]

그러나 알미니안주의는 하나님이 믿을 사람과 믿지 않을 모든 사

람의 운명을 예정하셨지만, 누가 믿고 믿지 않을지는 예정하지 않으셨다고 본다. 잭 코트렐은 이렇게 말했다.

"하나님은 불신자들이 지옥에 가도록 예정하신 것처럼 신자들이 천국에 가도록 예정하신다. 그러나 누가 신자가 되어 끝까지 믿음을 지킬지 아니면 계속 불신자로 살지는 예정하지 않으신다. 이것은 각 개인이 내리는 선택이며 하나님이 예지하고 계신 선택이다."[10]

F.L. 폴린스는 「고전적 알미니안주의」(Classical Arminianism)에서 이렇게 지적한다.

"우리 복음은 하나님이 예수 그리스도를 믿는 모든 사람의 구원을 예정하셨고, 예수 그리스도를 믿지 않는 모든 이가 영원한 죽음의 정죄를 받도록 예정하셨다고 말한다."[11]

세속적인 강한 결정론자들이 있지만 성경을 믿는 강한 결정론자들은 역사적으로 하이퍼 칼빈주의자(hyper-Calvinists)로 불려왔다. 그들은 모든 피조물의 선택에서 적극적 역할을 하는 실제적 의지는 피조물이 아니라 하나님 자신의 의지라고 믿는다. 피터 툰은 18세기 후반에 동일한 교리를 가리켜 가짜 칼빈주의와 강경한 칼빈주의라는 용어들이 사용되었고 19세기 후반에는 하이퍼 칼빈주의로 불리게 되었다고 지적한다.[12]

## 강한 결정론(하이퍼 칼빈주의)

하나님은 그분의 뜻을 이루기 위해 모든 개인의 선택을 직접 결정하신다.

때로 극단적 하이퍼 칼빈주의자라는 용어는 5대 강령 칼빈주의자나 '나보다 더 칼빈주의적인 모든 이'를 가리켜 사용되었다. 이 용어를 오용한 대표적 경우이다. 역사적으로 하이퍼 칼빈주의는 복음 전도나 설교, 기도와 같은 인간의 노력 없이 하나님이 주권적 뜻으로 선택하신 자들을 구원한다는 가르침을 가리켜 사용되었다.

주권과 자유 의지의 문제와 관련해서 하이퍼 칼빈주의자라는 용어는 선하고 악한 인간의 모든 생각과 행동을 하나님이 지시하신 것으로 본다. 그래서 때로 인간의 선택은 무의미하고 환상에 불과하다고 생각하는 이들을 가리켜 사용된다. 이것은 사선이 모두 같은 방향을 향하는 위의 그림에 잘 표현되어 있다. 중요하고 실제적인 선택을 하는 유일하신 분은 하나님이다.

강한 결정론은 4장에서 인용한 성경 구절들과 정면으로 배치된다. 사람들이 선택을 하고 있는 것처럼 보이는데 실제로 선택을 하는 것이 아니고 선택을 할 능력을 부여받았다고 생각하기 때문이다. 즉, 사람이 실제로 아무 선택을 할 수 없다고 말하는 것이므로 강한 결정론은 그 구절들을 거짓으로 만드는 것이나 마찬가지이다.

하이퍼 칼빈주의는 복음 전도와 선교를 무용지물로 만들 정도로 극단화된 칼빈주의이다. 하이퍼 칼빈주의는 선택된 자가 반드시 구원을 받고 선택 받지 않은 자들은 구원받을 수 없기 때문에 복음 전도와 선교가 결국 무의미하고 불필요하다고 주장한다. 하이퍼 칼빈주의의 유명한 한 사례는 1787년 영국 목회자 모임에서 볼 수 있다. 윌리엄 캐리는 이 모임에서 인도에 선교사로 가고 싶다는 소망을 공식 발표했다. 그때 한 목사가 그에게 이렇게 대답했다.

"이보게, 젊은이, 자리에 앉게나. 하나님이 이방인들의 회심을 기뻐하신다면 자네나 내가 나서지 않더라도 그렇게 하실 걸세."[13]

하이퍼 칼빈주의자들(이 용어가 실제로 사용되는 경우는 거의 없지만 개인적으로 중요하다고 생각한다)은 보통 스스로를 이렇게 부르지 않고 단순히 칼빈주의자라고 부른다. 주류 칼빈주의는 하이퍼 칼빈주의가 아니고 5대 강령 칼빈주의자나 맹목적 칼빈주의자나 거부감을 주는 강경한 칼빈주의자와는 다르다. (하이퍼 칼빈주의자들은 거부감을 주는 경우가 분명히 있지만 원래 이 용어의 의도는 아니다.)

물론 진정한 칼빈주의를 거부하는 사람들도 적지 않다. 하지만 일부 사람들이 거부감을 보이는 '칼빈주의'는 실제로 하이퍼 칼빈주의이다. 주류 알미니안주의자들이 펠라기안주의자로 매도되어서는 안 되듯이 주류 칼빈주의자들 역시 하이퍼 칼빈주의자로 매도되어서는 안 된다. 우리는 인물이나 과거의 경험 혹은 극단에 근거한 획일적인 주장보다 신학의 내용 자체에 관심을 집중해야 한다.

5대 강령 칼빈주의자인 필 존슨은 "하이퍼 칼빈주의자의 대거 등장을 알리는 듯한 미묘한 추세가 걱정스럽고 우려스럽다. 특히 젊은 칼빈주의자들과 신생 개혁주의자들 사이에 이런 조짐이 보인다. 메일링 리스트나 웹 사이트와 유즈넷 포럼처럼 인터넷의 수많은 개혁주의 신학 포럼에서 이런 추세가 감지되고 있다"[14]고 말한다.

존슨은 "하나님의 주권에 대한 비성경적이고 균형을 상실한 개념"이 이런 신학의 특징이라고 말한다. 그는 "실제로 청교도 시대 이후로 참된 칼빈주의의 부활은 번번히 하이퍼 칼빈주의자들의 영향력으로 좌절되고 거부되다가 결국 사그라들고 말았다"[15]고 지적한다.

양립 가능론(역사적 칼빈주의자)

인간은 자유롭게 선택하고 죄를 짓지만 하나님은 여전히 통치하시며 심지어 죄를 이용하셔서 그분의 뜻을 이루시기까지 한다.

'약한 결정론자들'이기도 한 양립 가능론자들은 의미 있는 인간의 선택과 그 선택에 대한 전적인 인간의 책임을 인정한다는 면에서 강한 결정론자들 혹은 하이퍼 칼빈주의자들처럼 극단적이지는 않다. 그러나 하나님이 인간의 선택을 허용하시지만 또 작정하신다는, 다시 말해서 '창조'하시거나 '일으키시는' 것은 아니지만 '허용하시는' 수준을 넘어선다고 본다는 면에서 자유 의지론자들보다는 더 극단적

이라 할 수 있다.

일부 칼빈주의자들은 이사야 45장 7절의 킹 제임스 번역을 인용하며 하나님이 '악도 짓는다'고 말씀하셨다는 과도한 주장을 한다. 그러나 히브리어 라(ra)는 도덕적 악뿐 아니라 도덕적 악에 대한 하나님의 재앙의 심판을 가리켜 사용하기도 한다. 그래서 NIV는 이 절의 라(ra)를 '재앙'으로 번역한다.

"나는 빛을 짓고 어둠을 창조하며 번영을 주고 재앙을 창조한다; 나 여호와는 이 모든 일을 행하는 자이다."

대부분 성경 번역은 이 단어를 '재난: disaster'(GNT, HCSB)이나 '재앙: calamity'(ESV, NASB, NET, NKJV)으로 번역하고 있다.

이사야 45장 7절에서처럼 예레미야 11장 17절, 32장 23절, 아모스 3장 6절에서 하나님은 백성들의 라(ra), 즉 도덕적 악행을 처벌하시기 위해 라(ra), 즉 재앙을 보내신다. 우리는 무서운 심판 자체가 악이라고 생각할지 모르지만 실제로 그것은 의로운 것이다. 하나님은 악에 재앙으로 심판하시고 원하시면 악을 사용하실 수도 있다. 하지만 그분이 도덕적 악의 근원은 절대 아니다.

칼빈은 인간이 죄로 타락한 것에 대해 이렇게 말했다.

"미래에 일어날 일을 모르셨다고 하늘의 재판관되신 분이 비난받아야 할 이유가 무엇인가? … 미래의 모든 사건을 예지하는 것이 그분의 지혜에 속하듯이 그분의 손으로 모든 것을 통치하시고 다스리시는 것은 그분의 권능에 속한다."[16)]

하나님은 인간이 범죄하도록 만드시지 않지만 그들에 대한 통치를 포기하시지도 않는다.

칼빈은 하나님이 주권자 되신다고 해서 인간의 악이 그분의 탓이라는 의미는 아니라고 확신했다.

"그러므로 인간 자신의 악으로 하나님께 받은 순수한 본성이 부패하였고, 그의 파멸로 그의 후손들도 모두 파멸하게 되었다. 그러므로 본성이 부패한 우리는 하나님의 예정 속에 숨겨져 있어 거의 이해 불가능한 원인을 탐구하는 일보다는 저주의 명백한 원인(우리에게 더욱 직접적으로 다가오는 원인)을 되새기는 데 집중해야 한다."[17)]

양립 가능론은 인간의 선택이 실제적이고, 따라서 이것은 하나님의 선택과 별개라고 본다는 면에서 강한 결정론과 다르다. 또한 인간의 선택이 하나님께서 계획하신 범주를 벗어나지 않으며 그 계획은 악에서도 선을 이끌어 낼 수 있는 그분의 통치하심으로 실행이 된다고 보기에 자유 의지론자들과도 다르다. 하나님은 그분의 뜻을 위해 원하시면 언제라도 어떤 방법으로라도 인간의 선택에 영향을 미치시거나 그 선택을 무효로 돌리실 수 있다. 그래서 반대 선택을 할 수 있는 피조물의 능력은 절대적이지 않다.

양립 가능론의 최대 약점은 주권과 인간의 선택이 완전히 양립 가능하다고 말하면서 인간의 선택을 축소시키는 경향일 것이다(신학 체계로서가 아니라 이 입장을 지지하는 이들의 일관성 결여에 그 이유가 있다). 양립 가능론자들이 자유 의지론자로 오해받을 위험성은 거의 없다. 오히려 강한 결정론자처럼 보일 때가 많다.

### 자유 의지론자들은 결정론이나 최소한 보편적 결정론과 인간의 자유는 양립할 수 없다고 믿는다

알미니우스는 "[하나님의] 은혜와 인간의 본성은 자유 의지를 파괴하지 않고 오히려 올바른 방향을 제시해 주고 그 부패성을 치유하는 방식으로 긴밀하게 협조하기 때문에 피조물이 자신의 뜻에 맞게 행동을 주도하도록 허용한다"[18]고 썼다.

알미니우스는 선택을 가능하도록 하는 것이 인간의 공덕이 아니라 하나님의 은혜라고 믿었기 때문에 이것은 중요한 지적이다. 하지만 이것은 칼빈주의와는 입장이 매우 다르다. 칼빈주의는 죄인의 마음이 회심할 준비가 되어 있을 경우, 하나님은 그가 돌아오도록 소극적으로 도와주시는 것이 아니라 회심 전에 적극적으로 새 마음을 주셔서 하나님을 믿도록 하신다고 믿는다. 알미니우스는 전적 타락을 인정했지만 하나님의 은혜로 '그 부패함을 바로 잡아' 피조물이 자유로운 선택을 할 수 있다고 말했다.

코트렐은 "기본적으로 참으로 자유로운 의지의 실재를 부정하는 모든 형태의 결정론은 죄라는 실체와 모순된다. 선택할 능력이 없다면 그 누구도 바른 선택을 했다는 인정을 받을 수도, 그릇된 선택에 책임을 질 수도 없다"[19]고 주장한다.

윌리엄 레인 크레이그는 보편적 결정론을 아래와 같이 신랄하게 비판한다.

> 보편적 신적 결정론은 현실을 한편의 희극처럼 만든다. 온 세계가 공허하고 허무한 모습이 된다. 하나님에 대한 반역을 저지르는 자유로운 주체가 한 명도 존재하지 않는데 하나님은 사랑으로 그들을 얻고자 노력하신다. 그 사랑에 자유롭게 반응하고 하나님께 기꺼이 사랑과 찬양을 돌려드리는 이는 한 명도 없다. 실제로 연기하는 배우가 유일하게 하나님뿐인 이 결정론은 하나님을 영화롭게 하기는커녕 오히려 하나님을 모독하는 것이다.[20]

주권에 대한 칼빈주의적 시각에 드러나는 보편적 결정론을 신랄하게 비판하면서 크레이그는 이렇게 덧붙인다.

"당신이 생각하는 모든 것이, 심지어 지금 바로 이 생각조차 자신의 통제 밖에 있으므로 일종의 착시 현상이 생긴다. 결정론이 옳을 수도 있다. 하지만 그것을 합리적으로 확인할 방법을 찾기란 매우 어렵다. 그것이 확증되는 순간, 그 확증의 합리성이 손상되기 때문이다."[21]

코트렐 역시 하나님의 주권이 결정론의 형태를 취하지 않는다고 주장한다.

"개인적으로 재난과 고통에 처했을 때, '하나님이 왜 내게 이런 일을 하시는가?'라고 묻는 것은 부적절할 것이다. 하나님이 직접 그 일을 하실 가능성은 거의 없다. 그것은 아마 직접적이든 간접적이든 누군가의 자유 의지로 내린 선택의 결과일 것이다."[22]

양립 가능론자들은 이런 코트렐의 주장에 대해 어떤 개인이나 악마가 악한 일을 하기로 선택했다는 이유만으로 하나님의 선택이 사라지는 것은 아니라고 말할 것이다. 무엇보다 요셉이 형들에게 "당신들은 나를 해하려 하였으나 하나님은 그것을 선으로 바꾸사"(창 50:20)라고 말했지 않았는가. 바울 역시 육체의 가시, 즉 그를 괴롭히는 '사탄의 사자'를 하나님께 받았다고 말했다(고후 12:7).

특정한 상황이 인간이나 악마의 선택이 원인이라고 지적할 때 양립 가능론자들이 설득되지 않는 이유가 이 때문이다. 그들은 그 상황과 선택을 한 피조물 모두 하나님의 주관 아래 있다고 믿는다. 하나님은 인간의 선택을 이용하셔서 그분의 뜻을 이루실 수 있을 뿐 아니라 이런 인생의 어려움을 의도적으로 작정하실 수 있다. 그리고 그 모든 것이 그분의 자녀들에게 유익하도록 주권적으로 선용하신다(롬 8:28).

### 결정론이 피조물의 선택에 관한 수많은 구절들과 양립하기 어렵다면 자유 의지론은 수많은 주권에 관한 구절들과 양립하기 어렵다

일부 결정론자들은 모든 것이 미리 예정되어 있다면 실제로 피조물의 선택이 어떻게 가능한지 납득할 만한 설명을 하지 못하고 무조건 인간에게 자유가 있다고 우기는 경향이 있다. 마찬가지로 일부 자유 의지론자들 역시 하나님이 자유의 실제적 제약이 전혀 없는 사람들을 어떻게 예정하시거나 선택하실 수 있는지 설명하지 않고 하나님의 주권을 받아들이는 경향이 있다.

아래 구절들을 생각해 보라.

"여호와께서 나라들의 계획을 폐하시며 민족들의 사상을 무효하게 하시도다 여호와의 계획은 영원히 서고 그의 생각은 대대에 이르리로다"(시 33:10-11).

"여호와께서 온갖 것을 그 쓰임에 적당하게 지으셨나니 악인도 악한 날에 적당하게 하셨느니라"(잠 16:4).

일종의 결정론을 믿는 칼빈주의자에게 이 구절은 재론의 여지가 없다. 이런 성경 구절은 하나님이 우리의 일상 생활뿐 아니라 인간 역사를 주관하신다는 것을 보여 준다. 이것은 특별히 "여호와께서 사람의 걸음을 정하시고 그의 길을 기뻐하시나니"(시 37:23)라는 사실을 인정할 때, 우리에게 더없이 큰 위로가 된다.

하지만 알미니안주의자들 역시 그들의 입장을 지지하는 성경 구절들이 있다. 가령 예수님이 예루살렘을 보시고 "암탉이 그 새끼를 날개 아래에 모음 같이 내가 네 자녀를 모으려(would, 헬라어 셀로, thelo) 한 일이 몇 번이더냐 그러나 너희가 원하지(셀로, would) 아니하였도다"(마 23:37)라고 하신 구절이 대표적이다. 예수님은 타락한 피조물의 의지를 표현할 때 사용하신 것과 같은 단어를 그분이 소망하셨다는 표현에 사용하고 계신다. 그렇다면 누구의 뜻이 실현되었는가? 타락한 피조물의 뜻이다. 예수님은 그분에게 맞서 자신의 뜻을 행사하기로 선택하는 그들을 보고 울고 계신다.

마찬가지로 하나님은 이스라엘 백성들에게 옳든 그르든 어떤 선택을 할 권한이 그들에게 있다고 말씀하신다.

> "내가 오늘 네게 명령한 이 명령은 네게 어려운 것도 아니요 먼 것도 아니라 … 오직 그 말씀이 네게 매우 가까워서 네 입에 있으며 네 마음에 있은즉 네가 이를 행할 수 있느니라"(신 30:11,14).

칼빈주의자들이 주권에 관한 성경적 근거로 시편 33장 10-11절과 잠언 16장 4절을 인용하고 강조하듯이, 알미니안주의자들은 마태복음 23장 37절과 신명기 30장 11,14절을 강조한다. 나는 그들의 주장이 모두 맞다고 믿는다. 좋아하고 싫어하는 성경 구절을 선택하는 것이 아니라 그 모두를 믿는 것이 우리가 할 일이다. 심지어 우리가 갖고 있던 생각이 흔들리고 어떻게 해야 할지 알 수 없을 때에라도 그렇다.

### '몰리니즘'은 자유 의지와 주권의 조화를 시도한다

몰리니즘은 이 신학적 관점을 제안한 루이스 드 몰리나(1535-1600)

의 이름을 본 딴 용어이다. 몰리니즘은 인간이 자유롭게 선택할 수 있지만 하나님이 모든 인간이 자유 의지로 어떤 것을 선택할지 아시고 '중간 지식'을 이용해 세상을 운영하신다고 주장한다. 하나님은 주권적 목적을 이루시기 위해 환경들을 조정하신다. 그리고 미래를 미리 아시고 그에 맞게 선택하시기 때문에 모든 일을 다 그분의 뜻대로 온전히 이루실 수 있다.

'중간 지식'은 하나님이 일어났거나 일어날 일(사실)을 모두 아실 뿐 아니라 또 상황이 달라졌을 경우 어떤 일이 일어났을지(가상 사실) 정확히 아신다는 이론이다. 가상 사실(counter-factual)은 한 개인이 선택할 수도 있었지만 선택하지 않은 모든 것을 가리킨다. 중간 지식은 여러 성경 구절에서 근거를 찾을 수 있다(렘 38:17-18 ; 겔 3:6-7 ; 마 12:7, 24:43 ; 고전 2:8).

다음 그림을 보면 알겠지만 가상 사실이나 반사실적 가정을 다 아실 경우, 하나님은 그 주권적 계획을 실행할 무한한 능력을 소유하시는 동시에 피조물이 자유로운 선택을 하도록 허용하실 수 있다.

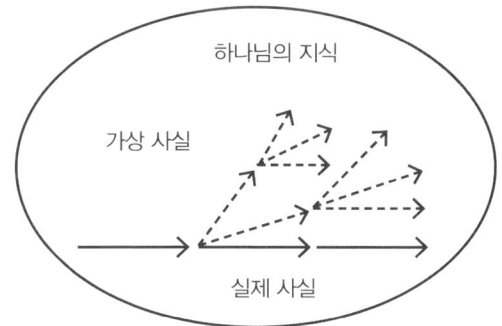

이것은 당신이 지금과 다른 직장을 선택하고 다른 사람과 결혼하거나 그 성경 공부 모임이나 파티에 가지 않기로 선택했을 경우, 상황이 어떻게 달라졌을지 하나님이 정확히 아신다는 뜻이다.

몰리나는 자유 의지론적 자유 의지를 믿었다. 중간 지식을 인정하는 알미니안주의자들은 스스로를 몰리니안주의자로 자처한다. 반면에 자유 의지론을 인정하지 않는 일부 칼빈주의자들은 중간 지식이란 개념을 양립 가능론적 시각으로 흡수하고 통합한다. 때로 몰리니즘이란 용어를 사용하기도 하고 때로는 사용하지 않는다.

중간 지식과 가상 사실을 하나님의 전지하심의 일부로 볼 경우 하나님은 과거와 현재와 미래의 모든 사실보다 훨씬 더 많이 아시고 더 넓게 아신다는 의미가 된다. 그분은 역사가 다르게 진행되었을 경우에 일어났을 일도 모두 아신다. 그러므로 배타적 지식으로 주권적 권능을 행사하셔서 궁극적인 결과에 영향을 미치실 수 있다.

몰리니스트들은 가령, 그리스도께서 가버나움을 향해 하신 말씀을 인용해 하나님이 실제로 일어난 일을 아실 뿐 아니라 다른 선택을 했을 경우 일어났을 일도 아신다고 주장한다. 나아가 하나님은 무슨 일이 일어날지 아실 뿐 아니라 다른 요인들이 개입될 경우에 일어날 일도 알고 계신다고 한다.

중간 지식의 대표적 옹호자인 윌리엄 레인 크레이그는 몰리니즘으로 하나님의 섭리와 예정을 설명할 수 있다고 믿고 "지금까지 제기된 가장 알찬 신학적 개념 중 하나"[23]라고 극찬한다.

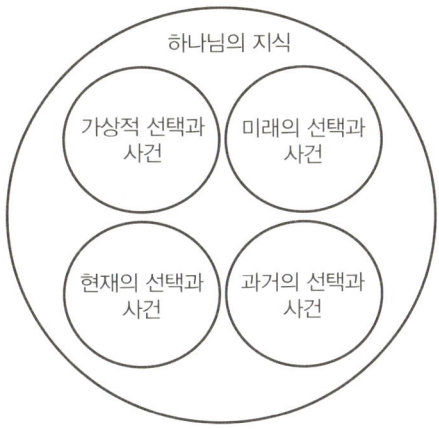

 칼빈주의자인 테런스 티센은 "하나님은 '중간 지식'으로 피조물에게 부여하신 책임이 따르는 자유를 침해하시지 않고 그분의 계획을 실행하실 수 있다"[24]고 말한다.

 몰리니즘은 성경 교리라기보다 철학적 사상에 더 가깝지만 사람들이 다른 상황에서 어떤 선택을 했을지 하나님이 아신다는 것을 보여 주는 성경 구절이 적지 않다.

 예를 들어, 바울은 "이 지혜는 이 세대의 통치자들이 한 사람도 알지 못하였나니 만일 알았더라면 영광의 주를 십자가에 못 박지 아니하였으리라"(고전 2:8)고 말했다. 헤롯과 빌라도에게 진리를 일부라도 알게 하셨더라면 예수님은 십자가에 못박히시지 않았을 것이다. 그러나 십자가 사건은 하나님의 계획이었다.

어느 이론이나 마찬가지로 몰리니즘 역시 약점이 있다. 몰리니즘에 대해 비판적인 사람들은 이 이론이 인간의 미래 선택을 하나님이 먼저 아셔야 그에 맞게 계획을 세우실 수 있다는 암시를 준다고 비판한다. 또 어떤 이들은 하나님이 모든 가능한 상황에서 가능한 모든 선택을 다 고려해서 항상 모든 것을 다 알고 계셔야 원하는 대로 계획하실 수 있는 것처럼 말한다고 비판한다.[25]

다음은 기본적인 철학적 차이점에 대해 간단히 정리한 내용이다.

|  | 강한 결정론: 하이퍼 칼빈주의자들 | 온건한 결정론 (양립 가능론): 칼빈주의자들 | 자유 의지론: 알미니안주의자들 | 몰리니즘: 칼빈주의자들 혹은 알미니안주의자들 |
|---|---|---|---|---|
| 주권 | 하나님은 선하고 악한 모든 일을 정확히 계획하신 그대로 일어나게 하셔서 완전하신 계획을 성취하신다. 그분의 모든 피조물은 언제나 그분이 결정하신 대로 행동한다. | 하나님은 선을 행하시고 악을 허용하심으로 그분의 뜻과 계획을 이루고 성취하신다. 인간에게 의미 있는 선택을 할 능력을 허락하시고 그 선택에 전적으로 책임을 지도록 하신다. | 하나님은 누구에게도 간섭받지 않으신다. 행하기로 선택하시는 일은 모두 일어난다. 천사들과 인간이 어떤 선택을 해도 다 허용하시며 그 가운데는 그분이 원치 않는 일도 많이 포함된다. 그분은 자녀들이 겪는 모든 고통과 악을 선한 목적으로 사용하실 수도 있고 그러지 않으실 수도 있다. | 하나님은 인간이 자유 의지로 무엇을 선택하고 또 다른 상황이라면 어떤 선택을 할지도 다 아시고 그분에게 최적의 영광을 돌리도록 세상을 창조하셨다. |

| | | | | |
|---|---|---|---|---|
| 악 | 아무리 많은 고난과 악이 발생하든지, 하나님은 모든 악과 고난의 궁극적 원인이며(직접적 원인이 아닌 때도 많지만) 그 모든 악과 고난은 세세한 부분까지 그분의 뜻과 연관된다. | 하나님은 도덕적 뜻을 어기도록 허용하시되 작정하신 뜻을 이루신다. 하나님이 악의 근원은 아니지만 악을 사용해 그분의 궁극적 뜻을 이루실 수 있고 또한 이루신다. | 악은 인간과 사탄이 하나님께 반역한 선택의 결과이다. 하지만 결국 하나님의 계획이 승리한다. | 악은 인간과 귀신들이 하나님의 뜻에 반역한 것이 원인이다. 그러나 특정 환경들을 통제하심으로 하나님이 결국 승리하신다. |
| 인간의 자유 | 선하고 악한 모든 인간의 선택은 인간의 내적인 기질과 외부적 환경을 통해 하나님이 예정하신 것이다. 모든 선택은 하나님이 뜻하시고 작정하신 것이다. 사람들은 유의미한 의미에서 선택을 할 자유가 없다. | 인간은 그 본성과 욕망을 따라 선택한다. 그 선택에 전적인 책임이 있다. 그들의 선택은 하나님이 작정하신 뜻의 일부를 이루지만 유의미하고 실제적인 선택이다. | 일부 선택이 예정되어 있고 어떤 선택이든 제한적이지만 다른 선택의 여지가 있을 때 그 선택이 자유로운 선택이라 할 수 있다. 어떤 선택은 하나님의 뜻이지만 그분의 뜻에 반하는 선택도 있다. | 인간은 자유롭게 선택하지만 그들이 무엇을 선택할지 하나님이 아시고 세상을 주관해오셨다. 알미니안주의자들은 하나님이 미래를 작정하시는 것이 아니라 예지하신다고 생각하는 반면, 칼빈주의자들은 하나님이 주관하고 조정하시는 방식으로 미래를 정하신다고 본다. |

|  | | | | |
|---|---|---|---|---|
| 죄 | 인간 본성은 죄로 오염되어 있다. 불신자들은 죄로 죽은 상태이므로 선을 행할 수 없다. 자기 선택으로 죄를 회개하는 것처럼 보이지만 실제로는 인간을 대신해 하나님이 선택하신 것이다. | 인간은 본성이 죄로 오염되어 하나님의 구원이라는 선물을 선택할 수 없다. 선한 선택은 가능하지만 구원얻는 선택을 할 수는 없다. 하나님의 구원하시는 은혜로 택함을 받아야 회개하고 그리스도를 믿을 수 있다. | 인간 본성은 죄로 오염되어 스스로는 그리스도를 선택할 수 없다. 옳은 선택은 할 수 있지만 구원얻는 선택은 할 수 없다. 하나님은 모두에게 선행 은총을 주셔서 각 사람이 회개의 선택을 할 수 있다. 하지만 그것을 보장해 주시지는 않는다. | 몰리니스트라도 칼빈주의자이냐 혹은 알미니안주의자냐에 따라 다르다. |
| 구원 | 구원은 선택하신 자들을 위한 하나님의 주권적 행동이시다. 택함을 받지 못한 자들에게는 저주 아래 내버려두신다. 하나님은 구원을 이루실 때 인간적인 수단이 조금도 필요하시지 않다. 복음 전도와 선교는 불필요하다. | 하나님은 모든 이를 대상으로 복음을 제안하시지만 그 중 일부를 선택하셔서 자녀가 될 권세를 주신다. 구원은 오직 하나님만의 단독적 행동이며 회개하지 않는 인간 본성의 협력은 필요하지 않다. 하나님은 인간을 그분의 뜻을 전달하고 설득하는 도구로 활용하신다. | 모든 사람에게 복음이 제시되며 하나님의 선행 은총으로 사람들은 누구나 하나님의 구원 초청을 받아들일 수 있다(그러나 여전히 거부할 수 있다). 하나님은 구원 사역을 하시지만 인간의 협력이 필요하다. 하나님은 인간을 도구로 사용하신다. | 하나님은 그리스도를 믿을 사람이 누구인지 다 아시고 이 세상을 창조하셨다. 이 구원의 사역은 칼빈주의자냐 아니면 알미니안주의자냐에 따라 입장이 다르다. |

### 알미니안주의와 하이퍼 칼빈주의 양쪽의 공격을 받은 칼빈주의자 찰스 스펄전

스펄전은 5개항을 모두 믿는 칼빈주의자이면서도 자유 의지를 믿었다. 그러나 그가 믿은 자유 의지는 알미니안주의 혹은 자유 의지론의 포괄절인 자유 의지보다는 이른바 의미 있는 선택에 더 가깝다. 이런 점에서 그는 모든 하이퍼 칼빈주의자와 구분된다. 스펄전은 "만민이 은혜와 구원의 제안을 받는다"는 개념을 '철저히 부정'해야 한다고 역설한 존 길[26)]이 목회한 교회에서 시무했기 때문에 미묘한 입장에 있었다.

스펄전은 "제가 존경하던 전임 목사님인 길 박사님이 목회하실 때 이 교회는 성장하기보다 점진적인 쇠락을 길을 걸었습니다 … 그분이 주장한 조직 신학은 많은 교회의 영혼마저 얼어붙게 만들었습니다. 복음의 자유로운 초청을 태만히 하면서 예수를 믿는 것이 죄인들의 의무임을 부정하도록 이끌었기 때문입니다"[27)]라고 말했다.

스펄전은 또 이렇게 말했다.

> 새들이 공중을 날아다니듯이 사람들은 거리낌없이 죄를 저지르고 있습니다. 그들은 그 죄에 전적인 책임이 있습니다. 하지만 하나님은 모든 것을 작정하시고 예지하시는 분입니다. 하나님의 예정이 절대 인간의 책임을 방해하지 않습니다. 저는 종종 두 진리를 조화시켜 달라는 요청을 받습니다. 그럴 때마다 저의

유일한 답은 이렇습니다. 두 진리는 절대 불화한 적이 없기 때문에 조화시킬 필요가 전혀 없다는 것입니다. 이미 친구인데 화해시키려 할 이유가 어디 있겠습니까? 두 진리가 서로 배타적인 부분이 있다면 제게 증명해 보십시오 … 이 두 사실은 평행선과 같습니다. 저는 이들을 하나로 합칠 수 없고 여러분도 서로 한 곳에서 교차하도록 만들 수 없습니다. 추가로 제가 저의 모든 믿음을 하나의 체계로 만든다는 생각을 오래전에 포기하였다는 점을 말씀드립니다. 저는 믿지만 인간의 말로 다 설명할 수 없습니다. 계시의 광대함 앞에 엎드려 무한하신 주님을 찬양할 뿐입니다.[28]

스펄전이 사람들의 영혼을 얻기 위해 쏟은 열정을 생각해 보라. 1858년, 그는 누가복음 14장 23절의 말씀을 본문으로 한 "그들이 오도록 강권하라"는 설교에서 하이퍼 칼빈주의(강한 결정론)의 주장을 반박했다.

어떤 사람이 독이 든 잔을 마시려고 하는데 그 컵을 빼앗지 않는다면, 혹은 런던 다리에서 몸을 던지려는 사람을 보고도 막지 않는다면, 저는 인간성이 완전히 결여된 사람이 분명할 것입니다. 사랑과 뜨거운 열정과 긍휼한 마음으로 지금 여러분이 '영원한 생명을 붙들도록' 간청하지 않는다면 저는 사탄보다 더 못쓸 자일 것입니다 … 어떤 하이퍼 칼빈주의자들은 그런 저를 틀렸다고 말하겠지만 저는 그 일을 하지 않으면 안 됩니다. 해야만 합니다. 여러분이 구원을 얻도록, 그리스도를 의지하고 그 영광스러운 구원을 받도록 제가 지금 눈물로 간청드리지 않는다면 마지막 심판대 앞에 서야 할 때, 사역의 진정성을 제대로 입증할 수 없으리라 생각합니다.[29]

이 설교는 알미니안주의자들과 너무 흡사한 주장이라는 이유로 심한 비판을 받았다. 스펄전은 그를 비판하는 사람들에게 이렇게 응수했다.

"나의 주께서 그 설교를 인정해 주셨다. 그 설교처럼 수많은 영혼들이 하나님께 돌아온 적은 없었다."[30]

1869년, 스펄전은 회중들에게 이렇게 설교했다.

저는 세상 그 누구보다 은혜의 교리를 확고히 믿는 사람이며 존 칼빈의 권면을 따르는 충직한 칼빈주의자입니다. 그러나 죄인들에게 영생을 붙들라는 권고가 잘못된 것이라고 한다면, 저는 더욱 잘못된 길로 갈 것이고 나의 주님과 그 사도들을 본받아 나아갈 것입니다. 그분들은 비록 구원이 은혜, 오직 은혜로만 말미암는다고 가르쳤지만 합리적인 존재와 책임을 지는 행위자로서 사람들에게 말하기를 주저하지 않았습니다 … 사랑하는 친구들이여, 구원얻을 자를 선택해 주시는 사랑과 거룩한 주권이라는 위대한 진리를 버리지 마십시오. 그러나 이런 진리가 족쇄가 되어 성령의 능력으로 사람을 낚는 어부가 되는 일에 조금도 방해받지 않도록 하십시오.[31]

역사상 가장 위대한 칼빈주의 설교자 중 한 사람인 스펄전의 섬김과 설교에 대해 칼빈주의자들뿐 아니라 알미니안주의자들도 난감한 표정을 보인다. 칼빈주의자들은 사람들에게 죄를 회개하고 그리스도를 받아들이도록 열정적으로 권면하는 스펄전이 때로 존 웨슬리나 다른 알미니안주의 설교자들과 흡사하다는 사실을 인정할 수밖에 없다.

하지만 알미니안주의자들은 훨씬 더 입장이 난처하다. 스펄전은 '전도에 부정적이고' '측은지심이 결여'되었다는 5대 강령 칼빈주의를 수용한다. 하지만 그는 죄인들에게 예수를 따르라고 호소하고 고아원과 사회복지시설과 선교기관, 미혼모들을 위한 시설 등 65개에 달하는 기관을 세우고 운영한 사람이었다.

칼빈주의에 대한 확고한 신념 때문에 스펄전에게 거부감을 느끼는 알미니안주의자들이 많다. 하지만 스펄전은 교회에서 복음을 선포할 뿐 아니라 당시의 어떤 알미니안주의 교회보다 더 적극적으로 런던 거리와 가정에 복음을 전했다. 그는 교인들이 가가호호 방문하여 수천 권의 성경, 기독교 서적, 잡지, 소책자들을 배포하도록 했다.

1878년 한 해만 해도 그의 교회 문서 배포 담당자들은 전체 926,290번의 가정 방문을 했다.[32]

'하이퍼 칼빈주의'는 거부해야 할 성경적 근거가 있지만 '칼빈주의적 양립 가능론'은 많은 면에서 성경과 부합한다

미약하게라도 신적 결정론이 성립되지 않는다면 하나님이 어떻게 그 계획대로 자기 백성들을 예정하시고 에베소서 1장 11절 말씀대로 "모든 일을 그의 뜻의 결정대로" 이루실 수 있겠는가? 또 로마서 9장 16절, "원하는 자로 말미암음도 아니요 달음박질하는 자로 말미암음도 아니요 오직 긍휼히 여기시는 하나님으로 말미암음이니라"는 말씀을 어떻게 해석할 수 있겠는가?

3장에서 보았듯이 많은 성경 구절이 하나님의 절대적 주권을 선언한다. 그분은 시대와 민족의 경계를 결정하실 뿐 아니라(행 17:26) 자연계에도 일일이 개입하신다(마 6:26,30).

오만한 앗수르는 자기 운명을 스스로 결정한다고 생각했지만 하나님은 "도끼가 어찌 찍는 자에게 스스로 자랑하겠으며 톱이 어찌 켜는 자에게 스스로 큰 체하겠느냐"(사 10:15)라고 말씀하셨다. 강한 결정론자들은 이 구절을 인용해 인간이 하나님의 손에 들린 도구에 불과함을 입증하고자 한다. 그러나 인간은 도끼처럼 수동적인 존재가 아니다. 인간은 의지를 행사함으로써 그분의 뜻을 이루는 하나님의 도구이다.

자유 의지론자는 "이런 구절들이 하나님이 어떤 일들을 전적으로 결정하신다는 근거 구절로 사용될 수 있다. 하지만 하나님이 인간에게 선택을 위임하신다는 것을 암시하는 성경 구절들도 많다"라고 반박할지 모른다. 이런 반박이 틀린 것은 아니다. 하지만 그럴 경우 인간이 항상 다른 선택을 할 수 있는 자유가 있다고 주장하는 가장 순수한 형태의 자유 의지론은 약화된다. 따라서 그리스도인들이 견지하는 자유 의지론은 하나님의 결정론을 수용할 여지가 있는 조건적이고 차별화된 결정론일 수밖에 없다. 다시 말해서 하나님의 말씀에 충실하고자 한다면 알미니안주의자들은 의미 있는 신적 주권과 섭리를 인정해야 한다. 칼빈주의자들이 의미 있고 결과가 따르는 선택을 인정해야 하는 것과 마찬가지이다.

하나님은 사람들에게 거룩하며 그분의 계명을 지키라고 명령하신다. 그러나 이 명령에 바로 이어 "나는 너희를 거룩하게 하는 여호와이니라"(레 20:8)고 말씀하신다. 하나님이 바로 우리에게 명하신 대로 변화시켜 주실 존재라는 것이다. 이 구절은 내가 양립 가능론을 받아들일 수밖에 없도록 하는 수많은 성경 구절 중 하나이다. 물론 모든 이론처럼 양립 가능론 역시 약점이 있다. 성경은 우리가 선택을 하고 우리 선택에 책임을 져야 함을 분명하게 명시한다. 그러나 또한 하나님은 우리 선택을 비롯해 인정하시고 인정하시지 않는 모든 일을 통치하시는 분이다. 그분의 손이 우리를 다스리시나 우리의 손은 그분의 손안에 있다.

### 하나님의 뜻은 두 가지로 작동되는데, 그분의 뜻은 언제나 다 실행되지 않으나 절대 좌절되지 않는다

하나님의 통치를 강조하는 사람들은 "하나님의 뜻은 절대 좌절될 수 없습니다"라고 말한다. '하나님의 뜻'이 궁극적이고 선포된 뜻을 의미한다면 이 말이 맞다. 에베소서 1장 11절과 여러 성경 구절이 이 사실을 지지한다.

그러나 하나님의 도덕적 뜻과 소망이 절대 좌절될 수 없다는 의미라면 이것은 잘못된 말이다. 실제로 우리가 짓는 모든 죄는 하나님의 도덕적 뜻과 위배된다. "뜻이 하늘에서 이루어진 것 같이 땅에서도 이루어지이다"(마 6:10)라는 기도는 하나님의 뜻이 땅에서 이루어지지 않을 때도 있음을 가정한다.

성경은 전능하신 하나님이 이루어지지 않을 많은 일을 소망하신다고 말한다. 예를 들어, 하나님은 "모든 사람이 구원을 받으며 진리를 아는 데에 이르기를 원하신다"(딤전 2:4). 아마도 이 말씀을 액면 그대로 해석해서 모든 사람이 다 구원받는 것은 아니므로 하나님의 소망은 이루어지지 않는다고 결론 내릴 이들이 있을 것이다(마 25:46).

앞에서 살펴보았듯이 예수님은 자신과 뜻이 다른 예루살렘을 보고 우셨다(마 23:37). 예수님은 그분이 원하시는 결과를 얻지 못하셨지만 예루살렘은 그분의 뜻에 실제적으로 반항하며 원하는 바를 이루었다.

어떤 신학자가 "인간의 뜻은 B인데 하나님의 뜻은 때로 A이다. 어떤 경우에는 하나님의 뜻이 아니라 인간의 뜻이 이긴다"라고 말한다고 생각해 보라. 하나님의 주권을 믿는 사람에게 이 말은 완전히 이단 종파의 말처럼 들린다. 그러나 예수님이 예루살렘 백성들을 그 날개 아래 모으려고 하셨지만, 그들이 거부하였다는 마태복음 23장 37절이 버젓이 성경에 기록되어 있다. 이 구절은 하나님의 주권을 선언적으로 강조하는 구절들과 비교해 볼 필요가 있다. 그러나 그 구절들이 이 구절을 무효화시키는 것처럼 행동해서는 안 된다. 어떤 구절들을 다른 구절보다 우월하거나 열등하게 보아서도 안 된다. 모든 말씀이 진리임을 인정해야 한다. 우리는 익숙하지 않은 구절을 있는 그대로 받아들이지 않고, 성급하게 다른 구절에 호소해 그 구절의 의미를 부정하거나 훼손하는 경우가 너무나 많다.

마태복음 23장의 경우, 예수님은 예루살렘 백성들의 고집을 꺾어 그분의 뜻에 복종시키고 다스리실 수 있었다. 그러나 그렇게 하지 않는 길을 선택하셨다. 언젠가 예수님은 그 주재권에 자발적으로 복종할 사람들로 가득한 새 예루살렘에서 통치하실 것이다. 역설적인 것은 예루살렘이 그분의 뜻을 거부한 행위가 그분의 뜻의 성취에 필수적이었다는 것이다.

다음 그림은 하나님의 뜻의 다양한 측면을 바라보는 한 방법이다. 하나님의 직접적인 혹은 도덕적 뜻은 그분이 우리에게 순종하도록 명하신 것이다. 그분의 허용적 뜻은 그분의 뜻을 어기고 죄를 지을 여지를 허용하고 심지어 정반대로 갈 여지도 허용한다. 그러나 하나님의 뜻에 반대하는 우리의 선택이 하나님의 전권적인 뜻의 진전을 방해할 수는 없다. 이 하나님의 뜻은 모든 만물에 대한 그분의 주권적 계획을 가리킨다.

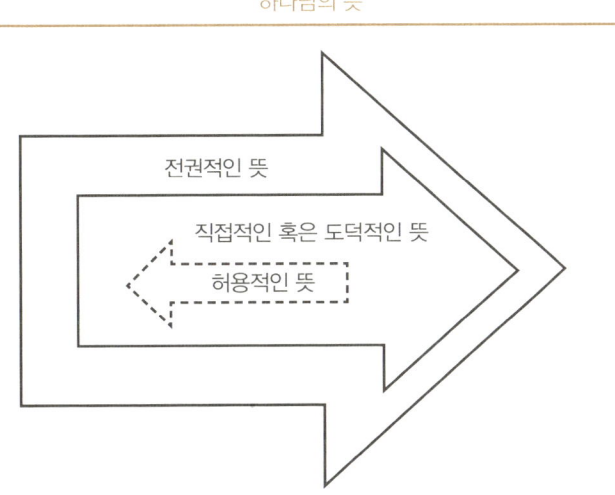

인간은 하나님을 거부하고 반항할 수 있고, 실제로도 그렇게 하고 있다.

"목이 곧고 마음과 귀에 할례를 받지 못한 사람들아 너희도 너희 조상과 같이 항상 성령을 거스르는도다"(행 7:51).

누군가가 "사람들이 하나님의 뜻을 거부할 수 있는가?"라고 묻는다면 어떻게 대답하겠는가? 나는 반사적으로 아니라고 대답할 것이다. 그러나 성경은 조금도 주저하지 않고 바리새인들과 율법의 전문가들이 "그들 자신을 위한 하나님의 뜻을" 저버렸다고 주장한다(눅 7:30). 양립 가능론자로서 나는 이 절을 내 시각에서 해석할 수 있지만 자유 의지론자가 나보다는 자기 신학을 더 지지하는 구절이라고 느끼는 이유가 무엇인지 이해해야 한다.

### 우리의 시각은 변하지만 하나님은 변하지 않으신다

이 주제를 생각하면 여러 감정이 교차하지만 그 이유가 단순히 논쟁이 계속 진행 중이기 때문만은 아니다. 젊은 시절 선택과 예정에 대해 말하는 구절을 읽으면서 느꼈던 공포감은 아직도 잊히지 않는다. 그러나 역설적이지만 한때 고민스럽고 괴로웠던 구절들이 오늘날에는 아주 큰 위로의 말씀으로 다가온다. 하나님의 주권적 은혜의 교리가 소중하게 보인다. 나와 다른 시각을 가진 많은 사람에게 이 교리가 어떤 의미인지 안다.

감사하게도 우리는 한목소리로 "어떤 사람은 병거, 어떤 사람은 말을 의지하나 우리는 여호와 우리 하나님의 이름을 자랑하리로다"(시 20:7)라고 말할 수 있다.

---

주 —

장이 시작할 때 나오는 두 번째 글은 The Complete C.S. Lewis Signature Classics(New York: HarperCollins, 2002)에 수록된 C.S. 루이스의 「고통의 문제」The Problem of Pain,

616쪽에서 발췌함.

1. The Atheist Scholar(블로그)에 게재된 "Determinism and Free Will", http://atheistscholar.org/Determinism.aspx.
2. 폴 코스 헬셋 외, Four Views on Divine Providence(Grand Rapids, MI: Zondervan, 2011)와 존 파인버그 외, Predestination and Free Will: Four Views of Divine Sovereignty and Human Freedom(Downers Grove, IL: InterVarsity, 1986).
3. 존 웨슬리, "On Divine Providence"(67번 설교), sermons on Several Occasions, www.ccel.org/ccel/wesley/sermons.vi.xiv.html.
4. 잭 코트렐, The Faith Once for All: Bible Doctrine for Today(Joplin, MO: College Press Publishing, 2002), 157쪽.
5. Merriam-Webster Online Dictionary, 'determinism', www.merriam-webster.com/dictionary/determinism.
6. 양립가능론은 D.A. 카슨의 Divine Sovereignty and Human Responsibility: Biblical Perspective in Tension(Eugene, OR: Wipf and Stock, 2002)이 잘 설명하고 있다.
7. 존 파이프, "Are There Two Wills in God? Divine Election and God's Desire for All t be Saved", Desiring God, 1995년 1월 1일. www.desiringgod.org/articles/are-there-two-wills-in-god
8. R.C. 스프라울, "Comprehending the Decretive Will of God", Ligonier Ministries, www.ligonier.org/learn/devotionals/comprehending-decretive-will-god/.
9. 제이콥 알미니우스, The Works of James Arminius, D.D., 제임스 니콜스 번역(Auburn, NY:Derby, Miller and Orton, 1853), 211쪽.
10. 잭 코트렐, Faith Once for All, 392쪽.
11. F.L. 폴린스, Classical Arminianism: A Theology of Salvation, J.M. 핀슨 편집 (Nashville: Randall House, 2011), 174.
12. 피터 툰, The Emergence of Hyper-Calvinism in English Nonconformity, 1689-1765 (Eugene, OR: Wipf and Stock, 2011).
13. 마이클 N. 이베이, A Welsh Succession of Primitive Baptist Faith and Practice, Reformed Reader에 수록된 내용, www.reformedreader.org/history/ivey/ch06.htm.
14. 필 존슨, "A Primer on Hyper-Calvinism,", www.spurgeon.org/~phil/articles/hypercal.htm.

**15.** 필 존슨, "A Primer on Hyper-Calvinism."

**16.** 헨리 비버리지 번역, 존 칼빈, Institutes of the Christian Religion, Book III, Chap. X (Grand Rapids, MI:Eerdmans Publishing, 1997), 232쪽.

**17.** 칼빈, Institutes, 233쪽.

**18.** W. 스테판 군터, Arminius and His "Declaration of Sentiments" (Waco, TX:Baylor University Press, 2012), 118쪽.

**19.** 코트렐, Faith Once for All, 169쪽.

**20.** 윌리엄 레인 크레이그, A Reasonable Response: Answers to Tough Questions on God, Christianity and the Bible(Chicago:Moody Publishers, 2013), 178쪽.

**21.** 윌리엄 레인 크레이그, A Reasonable Response, 177쪽.

**22.** 코트렐, Faith Once for All, 222쪽.

**23.** 윌리엄 레인 크레이그, 그렉 박스터의, "God's Sovereignty and Human Freedom-Balanced Truth,"에서 인용, Baptist Bible Tribune, www.tribune.org/?=2283.

**24.** 테런스 티센, Providence and Prayer: How Does God Work in the World?(Downers Grove, IL :InterVarsity,2000), 289-290쪽.

**25.** 저자의 연구 조수인 줄리아 스테이져의 글을 차용함.

**26.** 존 길, The Doctrine of Predestination Stated, and Set in the Scripture Light (Sermons and Tracts 1814-1815), III, 118쪽, 존 길의 The Life and Thought에서 인용함 (1697-1771):P A Tercentennial Appreciation, 마이클 A.G. 헤이킨 편집(Leiden, The Netherlands: Brill, 1997), 28쪽.

**27.** C.H. 스펄전, The Autobiography of Charles H. Spurgeon, 1834-1854, 수잔나 스펄전과 요셉 해럴드 편찬(Chicago: Fleming H. Revell, 1898), 1:310.

**28.** C.H. 스펄전, Spurgeon's Sermons on Christmas and Easter(Grand Rapids, MI: Kregel, 1995), 126쪽.

**29.** C.H. 스펄전, "Compel Them to Come In"(1858년 1월 5일, 로얄 서레이 가든스, 227번 설교), www.spurgeon.org/sermons/0227.htm.

**30.** C.H. 스펄전, Flashes of Thought: Being One Thousand Choice Extracts from the Works of C.H. Spurgeon(London: Passmore and Alabaster, 1874), 182쪽.

**31.** C.H. 스펄전, Flashes of Thought, 182쪽.

**32.** C.H. 스펄전, Autobiography, 3:166.

## 6장

## 하나님은 정말 모든 일을
## 다 알지 못하시는가?

개방적 유신론에 대한 고찰

"여호와여 내 혀의 말을 알지 못하시는 것이 하나도 없으시니이다."
시편 139편 4절

"하나님은 지금 존재하거나 과거 우주에 존재했거나
앞으로 수백 년 후에 존재할지 모르는 모든 것을
즉각적이고 완벽하게 알고 계신다."
A.W. 토저

하나님은 정말 모든 일을
다 알지 못하시는가?

우리가 탄 작은 비행기가 알래스카에서 극적인 비상 착륙을 시도했을 때, 당시 열 살이던 딸 캐리나는 내 바로 뒤에서 친구 안드레아 옆에 앉아 있었다. 유일한 엔진이 고장나자 비행 선교사인 배리 아놀드는 산 아래 강변에 비상 착륙을 했다. 우리가 구조된 후 캐리나는 "하나님이 내 인생에 뜻이 있으셨나 봐요"라고 말했다.

6년 후, 캐리나를 포함한 고등학생을 가득 태운 차가 하계 봉사 활동을 갔다가 돌아오던 길에 고속도로에서 전복 사고가 났다. 하지만 딸은 찰과상과 타박상의 경미한 상처만 입었다. 딸은 "하나님이 제 목숨을 구해 주신 게 이번으로 두 번이에요. 분명히 뜻이 있으신 거예요"라고 말했다.

딸 안젤라가 십대였을 때, 의사들은 딸의 몸에서 커다란 종양을 제거하는 수술을 했다. 병실에서 종양 판정 결과를 기다리고 있을 때, 선교사인 가까운 친구의 아들이 큰 교통 사고를 당했다는 전화를 받았다. 몇 시간 후, 조나단은 숨을 거두었다. 다행히 안젤라의 종양은 양성이었다. 하나님은 딸의 목숨을 건져 주셨다. 그런 하나님이 조나단의 목숨은 왜 거두어 가셨을까?

우리는 그 이유를 모른다. 그리고 그 이유를 모르는 이런 인간의 무능력 때문에 하나님의 주권과 인간의 자유 의지, 악에 관한 문제를 해석하고자 하는 시도들이 계속 끊이지 않는다. 이런 시도 가운데 하나로 '개방적 유신론'이 있다. 이 세계관을 평가하기 위해서는 그 외 다른 세계관들이 제시한 주요한 문제들을 심층 탐색하는 작업이 동반되어야 한다.

### 하나님의 예지(豫知)가 미래의 일을 일어나게 하는가?

개방적 유신론의 주창자들은 자유 의지를 가진 피조물들이 어떤 선택을 할지 하나님이 예지하지 못하신다고 믿는다. 개방적 유신론자들은 하나님이 예지를 하실 경우, (1) 자유 의지와 같은 것은 성립되지 않으며 (2) 하나님은 우리를 사랑하시기 때문에 무서운 고통과 악을 자녀들에게 허락하지 않으실 것이라고 주장한다. 두 주장을 더 자세히 살펴보도록 하자.

개방적 유신론의 주창자인 클락 피노크는 "하나님이 우리가 내일 B가 아니라 A를 택할 것을 지금 아신다면, 우리는 순수한 선택을 할 것이라는 우리 믿음은 착각이다"[1]라고 말했다. 개방적 유신론을 강조하는 이들은 인간의 자유와 우리의 선택에 대한 하나님의 예지가 상호 배타적이라고 주장한다. 내가 내일 3시에 모카 커피를 마실 것을 하나님이 아신다면 나는 그것을 마시지 않을 자유가 없다. (예지가 때로 더 심오한 신학적 의미로 사용되지만, 여기서는 하나님의 미리 아심이라는 의미로 사용하고 있다. 다시 말해, 어떤 사건이 일어나기 전에 그 일을 아신다는 의미이다.)

하나님은 천사의 타락과 아담과 하와의 범죄를 미리 아셨지만 그 일을 저지하지는 않으셨다. 하나님은 사람들이 죄를 짓도록 유혹하시지 않는다(약 1:13). 물론 그들이 죄를 짓지 않도록 막으실 수도 있었다. 그리고 지금 궁극적 구속 계획을 이루어 가시는 것도 맞다. 그러나 미래 일을 예지하신다고 그 일이 일어나게 하시는 것은 아니다.

내가 미래로 가서 어떤 쿼터백 선수가 성공적으로 터치 다운 패스를 하는 모습을 본다고 생각해 보자. 그런 다음 현재로 다시 돌아온다. 내가 그 일을 미리 안다고 해서 그가 그 공을 자유롭게 던질 선택의 자유가 사라지는가? 당연히 사라지지 않는다.

물론, 인간 시간 여행자와 달리 하나님은 그 선수가 패스를 하고 다른 선수가 그 공을 무사히 받도록 하실 수 있다. 하지만 요점은 무슨 일이 일어날지 하나님이 아신다고 해도 그 일을 일어나게 하신 이가 하나님이라고 할 수 없다는 말이다. 우리의 선택의 자유가 하나님이 우리의 선택을 예지하심과 절대 양립불가능하지 않다는 것이다.

하나님은 미래의 일을 정확히 알고 계신다. 성경이 예수님을 단순히 죽임 당할 것이라고 하나님이 예상하는 어린양[2]이 아니라 창세 전에 죽임 당하신 어린양이라고 부르는 이유가 바로 이 때문이다.

### 하나님의 생각이 바뀌시거나 이해하시는 폭이 자랄 수 있는가?

개방적 유신론자들은 종종 사무엘상 15장 11절을 인용해 하나님이 배우시거나 마음이 바뀌시기도 한다는 사실을 입증하고자 시도한다. 하나님은 "내가 사울을 왕으로 세운 것을 후회하노니"라고 말씀하셨다. "내가 … 후회하노니"로 번역된 표현은 또한 "내가 슬퍼한다"로 번역된다. 35절 역시 "여호와께서는 사울을 이스라엘 왕으로 삼으신 것을 후회하셨더라"고 말한다.

개방적 유신론자들은 하나님이 무엇인가를 '후회하신다'고 할 때, 무슨 일이 일어날지 모르셨다는 의미가 함축되어 있다고 주장한다. 어떤 결정을 할 당시에는 가장 정확하다고 생각한 정보를 근거로 행동하셨다는 것이다. 이 말은 결국 하나님이 실수를 하셨다는 말이다.

역사적으로 그리스도인들은 사무엘상 15장에서 하나님이 '후회하신다'고 하신 표현은 우리 눈 높이에 맞춘 것이며 그분이 죄를 얼마나 슬퍼하시는지 효과적으로 전달하기 위해서라고 이해했다. 하나님은 "그때 그 사실을 미리 알았더라면"이라는 식의 후회를 하신 것이 아니라는 말이다.

"그는 사람이 아니시므로 결코 변개하지 않으심이니이다"(삼상 15:29).

직접적인 문맥으로 뜻이 더욱 분명하게 드러난다. 이 구절은 11절과 35절과 동일한 히브리어 단어를 사용해 개방적 유신론자들이 주장하는 대로 단정하지 말도록 경고한다. 다시 말해서 하나님의 후회와 인간의 후회가 다르다는 것이다.

"나 여호와는 변하지 아니하노니"(말 3:6)라고 직접 말씀하셨으므로 우리는 하나님의 약속을 믿을 수 있다. 그분은 "변함도 없으시고 회전하는 그림자도 없으신" 하나님이시다(약 1:17).

하나님이 어떤 일을 사후에야 아신다면 매순간 수십억 개가 넘는 정보를 새롭게 아시게 되는 셈이다. 그러나 성경의 하나님은 끝이 없는 정보 획득 과정을 통과하시지 않는다. 그분은 피조물에 반응하시며 여러 감정을 표현하신다(창 6:6 ; 출 32:10 ; 신 1:37 ; 삿 2:18 ; 왕상 3:10 ; 시 103:13 ; 습 3:17 ; 엡 4:30). 이런 의미에서 하나님은 우리의 회개나 기도, 죄를 보시고 그 태도와 행동을 바꾸실 수 있는 분이라 할 수 있다. 그러나 그 본성이나 성품과 지식, 근본적 계획과 뜻에는 변화가 없으신 분이다. 우리는 변하지만 하나님은 변하지 않으신다.

하나님은 "네가 나를 너와 같은 줄로 생각하였도다 그러나 내가 너를 책망하여 네 죄를 네 눈 앞에 낱낱이 드러내리라"(시 50:21)고 경고하신다. 그분의 속성을 우리 생각에 끼워 맞추는 신학을 금하시는 것이다.

나는 하나님은 궁극적이고 확고한 의미에서 결코 후회하시지 않지만, 보다 직접적이고 온건한 의미에서 후회하시는 분[3]이라는 브루스 웨어의 주장에 동의한다. 하나님은 우리를 돌보고 배려하시는 분(후회하시는 분)이지만 불변하시는 분(후회하지 않으시는 분)이다.

그렇다면 하나님이 니느웨를 심판하겠다고 약속하셨지만(욘 3:4) 니느웨가 회개하자 심판을 보류하기로 결정하셨다는(10절) 구절들은 어떻게 설명해야 하는가? 웨인 그루뎀은 이런 사례들을 "상황에 따른 하나님의 현재적 태도나 의중의 솔직한 표현이라고 이해해야 한다"고 말한다. "상황이 변하면 당연히 하나님의 태도나 의도의 표현 역시 달라지기 마련이다."[4]

이런 변화가 일관성 결여를 의미하지는 않는다. 하나님은 악에 대해서는 한결같이 반응하시지만, 회개에 대해서는 다르게 반응하심으로 불변하시는 속성을 여전히 충실히 견지하신다.

> "내가 어느 민족이나 국가를 뽑거나 부수거나 멸하려 할 때에 만일 내가 말한 그 민족이 그의 악에서 돌이키면 내가 그에게 내리기로 생각하였던 재앙에 대하여 뜻을 돌이키겠고"(렘 18:7-8).

### 하나님이 고난을 주시는가?

개방적 유신론의 또 다른 주창자인 그레고리 보이드는 "개방적 유신론은 모든 악의 궁극적 원인이 하나님이 아니라 자유로운 주체의 의지에 있다는 점을 분명하고 일관되게 말할 수 있도록 해 준다"[5]고 썼다. '모든 악'에 고난을 포함시키는 보이드는 하나님이 절대 우리에게 고난을 주시지 않는다고 믿는다.

개방적 유신론자들은 하나님이 어떤 끔찍한 일(강간, 살인 학대 등)이 일어날지 아셨더라면, 절대 지금과 같은 세상을 창조하지 않으셨을 것이라고 주장한다. 그러므로 하나님은 그 사실을 예지하지 못하셨고 따라서 피조물의 악에 대해 책임이 없으시다.

보이드는 선하신 하나님이 아돌프 히틀러가 수백만의 사람들을 학살할 것을 예지하셨다면, 어떻게 그가 태어나게 하셨느냐는 부친의 질문을 소개한다. 그는 "그 당시 내가 할 수 있었던 유일한 반응이자 지금도 계속 하는 유일한 대답은 하나님이 히틀러를 만드실 당시 그 사실을 분명히 예지하시지 못했다는 것이다"[6]라고 말한다. 개방적 유신론자들은 하나님이 그분이 계획하신 일은 미리 아실 수 있지만 자유로운 피조물들이 어떤 선택을 할지는 모르신다고 주장한다. 그래서 악한 인간의 선택과 고난은 하나님과 상관없다고 믿는다. 클락 피노크는 "미래는 열려 있어서 아무리 하나님이라도 예지하실 수 없다"[7]고 말한다.

개방적 유신론은 하나님의 전지성이라는 고전적인 정통적 개념과 비교할 때, 다음과 같이 설명할 수 있다.

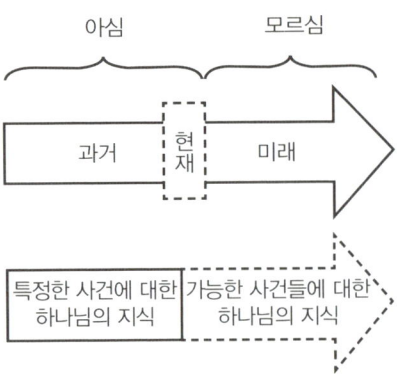

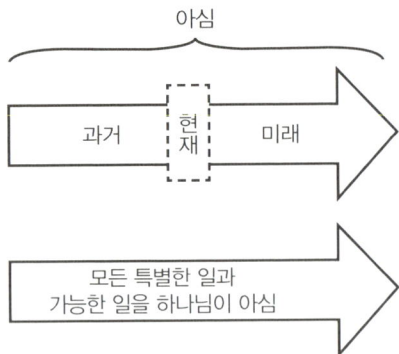

이들과 반대로 역사적 정통 기독교는 하나님이 과거와 현재를 아시듯이 미래를 아신다고 믿는다. 전능하심이란 언제나 이런 의미로

이해되었다.

개방적 유신론자들이 하나님의 전지하심을 이야기하지만 역사적 의미와 무관하게 이 용어를 사용한다는 면에서 문제의 소지가 있다.

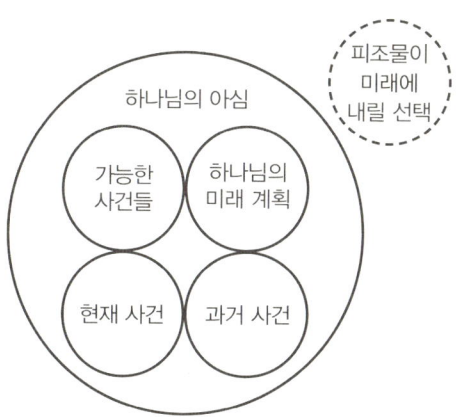

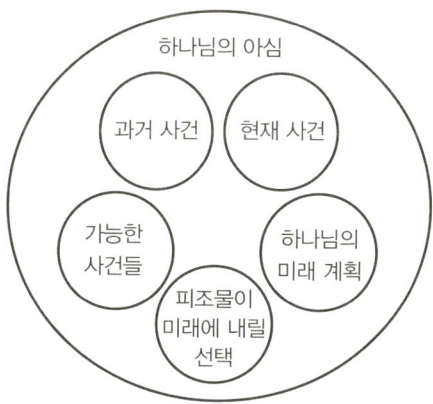

하나님은 과거와 현재와 미래의 모든 일을 다 아신다. 그분 자신의 선택뿐 아니라 피조물이 내릴 선택도 아신다. '중간 지식'을 주장하는 사람들은 여기서 하나님이 모든 가능한 일, 우발적 사건, 가상 사실(counter-factuals)을 아신다는 점을 추가한다. 현재와 미래의 모든 일뿐 아니라 상황이 달라졌을 때 일어났거나 일어날 수 있었지만 일어나지 않은 일을 모두 아신다는 것이다.

### 하나님이 모든 일을 다 아시지 못한다고 해서 그것이 우리에게 큰 위안이 되는가?

보이드는 「비난받을 이가 하나님이신가?」(Is God to Blame?)에서 하나님의 전지하심에 대한 전통적 개념이 그릇된 것이라고 지적한다.[8] 그는 멜라니라는 한 여성의 가슴 아픈 이야기를 들려준다. 그녀는 왜 하나님이 하나밖에 없는 아들을 데려가셨는지 도무지 이해가 되지 않아 목회 상담을 받으려고 그를 찾아왔다. 아이는 출산할 때 탯줄에 목이 감겨 질식사했다. 보이드는 이렇게 쓴다.

"나는 '사랑의 하나님이 그 일을 하신 거라고 생각하십니까? 예수님이 누군가에게 그런 일을 하는 모습이 상상이 되십니까?'라고 물었다. 멜라니는 내 반문에 충격을 받은 모양이었다 … 나는 잘못된 신학으로 그렇게 고통당하는 그녀에게서 큰 슬픔을 느꼈다."[9]

보이드는 멜라니에게 그녀의 아들이 죽을 것을 하나님이 미리 알지 못하셨다고 말했다. 그는 이렇게 설명한다.

멜라니와 그 남편에게는 이런 비극적 시련을 주신 이가 하나님이라고 생각할 아무 근거가 없다. 그러나 하나님이 그들을 시련에서 건져 주시려고 일하셨고, 지금도 일하신다고 믿을 이유는 얼마든지 많다.

하나님이 이 세상의 악에 개입하시지 않는다고 인정하고, 오히려 다른 방법으로 해석하는 것이 매우 성경적이고 우리에게도 유익하다.[10]

보이드는 멜라니가 영적으로 건강하기 위해서는 자녀의 죽음을 하나님이 모르셨고, 그분의 계획도 아니었음을 받아들여야 한다고 믿는다.

그런데 보이드가 옳고 하나님이 미래의 선택과 사건에 대해 전혀 모르신다면, 하나님은 질식으로 숨이 넘어갈 때에야 그 아이가 죽는다는 것을 아셨을 것이다. 그러나 이렇게 해석한다고 문제가 해결되는가? 하나님은 아신 즉시 왜 개입하시지 않았는가? 혹은 비극적 사건이 일어나리라는 조짐을 모두 보셨기 때문에 의사들이 경각심을 갖도록 미리 주의를 주실 수도 있었을 것이다. 그러나 하나님은 그렇게 하시지 않았다.

### 인간의 제한적 판단으로 하나님의 무제한적 능력이 드러나는가?

보이드는 선교지에서 함께 섬길 수 있는 남편을 주시도록 기도하던 수잔나의 이야기를 들려준다. 그녀는 대학에서 한 남자를 만났고 하나님이 결혼으로 인도하신다고 느꼈다. 하지만 그는 결국 불륜을 저지르고 조금도 뉘우치지 않았고 아내와 아이를 버렸다. 보이드는 수잔나가 하나님에 대해 품었던 원망을 이렇게 들려준다.

> 나는 사울을 이스라엘 왕으로 삼기로 한 결정을 후회하신 것처럼 하나님이 수잔나에게 주신 확신을 후회하셨을 것이라고 말해 주었다. 그것이 잘못된 결정이어서가 아니었다. 결혼을 결심할 때만 해도 그녀의 남편은 경건한 신앙심을 가진 훌륭한 남자였다. 당시에는 누가 보아도 수잔나와 그가 행복한 결혼 생활을 하고 알찬 사역을 해낼 동역자로 보였다. 실제로 나는 하나님이 결혼을 염두에 두고 수잔나와 그가 이 대학에 가도록 영향을 미치신 것이라고 생각한다.

수잔나는 보이드의 설명에서 위로를 얻었다고 말했다. 그는 이렇게 결론을 내린다.

> 시련을 열린 미래라는 맥락에서 바라본 수잔나는 그 비극을 새로운 시각으로 받아들일 수 있었다. 하나님의 음성을 들을 자신의 능력에 대해 의구심을 가질 필요도 없었고, 하나님이 '그녀의 유익을 위해' 이 시련을 작정하셨다고 억지로 해석할 필요도 없

었다. 하나님의 성품에 대한 그녀의 믿음과 하나님을 향한 사랑은 결국 회복되었고 인생을 더욱 적극적으로 살아갈 수 있게 되었다.[11]

그러나 그런 시각이 수잔나가 하나님의 인도하심에 대한 믿음을 회복하는데 도움이 될 까닭이 무엇이겠는가? 무엇보다 하나님이 좋은 의도에서 행복한 미래를 다시 예견해 주시더라도 역시 틀렸음이 입증될 수도 있는 것이다. 그녀는 '하나님이 이미 악몽 같은 결혼 생활로 인도하셨다. 그런데 다음에 더 끔찍한 곳으로 인도하시지 않으리라고 누가 장담할 수 있겠는가?'라고 생각하지 않겠는가?

개방적 유신론자들은 하나님이 현재의 모든 생각을 다 아실 뿐 아니라 과거의 모든 사건을 다 아신다고 인정하기 때문에 이 사람이 '우발적으로' 불륜의 죄를 저지르지 않았다는 것을 아실 수 있었다. 그런데 왜 하나님은 그 사실을 미리 수잔나에게 조금이라도 귀뜸해 주시지 않았는가?

또한 보이드는 "하나님이 이 시련을 '그녀의 유익을 위해' 작정하셨다"는 생각을 순진한 발상이라고 치부한다. 그러나 하나님이 고통을 허락하시고 로마서 8장 28절 말씀대로 그분의 계획의 일환으로 우리의 궁극적 선을 이루기를 원하시는 것이 정말 잔인하다고 봐야 하는가? 즉각적인 선과 궁극적 선에는 차이가 있다. 그 차이를 받아들이기 위해서는 믿음이 필요하다.

개방적 유신론자들은 정통 신학의 하나님은 우리와 멀리 계시며 우리의 고통에 무감각한 분이시지만 열린 그들의 하나님은 유연하시며 사랑으로 고통에 함께 동참해 주시는 분이라고 주장한다. 그러나 역사적인 정통 기독교의 하나님 역시 우리를 깊이 사랑하는 하나님이시다. 또한 동시에 우리의 고통에 대해서도 뜻과 계획이 있는 분이시다. 개방적 유신론자들은 우리 고통에 대해 특별한 뜻이 없는 하나님이 더욱 더 사랑하기 쉽다고 설득한다. 그런 하나님이 더 사랑스러워 보일 수도 있다. 하지만 그것으로 우리가 치루는 대가는 무엇인가?

### 개방적 유신론자들의 주장은 성경적으로 이치가 맞는가?

어떤 사람들은 하나님의 주권과 자유 의지라는 문제를 다루는 개방적 유신론의 방식이 좋고 위로가 된다고 말한다. 하지만 솔직히 나는 그들이 위로를 받는 논리적 근거가 무엇인지 전혀 모르겠다.

멜라니와 수잔나의 처지를 두 관점에서 비교해 보라. 전통적인 시각에서 하나님은 영원 전에 이미 무슨 일이 일어날지 아셨고, 예지하심으로 궁극적인 선한 목적을 위해 그 일을 허락하시거나 작정하셨다. 개방적 유신론의 시각에서는 하나님이 예지하시지 않고 사건이 벌어질 때에야 아셨다. 그 하나님은 그 일을 중단하실 수 있는 능력이 있으셨지만 그렇게 하지 않는 편을 선택하셨다. 그 일에 아무 목적도 계획도 없으셨다.

개방적 유신론이 더 낫다고 생각되는 부분이 정확히 어디인가?

하나님이 그 사고와 고통을 아신 기간이 얼마되지 않는다는 점인가? 이 이론은 성경과 모순되는 것은 물론이고 우리가 절망할 여지도 훨씬 더 많다.

성경의 하나님은 환자의 상태를 꼼꼼하게 살펴보고 특정한 목적을 이루기 위해 구체적 절차를 계획하는 유능한 외과 의사에 비유할 수 있다. 개방적 유신론의 하나님은 응급실의 당직 의사와 더 유사하게 보인다. 당직 의사는 여느 의사들처럼 유능하지만 직접 살펴본 뒤에야 환자 상태를 알 수 있다. 그래서 그는 즉석에서 환자를 치료해야 한다. 치료의 성공 여부는 때마다 차이가 있을 수 있다.

개방적 유신론자들은 하나님의 전통적인 속성을 대부분 인정한다. 하지만 사랑의 하나님이 악을 허용하시는 이유를 설명하기 위해 하나님이 미래의 일을 완벽하게 다 알지 못하신다고 주장한다. 아셨더라면 그 일을 허용하실 리가 없다는 것이다.

이런 설명은 성경과 조금도 일치하지 않는다. 하나님은 죄가 세상에 들어올 것을 다 아시고, 구속 계획을 다 마련한 상태에서 세상을 창조하셨다. 은혜의 복음은 하나님의 차선책이 아니다. 주권적 지식과 지혜와 능력으로 만드신 완벽한 계획이다. 처음부터 하나님의 최선책이었다.

### 성경은 하나님의 지식이 무한함을 말한다

개방적 유신론자들은 하나님이 모든 것을 아신다는 성경적이고 역사적인 가르침을 부정한다. 하나님은 '완전한 지식'을 지니신 분이다(욥 37:16).

"모든 것을 아시기 때문이라"(요일 3:20).
"구하기 전에 너희에게 있어야 할 것을 하나님 너희 아버지께서 아시느니라"(마 6:8).
"너희에게는 머리털까지 다 세신 바 되었나니"(마 10:30).

개방적 유신론자는 이 말씀에 "맞아요. 하지만 하나님은 알 수 있는 것만 다 아시고 자유로운 피조물들이 미래에 어떤 선택을 내릴지는 아실 수 없어요. 기껏해야 예견 수준일 뿐이지요"라고 말할 것이다. 그러나 다윗이 고백한 말을 생각해 보라.

"여호와여 주께서 나를 살펴 보셨으므로 나를 아시나이다 주께서 내가 앉고 일어섬을 아시고 멀리서도 나의 생각을 밝히 아시오며 … 여호와여 내 혀의 말을 알지 못하시는 것이 하나도 없으시니이다"(시 139:1-2,4).

하나님은 영원 전부터 우리 일상에 매일 일어날 모든 일을 아셨다.

"나를 위하여 정한 날이 하루도 되기 전에 주의 책에 다 기록이 되었나이다"(16절).

다윗이 미래에 대해 하나님께 물었을 때, 하나님은 사울과 그일라 사람들이 어떻게 될지 상세하게 대답해 주셨다(삼상 23:11-12). 하나님은 그들이 구체적으로 어떤 선택을 할지 미리 아셨다.

하나님은 피조물들이 어떤 선택을 할지 아실 뿐 아니라 그들이 다른 선택을 했을 때 어떤 일이 일어날지도 아신다(중간 지식). 예수님은 고라신과 벳새다를 향해 "너희에게 행한 모든 권능을 두로와 시돈에서 행하였더라면 그들이 벌써 베옷을 입고 재에 앉아 회개하였으리라"(마 11:21)고 말씀하셨다.

교회사를 보면 알미니안주의 신학자들과 칼빈주의 신학자들을 비롯한 그리스도인들은 하나님의 전지하심이 모든 지식을 포괄한다고 믿었다. A.H. 스트롱은 전지하심을 "실제 일어난 일이든지 일어날 수 있었든 일이든지 과거나 현재나 미래를 망라하는 모든 것에 대한 하나님의 완벽하고 영원한 지식"[12]이라고 설명한다. 브루스 웨어는 "교회 역사상 정통 기독교나 로마 가톨릭이나 개신교의 어느 누구도 개방적 유신론의 관점을 옹호한 적이 없다"[13]고 지적했다.

하나님이 인간과 사탄의 선택으로 어떤 일이 일어날지 아실 수 없다고 할 경우, 자유로운 행위자들의 엄청난 수와 그들이 매일 내리는 어마어마한 선택을 고려하면, 하나님은 그들의 선택과 그로 인한 사건들을 확실하게 아실 길이 없다. 개방적 유신론은 하나님의 선택적 혹은 사역적 예지(causative foreknowledge)라는 칼빈주의적 시각과 단순한 혹은 비사역적 예지(noncausative foreknowledge)라는 알미니안주의적 시각 모두를 부정한다.

고난당하는 형제 자매들에게 위로가 된다는 교리를 반박하는 일이 즐겁지만은 않다. 하지만 이 장을 쓴 이유는 왜 그 교리를 반대하는지 이유를 설명해야 한다는 의무감 때문이다. 주권과 자유 의지에 관한 고전적인 칼빈주의적 시각과 알미니안주의적 시각은 강조하는 분야가 다르기는 하나 성경적인 정통 신앙의 범주에서 벗어나지 않는다. 그러나 개방적 유신론은 하나님에 대해 재정의하며 그분의 가장 기본적인 속성 중 하나인 전지하심을 그분의 사랑과 양립 가능하도록 수정한다. 하지만 이런 시도는 그릇될 뿐더러 성공할 수도 없다. 그래서 나는 개방적 유신론은 정통 신앙이 아니라고 단언한다.

### 하나님은 처음부터 끝까지 아신다

귀신과 거짓 선지자들은 미래를 어느 정도 추측할 수 있지만 유한자로서 미래를 다 알 수 없기 때문에 실수를 저지르기도 한다.

반대로 창조주께서는 "너희는 옛적 일을 기억하라 나는 하나님이라 나 외에 다른 이가 없느니라 나는 하나님이라 나 같은 이가 없느니라 내가 시초부터 종말을 알리며 아직 이루지 아니한 일을 옛적부터 보이고 이르기를 나의 뜻이 설 것이니 내가 나의 모든 기뻐하는 것을 이루리라 하였노라"(사 46:9-10)고 말씀하셨다. 하나님은 처음부터 결말을 아셨기 때문에 시작할 때에 끝이 어떻게 될지도 알려 주실 수 있다. 예상치 못한 일로 충격을 받으시거나 뜻하신 계획이 무산되는 일도 없으시다.

하나님은 유다가 은 삼십 냥을 받고 예수님을 배신하고 그 돈을 제사장들에게 던지듯 되돌려 줄 것이라고 예언하셨다(슥 11:13 ; 마 27:3-7 비교).

그리스도는 베드로가 세 번(두 번이나 네 번이 아니라) 예수님을 부인한 후, 닭이 구체적으로 어디서 어떻게 울지 알려 주셨다(마 26:34,69-75). 이미 예수님은 "시몬아, 시몬아, 보라 사탄이 너희를 밀 까부르듯 하려고 요구하였으나 그러나 내가 너를 위하여 네 믿음이 떨어지지 않기를 기도하였노니 너는 돌이킨 후에 네 형제를 굳게 하라"(눅 22:31-32)고 당부하셨다.

예수님이 베드로가 어떤 선택을 할지 상세히 아셨다면, 다시 말해, 베드로가 그를 배신하고 나중에 돌아오리라는 것을 아셨다면, 우리의 미래 선택을 모르실 리가 있겠는가?

하나님은 단순히 미래에 대해 높은 수준의 정확도로 예언하시는 것이 아니다. 정확히 그대로 미리 아신다

보이드는 미래란 아직 오지 않은 것이므로 알 수 없다고 주장한다. 그의 이런 주장은 사람들이 미래에 내릴 선택을 하나님이 아신다는 성경적인 증거가 하나만 있어도 반박할 수 있다. 베드로가 어떤

선택을 할지 미리 아신 것이 분명하므로 하나님에게 미래는 현실처럼 실재하는 것이 분명하다. 따라서 개방적 유신론의 중요한 근거가 효력을 잃는다.

어떤 이들은 예수님이 베드로가 무슨 행동을 할지 정확히 예견하실 정도로 그를 잘 파악하고 계셨다고 주장한다. 그러나 인간의 선택에 대한 신적 예언들이 부정확할 수도 있다면, 예수님은 운좋게 정확한 추측을 하신 것에 불과하다는 말인가? 베드로가 다른 선택을 할 수도 있었고(가령, 그리스도를 세 번이 아니라 두 번 부인한다든가) 주님의 예언이 틀릴 가능성도 있었단 말인가? 그렇다면 이 외에 그리스도께서 틀렸을 수도 있는 일들은 무엇이겠는가?

그러나 '시초부터 종말'을 아시는 하나님(사 46:10)을 믿는 사람들은 앞에 무슨 일이 기다리고 있는지는 몰라도 주권자되시는 하나님이 그것을 아시기에 위로를 얻을 수 있다.

아이러니하게도 보이드는 개방적 유신론의 하나님은 "때로 일방적으로 개입하셔서 어떤 일을 강제적으로 도모하실 수 있고, 또 실제로 그렇게 하신다"[14]고 주장한다. 이런 하나님을 인정한다면 개방적 유신론의 주장과 장점을 스스로 무너뜨리는 셈이 아닌가?

하나님이 때로 자기 결정권이라는 인간의 자유를 침해하시는 분이라고 인정하면, 결정론과 양립 가능론을 부정하는 개방적 유신론의 논거가 훼손된다. 무엇보다 때로 기적을 통해 개입을 하신다면, 심지어 자기 자녀들을 사랑하고 보호하기 위해 피조물의 자유 의지를 침해할 정도로 개입하신다면, 수많은 다른 일은 개입하시지 않을 이유가 무엇인가? 하나님이 악과 고난에 대해 전혀 책임이 없는 것이 아니라 모든 것이 다 하나님 책임이라고 주장하는 셈이 아닌가?

개방적 유신론을 옹호하는 사례로 사용된 가슴 아픈 사연의 주인공인 멜라니와 수잔나의 경우를 보자. 그들은 하나님이 실제로 주권적으로 개입하셔서 상황을 바꾸실 수도 그렇게 하지 않으실 수도 있지만, 그들의 경우에는 그렇게 하지 않으셨다는 말을 들었어야 마땅했다. 보이드가 주장한 대로 자기 자녀들을 향한 하나님의 사랑이 관련되었다면, 하나님은 그들의 상황을 바꾸어 주실 정도로 멜라니와 수잔나를 사랑하지 않으셨다는 의미가 되지 않겠는가?

그러므로 개방적 유신론은 하나님이 주권적으로 모든 것이 합력하여 선을 이루도록 하신다는 로마서 8장 28절의 확신을 거부한다. 또한 하나님이 우리 모두를 사랑하셔서 우리에게 일어날 일을 미리 아시고 그 일을 막을 수 있다면 언제라도 그렇게 하실 분이라는 그 스스로의 주장도 뒤집을 수밖에 없다. 개인적으로 볼 때, 온 세상의 최선을 약속하는 개방적 유신론은 실제로 최악의 것을 선사한다.

폴 조스 헬셋은 이 점을 정확하게 지적한다.

"개방적 유신론을 주장하는 신학자들은 전반적인 악의 문제에 대해 실제적 해결책이 있다는 믿음을 주고 싶을 것이다. 하지만 하나님이 때로 누군가에게 하시듯이 강제적으로 개입하셨더라면 그런 고통을 당하지 않았을 것이라는 점을 고통당하는 당사자들이 모르고 지나가기를 바라는 것 말고는 그들에게 별다른 묘책이 없어 보입니다."[15]

### 하나님은 완전하셔서 구원받을 필요가 없다

부차적인 교리 문제로 논쟁을 하는 것은 달갑지 않다. 하지만 개방적 유신론은 반드시 짚고 넘어가야 할 중대한 문제가 걸려 있다고 생각한다. 하나님은 악의 문제에서 벗어나시기 위해 우리가 필요하지 않으시다.

저스틴 테일러는 "개방적 유신론은 복음주의 진영 내의 또 다른 내부적 논쟁이 아니다. 오히려 하나님과 기독교 신앙의 핵심적 특징에 관한 논쟁이다"[16]라고 말했다.

나는 개방적 유신론을 주장하는 여러 책을 보면서 일종의 도미노 효과 현상을 보게 되었다. 누군가가 하나님의 속성 중 하나를 축소하거나 부정하면 다른 속성들도 반드시 훼손당하기 시작한다. 멜라니와 수잔나의 경우, 하나님이 그들이 당할 일을 모르셨다고 하면 그들을 사랑으로 보호할 능력이 하나님께 없다는 주장이 제기된다. 이런 식으로 하나님의 속성을 훼손하기 시작하면 성경에 계시된 유일하신 참 하나님은 사라지고 만다.

1981년, 어머니가 암으로 돌아가셨을 때, 나는 랍비 해롤드 쿠시너의 베스트셀러 「왜 착한 사람에게 나쁜 일이 일어날까?」를 읽었다. 그는 하나님이 어떻게 그의 가정에 그토록 비극적인 일을 허락하셨는지 알고 싶은 마음이 간절했다. 그가 내린 답은 이렇다. 하나님은 그 일에 대해 뭔가를 하고 싶으셨지만 불행하게도 그럴 능력이 부족하셨다는 것이다. 나는 그 글을 읽으면서 슬픔을 느꼈지만 복음주의 목회자들이 이 주장에 동조할 것이라는 생각은 전혀 들지 않았다.

그러나 개방적 유신론이 바로 이렇게 했다. 개방적 유신론은 본질적으로 "하나님은 우리를 고통스럽게 하는 비극적 사건과 악을 해결하고 싶어 하신다. 하지만 정보가 없으실 뿐이다"라고 말하는 것이다. 랍비 쿠시너와 목회자 보이드의 시각은 당장 어려움을 당한 사람들이 그들의 상황을 하나님 탓으로 돌리지 않고 위로를 얻도록 해 주는 것 같다. 그러나 그들은 진의와 상관없이 결국 도움을 주기보다 더 큰 해악과 상처를 안겨 준다.

고통이나 어려움에서 위안을 얻기 위해 이제 다시 하나님의 어떤 속성을 재정의해야 하겠는가? 하나님의 무소부재하심? 거룩하심? 하나님의 속성을 재정의함으로 아무리 소소한 이득을 얻을 수 있다 해도 결국 남는 것은 우리 인생을 위한 사랑의 계획을 실행하기에는 부족한 신뿐이다.

### 하나님의 약속은 믿을 수 있다

위급한 일로 영화 주인공이 사랑하는 이와 작별을 고하며 "꼭 돌아올게" 혹은 "넌 아무 일 없을 거야"라고 약속하는 장면을 보면 늘 의구심이 생긴다. 그의 말이 진심이겠지만 그 약속을 지킬 지식과 힘이 그에게는 없다. 그러나 성경적인 정통 신학적 견지에서 하나님은 그런 제약이 없으신 분이다. 하나님의 주권적 통치와 무관하게 발생하는 일은 없기 때문에 바울은 "내가 믿는 자를 내가 알고 또한 내가 의탁한 것을 그 날까지 그가 능히 지키실 줄을 확신함이라"(딤후 1:12)고 분명하게 말했다. 우리는 하나님과 그 약속을 믿을 수 있다.

제리 브리지스는 「하나님을 신뢰함」(Trusting God)에서 이렇게 썼다.

"성도들은 고난이 전능하시고 사랑이 충만하신 하나님의 통제 아래 있다고 확신한다는 점에서 불신자들과 다르다. 우리의 고난은 하나님의 영원하신 계획 안에서 의미와 목적을 지닌다. 하나님은 그분에게 영광이 되고 우리에게 유익이 되는 일만 우리 인생에 주시거나 허락하신다."[17]

25년 전, 나는 비폭력 시민 불복종 집회에 아홉 번 참여했고 대중들이 기피하는 대의를 위해 싸우다가 체포되기도 했다. 바로 낙태아들을 대변하는 일이었다. 낙태 시술 병원은 나와 여러 사람을 고발했다. 소송에서 패할 경우, 우리는 집과 수입의 상당을 잃게 될 것이었다.

이 일로 압박과 스트레스에 시달리던 3년 동안, 아내 낸시와 나는 딸들에게 모든 일을 주관하시는 하나님이 모든 상황을 다 아시고 우리는 그분이 그 일을 선하게 이용하실 것을 믿으면 된다고 격려해 주곤 했다. 참고로 소송이 시작되었을 때, 딸들은 여덟 살과 열 살이었다.

두 딸은 내 말을 믿었고 하나님을 신뢰하는 마음으로 함께 기도를 드렸다. 이 이야기를 하면 지금도 눈물이 난다. 병원 측에서 우리를 소송에서 빼주겠다고 제안을 받은 어느 날 밤(이 일은 우리의 허락이 필요한 일이었지만 우리가 그 제안을 받아들이면 소송이 그들에게 유리할 수도 있었다), 우리 부부는 딸들에게 "하나님이 우리에게 무엇을 원하신다고 생각하니?"라고 물었다. 대답 여하에 따라 우리가 집을 잃고 정든 학교도 더 이상 다닐 수 없음을 알면서도 당시 열두 살이던 딸은 "아빠, 그 병원은 아빠가 빠져 주기를 원하지만 하나님은 그렇게 원하지 않으실 것 같아요"라고 대답했다. 아내와 둘째는 고개를 끄덕이며 무언의 동의를 표시했다.

우리는 다시 함께 기도를 드렸다. 그리고 변호사를 통해 우리 결정을 전달했고, 그 다음 한 달 동안 우리 인생에서 가장 힘든 일을 겪으며 법정을 들락거렸다. 낙태 시술을 하지 못해 손실을 본 것을 제외하면 우리 행동으로 병원이 실제적인 타격을 입은 것은 전혀 없었지만, 재판부는 집회한 참석한 사람들에게 징벌적 손해 배상으로 8백 2만 달러를 지불하라고 선고했다.

우리 가족은 하나님이 모든 것을 아시는 전능하신 사랑의 하나님이심과 무슨 일이 일어나더라도 모든 상황을 결국 우리에게 유익하도록 이끌어 가실 것을 굳건히 믿으며 이 상황을 받아들였다. 그리고 하나님은 실제로 그렇게 해 주셨다!

우리가 패소했다는 사실은 별로 중요하지 않았다. 하나님이 이루 헤아릴 수 없는 방법으로 그 상황을 선한 방향으로 사용하시는 것을 이미 보았기 때문이다. 물론 천국에서 영원히 그분과 함께 할 때는 더 확실히 알 것이다.

그러나 우리가 개방적 유신론을 믿었다고 생각해 보라. 그랬다면 딸들과의 대화는 완전히 달랐을 것이다.

"얘들아, 이 소송이 어떻게 될지 우리는 몰라. 우리 집을 잃게 될지, 너희들이 계속 학교에 다닐 수 있게 될지 알 수 없어. 그리고 하나님도 그 결과를 알지 못하셔. 하나님은 우리의 최선을 원하시고 우리에게 도움이 될 일을 해 주실 거야. 하지만 이 일에 하나님의 어떤 확고한 뜻과 계획이 있는지 알 수 없고, 이 일이 우리에게 가장 유익한 방향으로 진행되리라는 확신도 전혀 할 수 없어."

우리가 이렇게 믿었더라면 우리 가족의 기도가 어떻게 달라졌을지, 그리고 우리 마음의 평안이 얼마나 흔들렸을지 생각만 해도 끔찍하다. 하지만 우리는 하나님의 전지하심과 주권적 계획에 대한 성경의 가르침을 믿었고, 하나님은 우리가 그분과 그분의 계획을 믿도록 도와주셨다.

인간과 타락한 천사들의 세상에서 무슨 일이 일어날지 주께서 정확히 다 아셨다는 확신은 내게 큰 위로가 된다. 하나님은 타락으로 생길 일을 아셨고, 태초부터 그분의 사랑과 은혜의 계시라는 궁극적 선이 우주를 영원히 부요하게 할 것을 아셨다.

하나님이 이 모든 일을 다시 하셔야 하더라도(지금 알고 계신 것과 이미 아시는 것을 아시고) 동일한 세상을 창조하시고 동일하게 선택할 능력을 허용하시며 동일한 악을 주권적으로 허용하시고 자기 자녀들을 위한 궁극적이고 영원한 선이라는 계획을 이루어 가실 것이다.

세상의 고난(그리고 십자가에서 그 자신의 고난)이 성경에 계시된 대로 전지하시고 주권자되신 하나님께 가치가 있다면 결국 우리에게도 영원히 그럴 가치가 있을 것이다.

주 ———

장이 시작할 때 나오는 두 번째 글은 A.W. 토저의 The Knowledge of the Holy(San Francisco, CA: HarperOne, 1992), 87쪽에서 인용함.

**1.** 파인버그 외, Predestination and Free Will (Downers Grove, IL:InterVarsity, 1986) 156쪽에서 클라크 피노크의, "God Limits His Knowledge".

**2.** 요한계시록 13:8은 창세 전에 생명책에 기록된 이름들을 언급한 것일 수도 있다. 그럴 경우, 행 2:23, 4:27-28, 벧전 1:20에서도 그리스도의 구속 사역의 절대적 확실성이라는 개념이 보인다고 할 수 있다.

**3.** 브루스 A. 웨어, Their God Is Too Small: Open Theism and the Undermining of Confidence in God(Wheaton, IL: Crossway Books, 2003), 32-34쪽.

**4.** 웨인 그루뎀, Systematic Theology: An Introduction to Biblical Doctrine(Grand Rapids, MI: Baker, 2000), 102쪽.

**5.** 그레고리 A. 보이드, God of the Possible: A Biblical Introduction to the Open View of God (Grand Rapids, MI: Baker, 2000), 102쪽.

**6.** 그레고리 A. 보이드, God of the Possible, 98쪽.

**7.** 파인버그 외, Predestination and Free Will, 150쪽에서 클락 피노크의 "God Limits His Knowledge."

**8.** 그레고리 A. 보이드, Is God to Blame?(Downers Grove, IL: InterVarsity, 2003), 110쪽.

**9.** 그레고리 A. 보이드, Is God to Blame?, 13쪽.
**10.** 그레고리 A. 보이드, Is God to Blame?, 16, 21쪽.
**11.** 그레고리 A. 보이드, God of the Possible, 105-106쪽.
**12.** A.H. 스트롱, A.H. Strong, Outlines of Systematic Theology(Philadelphia: Griffith and Roland, 1908), 77쪽.
**13.** 브루스 웨어, Their God Is Too Small, 16쪽.
**14.** 그레고리 A. 보이드, "A response to John Piper," 1998년 5월 4일, www.bge.bethel.edu/4know/response.htm.
**15.** 폴 조스 헬셋 등, Four Views on Divine Providence (Grand Rapids, MI:Zondervan, 2011), 48쪽에서 폴 조스 헬셋의 "God Causes All Things."
**16.** 존 파이퍼, 저스틴 테일러, 폴 조스 헬셋 편집, 저스틴 테일러, Beyond the Bounds: Open Theism and the Undermining of Biblical Christianity 서문(Wheaton, IL:Crossway Books, 2003), 13쪽.
**17.** 제리 브리지스, Trusting God: Even When Life Hurts(Colorado Springs, CO:NavPress, 2008), 21쪽.

# 7장

## 하나님의 주권과 인간 선택의 매력적인 조합

"너는 마음을 다하여 여호와를 신뢰하고 네 명철을 의지하지 말라
너는 범사에 그를 인정하라 그리하면 네 길을 지도하시리라."
잠언 3장 5-6절

"성경은 하나님의 주권과 인간의 책임을 상호 배타적으로 보지 않는다.
서로 불편한 이웃이나 서로 끝없이 냉전 상태에 있는 관계가 아니다.
친구처럼 서로 사이좋게 협력하는 관계이다."
J.I. 팩커

하나님의 주권과 인간
선택의 매력적인 조합

하나님은 여러 선택의 방법으로 주권을 행사하실 수 있다. 우리는 주권이나 자유 의지에 관한 우리의 선입견이나 논리적 추론을 고집하지 말고 성경이 우리에게 가르치는 진리에 귀를 기울여야 한다. 이 두 주제로 여러 장을 할애한 이유가 그 때문이다.

인간의 선택이 하나님의 선택보다 더 우위에 있다고 생각하는 그리스도인들은 3장에서 소개한 성경 말씀을 더 깊이 숙고할 필요가 있다. 반대로 하나님의 주권이 인간의 선택을 부정한다고 보는 사람들은 4장의 성경 말씀을 깊이 숙고해야 한다.

강한 결정론은 주권을 악에 대한 하나님의 절대적 통치와 악으로 구속적 선을 이루시는 능력으로 이해할 뿐 아니라 모든 피조물의 모든 생각과 행동을 세세히 정하고 작정하시는 것이라고 본다. 여기에는 모든 악, 모든 음란한 생각, 아동 학대의 모든 행위, 모든 학살도 포함된다. 이것은 논리적으로 완벽하고 내적 일관성이 있는 철학일지 모르지만 성경이 계시하는 그림의 중요한 부분을 생략하거나 완전히 재해석하는 오류를 범한다. 하나님이 허락하신 피조물의 선택은 그분의 주권을 벗어나지 않지만 거룩과 사랑이라는 하나님의 성품과 모두 일치하는 것은 아니다.

인간 선택에 의미를 부여하면 하나님의 주권을 부정하게 된다는 말은 정확한 사실이 아니다. 왕이 군대에 대한 전권을 가지면 그 나라의 주권자라 불릴 수 있다. 그러나 휘하 장군에게 전쟁에서 전략적 선택을 할 권한을 부여한다고 해서 왕이 왕권을 포기하는 것은 아니다. 그에게 권한을 위임했을 뿐이다. 마찬가지로 하나님은 모든 만물의 주권자이시지만 인간에게 책임이 따르는 의미 있는 선택을 하도록 허락하셨다.

그러나 우리는 인간 왕에 대한 이 비유를 과도하게 적용하기 쉽다. 무엇보다 하나님은 단순히 비유적 의미로 주권자라 불리는 것이 아니라 실제 주권자로서 통치하신다.

바울은 하나님을 "복되시고(헬라어로 마카리오스(makarios), '행복하다'는 의미) 유일하신 주권자이시며 만왕의 왕이시며 만주의 주"(딤전 6:15)라고 말한다. 유일한 왕이 아니라 유일한 주권자라고 말한 것을 유의해서 보라. 또한 하나님은 만왕의 왕이시다. 인간이 하등한 위치이기는 하지만 이 땅에서 왕이나 주로 불리기도 한다는 사실은 하나님이 인간에게 선택할 자유와 힘을 위임하셨음을 암시한다.

이 장에서는 하나님의 주권과 인간의 선택에 대한 몇 가지 쟁점을 심층적으로 살펴볼 것이다.

### 하나님은 때로 세계 최강의 인간 통치자들을 이용하신다

성경은 인간이 책임이 따르는 실제적이고 의미 있는 선택을 할 수 있고, 또 그렇게 하고 있다고 말한다. 그러나 또한 하나님이 때로 우리의 선택을 뒤집기도 하신다는 점을 분명히 하기도 한다.

바로와 느부갓네살에 대한 하나님의 태도가 대표적인 경우이다. 하나님은 당시 지구상에서 가장 강력한 사람을 실물 교재로 선택하셔서 하나님이 허락하시지 않으면 누구도 힘을 발휘할 수 없음을 보여 주셨다.

바사의 통치자인 고레스에 관한 이사야의 예언은 그 범위가 실로 엄청나다. 하나님은 그를 '내 목자'라고 부르시고 그를 통해 '나의 모든 기쁨을 성취'하리라고 말씀하셨다. 예루살렘과 성전 재건도 여기에 포함된다(사 44:28, 45:13).

> "여호와께서 그의 기름 부음을 받은 고레스에게 이같이 말씀하시되 내가 그의 오른손을 붙들고 … 내가 나의 종 야곱, 내가 택한 자 이스라엘 곧 너를 위하여 네 이름을 불러 너는 나를 알지 못하였을지라도 네게 칭호를 주었노라 나는 여호와라 나 외에 다른 이가 없나니

나 밖에 신이 없느니라"(사 45:1,4-5).

인간 통치자가 하나님을 인정하든 그렇지 않든 창조주께서는 원하시는 뜻대로 그들을 사용하실 수 있다. 스스로 선택하는 것처럼 보이더라도 하나님의 선택이 인간 통치자의 선택을 좌우하는 경우가 있다. 이것은 자유 의지론의 입장과 상충하는 것처럼 보인다.

고레스와 바로와 다른 통치자들이 예외가 될 수 있는가? 당연히 아니다.

"왕의 마음이 여호와의 손에 있음이 마치 봇물과 같아서 그가 임의로 인도하시느니라"(잠 21:1).

바울은 그의 생사여탈권을 쥔 로마의 불의한 정부를 통해 하나님이 일하신다고 보았다.

"그는 하나님의 사역자가 되어 네게 선을 베푸는 자니라 … 악을 행하는 자에게 진노하심을 따라 보응하는 자니라 … 그들이 하나님의 일꾼이 되어"(롬 13:4,6).

### 성경 자체는 이 모순을 받아들이는데 별로 어려움이 없다

성경 저자들은 우리의 신학적 딜레마를 모두는 아니더라도 어느 정도 공유한다. 욥, 다윗, 하박국 그 외 여러 성경 인물은 악과 고통의 문제를 제기한다. 그러나 하나님의 주권적 통치가 인간의 선택을 저해할 가능성에 대해서는 별다른 고민을 하지 않는 것 같다. 그들에게 하나님은 무제한적 자유를 가지신 분이다.

    하나님은 전능하시고 인간은 능력이 극히 제한적이기 때문에 인간의 선택에 비해 하나님의 선택이 지극히 중요하고 위력적이라는 말은 성경적으로 틀리지 않다. 이것이 피조물(본유적 힘은 전혀 없고 오직 하나님께 부여받은 힘만 가진)과 다르게 하나님의 본유적 능력만을 가리킨다면 완벽한 주장일 것이다. 그러나 이런 생각은 또한 의미 있는 인간의 선택에 대한 성경의 가르침을 논리적으로 부정할 위험성이 있다. 창조주의 선택이 피조물의 선택보다 훨씬 더 중요한 것은 절대적으로 맞다. 그러나 성경을 제대로 읽으면 인간의 선택 역시 실제로 중요하다는 결론에 도달한다.

    반면에 인간의 선택에 대한 우리의 시각 때문에 우리나 귀신들이 우리 운명을 결정짓는다고 믿게 된다면 하나님의 주권에 대한 허약하고 비성경적 시각으로 하나님을 축소시킬 것이다.

    이 두 극단적 시각을 보면 사탄은 우리가 안장에 앉아 있지 않는 한, 말의 어느 쪽으로 떨어져도 개의치 않는다는 마틴 루터의 말이 생각난다. 강한 결정론이 말의 이쪽에서 떨어지는 것이라면 극단적 자유 의지론은 말의 저쪽에서 떨어지는 격이다.

### 모든 입장을 더 알아갈수록 자신의 입장을 확인하기 쉽다

일부 알미니안주의자들과 대화해 보면 그들은 특별히 복음에 대한 인간의 반응과 관련해 하나님의 주권이 인간의 의지와 행위를 절대 침해할 수 없다고 믿는 것 같다. 하지만 이런 생각은 "영생을 주시기로 작정된 자는 다 믿더라"(행 13:48)라고 말한 누가의 기록과 "아버지께서 내게 주시는 자는 다 내게로 올 것이요"(요 6:37)라는 예수님의 말씀과 모순된다.

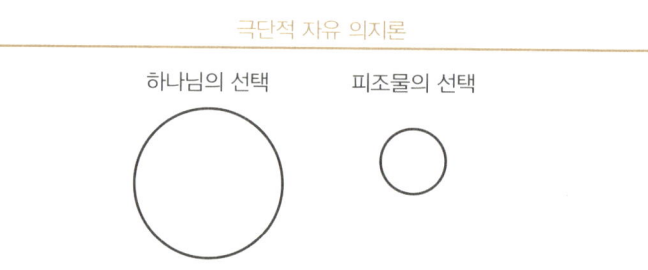

극단적 자유 의지론

하나님의 선택    피조물의 선택

세속적 철학으로서 자유 의지론은 하나님을 인정하지 않는다. 하지만 기독교적 자유 의지론자들, 달리 말해 알미니안주의자들은 하나님이 그 피조물보다 더 위대하시며 따라서 그분의 능력과 통치와 선택은 인간보다 훨씬 강력하고 위대함을 인정한다. 그럼에도 하나님이 인간에게 자유로운 선택을 허락하셨다는 사실에 만족하지 않고 일부 알미니안주의자들은 피조물의 선택이 하나님의 선택의 범위와 별개로 존재하며 적어도 어느 정도는 그분의 통제 밖에 있다고 본다(무능력함으로 이론적인 통제 밖에 있다는 것이 아니라 반대 선택을 할 능력을 허용하심으로 실제적인 통치하심 밖에 있다는 것이다).

다음 그림에서 보듯이, 대부분 알미니안주의자들이 받아들이는 기독교적 자유 의지론에서 하나님의 선택과 피조물의 선택이 겹치는 부분은 선행 은총이다. 선행 은총이란 피조물이 그분을 믿기로 선택하면 그분이 믿을 힘을 부여해 주시는 것을 말한다. 이것은 온건한 자유 의지론에 해당한다.

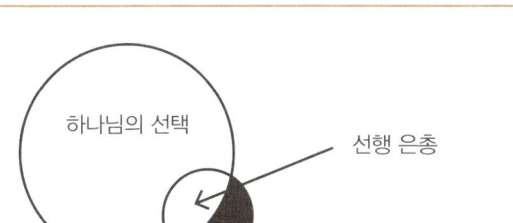

고전적 알미니안주의

하나님의 선택

선행 은총

피조물의 선택

알미니안주의자들과 칼빈주의자들 모두 죄인이 하나님을 믿을 수 있도록 도우시는 선행 은총을 인정한다. 선행 은총을 이야기한 어거스틴은 그 은혜가 불가항력적인 것이며 오직 택함받은 자들에게만 허락된다고 생각했다. 이런 생각은 칼빈주의적 시각과 일치한다. 그러나 존 웨슬리는 선행 은총을 말하면서 하나님이 모든 사람에게 허락하셨지만 인간이 거부하고 저항할 수도 있는 것이라고 보았다.

알미니안주의의 입장을 나타낼 때, 하나님의 선택의 일부가 인간의 선택과 겹치도록 그린 이유가 이 때문이다. 웨슬리가 이해한 선행 은총은 하나님이 은혜를 베푸시는 주체이기 때문에 그분의 선택 안에 포함된다. 인간이 선행 은총을 받아들이는 선택을 하는 것이 아니라 하나님이 일방적으로 모두에게 그 은혜를 베푸신 후, 그 은혜를 받아들인 사람이 영생의 선물을 받도록 해 주신다. 은혜로 말미암는 믿음의 초청을 받아들이는 사람에게 하나님이 일방적으로 중생을 주시는 것이다.

다음 그림은 인간의 자유 의지가 신적 결정론과 양립할 수 있다는 양립 가능론을 나타내고 있다. 실제적이고 유의미하며 때로 파괴적인 인간의 선택을 가리키는 원은 하나님의 통치 안에 포함된다. 양립 가능론은 양립 가능론자들의 시각과 해석 방식에 따라 세 가지 그림으로 표현할 수 있다.

양립 가능론(A)

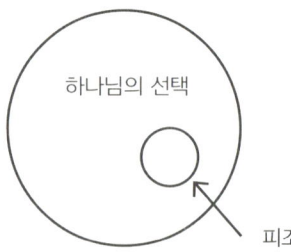

## 양립 가능론(B)

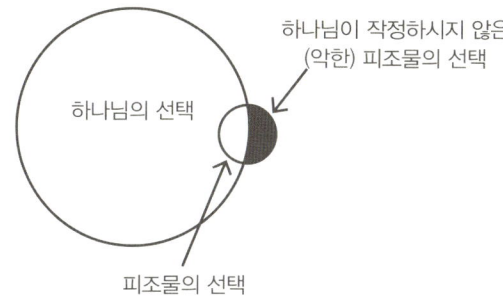

일부 양립 가능론자들은 그림 (A)를 쉽게 받아들일 것이다. 어떤 이들은 모든 피조물의 선택이 하나님의 선택에 포함되며 하나님의 선택과 분리될 수 없으므로 이 그림이 그들의 입장이 아니라 강한 결정론자나 하이퍼 칼빈주의에 더 부합한다고 생각할 것이다.

하이퍼 칼빈주의자와 스스로를 구분하고자 하는 사람들은 그림 (B)를 더 선호할 수 있다. 이 그림에서 하나님을 경외하고자 하는 피조물의 선택은 은혜를 베푸시고자 하는 하나님의 선택의 도우심을 받는다. 반면 악을 저지르는 피조물의 선택은 하나님의 직접적 선택 밖에 존재하되 그 일을 허용하시기로 한 그분의 선택에 해당한다. 그러므로 하나님은 악을 허용하시되 악을 조성하시지는 않는다.

개인적으로 나는 다음 그림을 선호한다. 내가 생각하기에 전체로서 성경이 계시하는 내용에 가장 부합한 그림이다.

하나님의 선택과 피조물의 선택이 모두 그분의 주권적 통치 안에 있다는 점을 유의해 보라. 피조물이 저지른 악은 하나님의 선택이 아니라 그들이 선택한 것이다. 하나님은 악을 허용하기로 선택하시지만(그리고 실제로 그 악을 막으실 수도 있지만) 그 악을 작정하시지는 않는다. 그분은 악의 조성자가 아니시다. 그럼에도 피조물의 잘못된 선택은 그분의 작정과 그분의 무한한 주권의 범위 안에 있으며 그분의 궁극적 계획과 뜻을 좌절시키지 못한다. 그분은 악을 허용하시지 않을 수도 있지만 그 허용하심 안에 그분의 뜻과 계획이 모두 반영된다. 실제로 피조물의 불순종을 다는 아니더라도 최소한 어느 정도 사용하셔서 그분의 계획을 이루신다.

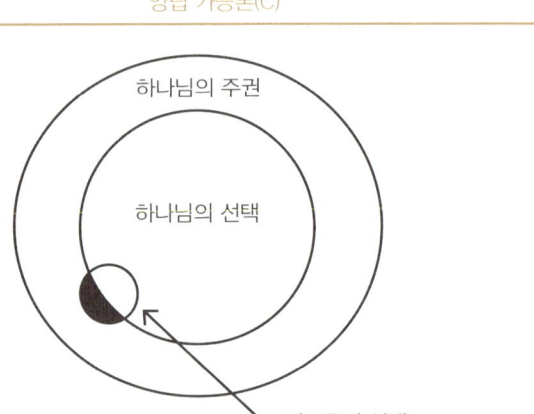

양립 가능론(C)

알미니안주의자들 가운데에도 하나님이 세상사를 일일이 다 통치하시고 모든 일, 심지어 악한 일까지 그 백성들의 유익을 위해 사용하신다고 믿는 이들이 있다. 이런 점에서 그들은 칼빈주의적 양립 가능론과 유사하며 그림 (C)가 그들의 입장과 가깝다고 느낄 것이다. A.W. 토저가 이 경우에 해당한다. 그는 칼빈주의자나 알미니안주의자로 불려지기를 원치 않았다. 하지만 그의 글을 읽어 보면 하나님의 주권과 그분의 광대하심을 적극 수용하는 자유 의지론자와 흡사하게 보일 때도, 양립가능론자와 흡사하게 보일 때도 있다. 그는 인간 선택의 실재와 영향력이 만물에 대한 하나님의 주권적 통치를 절대 방해하지 못한다고 강조했다.

양립 가능론적 시각과 하이퍼 칼빈주의적 시각의 차이는 다음 그림에서 확인할 수 있다. 이 그림을 보면 양립 가능론을 표현한 여러 그림처럼 피조물의 선택이 하나님의 선택 안에 포함된 것처럼 보인다. 하지만 이 그림에서 피조물의 선택은 착시에 지나지 않는다. 자유로운 선택이 가능한 것처럼 보이지만 사실이 아니다. 강한 결정론자들은 모든 세세한 일까지 하나님이 지시하는 대로 선택한다. 복화술사의 무릎에 놓인 인형은 스스로 생각하고 선택하는 것 같지만 실상은 그렇지 않다.

하이퍼 칼빈주의

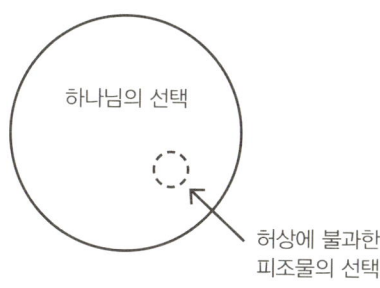

주권과 자유 의지에 관한 설명 중에서, 하나님의 작정하신 뜻과 도덕적 뜻이 반드시 일치하지 않는 성경적 역설을 가장 잘 표현한 설명은 무엇인가? 하나님의 도덕적 뜻을 위반하는 행위는 인간의 의미 있는 선택이 전제되어야 하지만, 하나님의 작정하신 뜻의 성취는 신적 결정론이 필수적으로 보인다. 양립 가능론은 이 둘을 모두 포함하기 때문에 개인적으로 나는 이 양립 가능론이 가장 설득력 있는 설명이라고 믿는다. 강한 결정론은 의미 있는 선택을 부정하고 자유 의지론은 자유로운 선택을 과도하게 강조해서 하나님의 주권적 선택이 부차적인 것처럼 만든다.

강한 결정론은 피조물의 자유로운 선택의 여지를 전혀 인정하지 않는다. 그러나 양립 가능론은 결정론과 의미 있는 선택이 공존할 수 있음을 인정함으로 제한적이나마 반대 선택을 할 여지를 인정한다. 일부 양립 가능론자들은 이런 주장에 이의를 제기하겠지만 반대 선택을 자율성의 개념이 아니라 본성과 정반대로 행동할 능력으로 이해한다면, 하나님의 주권이나 결과를 결정할 하나님의 능력을 부정하지 않을 수 있다. '선택'이란 사전적인 의미로 여러 대안 중에서 하나를 고른다는 것이다. 반대 선택을 인정하지 않는 일부 양립 가능론자들은 때로 실제적인 선택을 부정하는 것처럼 보이지만 양립 가능론은 사실상 이것을 인정한다. 인간 선택을 축소시키는 양립 가능론자들은 하이퍼 칼빈주의자에 가깝다. 결국 알미니안주의에 여러 다양한 주장이 있듯이 칼빈주의 역시 마찬가지라 할 수 있다.

|  | 하이퍼 칼빈주의<br>(강한 결정론자들) | 칼빈주의<br>(양립 가능론자) | 알미니안주의<br>(자유 의지론자들) | 몰리니즘<br>(칼빈주의자나 알미니안주의자) |
|---|---|---|---|---|
| 장점 | 의미 있는 인간 선택을 단호히 부정하는 입장이다. 하나님의 주권이 절대적이다. 자유 의지를 인정하지 않기 때문에 해결이 필요한 신학적 어려움이나 모순은 없다. | 인간의 선택과 책임을 인정하며 하나님의 통치를 인정한다. 의미 없는 고난은 없다. 하나님은 사건들을 적극적으로 조율하셔서 자녀들에게 유익하도록 이용하신다. 자녀들은 피조물로서 한계가 있지만 의미 있는 선택을 할 수 있다. | 자유 의지에 관한 실제적인 인간 경험과 부합한다. 세상의 극단적 악을 설득력 있게 설명한다. 고난을 하나님이 허락하시기는 하지만 제공하시지는 않는다. 하나님은 세상을 통치하시지만 악을 세세히 다 관리하시지는 않는다. | 하나님의 주권을 온전히 인정하면서도 인간이 자유 의지를 행사할 수 있다고 설명한다. 알미니안주의자나 칼빈주의자 모두에게 지지를 받을 여지가 있다(대부분 알미니안주의자들의 호응이 높다). |
| 단점 | 하나님이 모든 악의 창조자이자 근원이시다. 모든 선택 이면에 하나님이 계시므로 모든 악한 선택 역시 하나님이 하신 것이다. 하나님의 뜻과 상반되는 인간의 선택을 제대로 설명하지 못한다. 하나님의 의지와 뜻만이 유일하게 중요하다면 선택은 환상이고 인간의 삶은 허상일 뿐이다. 이게 무슨 의미가 있겠는가? | 신적 결정론과 인간의 자유 의지를 믿는다. 이 둘은 서로 조화되기 어려워 때로 논리적으로 상충하는 것처럼 보인다. 하나님의 주권을 강조하므로 인간의 선택을 말로만 인정하기 쉽고 때로 하이퍼 칼빈주의와 흡사하다. | 하나님이 피조물의 선택을 통제하시지 않는다면 그 결과를 어떻게 통제하시는지 설명해 주지 않는다. 인간과 사탄의 선택이 세상을 좌우하므로 하나님의 주권을 인정하되 최소화시킨다. 하나님은 인간의 고통에 개입하시지 않기 때문에 인간에 대해 연민을 가지신다 해도 아무 의도나 계획이 없다. | 자유 의지론자와 양립 가능론자들이 모두 인정할 수 있으므로 그 주장이 모호한 측면이 있다. 주요한 대안으로 인정하는 이들이 적다. "이것이 몰리니스트들의 주장이다"라고 내세울 만한 것이 많지 않다. |
| 성경적 근거 | 신 32:39 ; 잠 16:33 ; 사 45:5-7 ; 애 3:37-38 ; 롬 9:19-22 | 창 50:20 ; 잠 21:1 ; 사 44:28 ; 요 6:44 ; 행 2:23 | 신 30:19 ; 수 24:14-15 ; 사 1:19-20 ; 마 23:37 ; 요 12:32 ; 약 1:13 | 삼상 23:10-12 ; 마 11:21-24 ; 고전 2:7-8 |

> 하나님의 주권은 절대적 통치가 필수이지만 이에 대한 신도들의 의견은 제각기 다르다

하나님이 악을 비롯해 모든 생각과 행동을 조성하고자 적극 개입하신다는 것을 믿지 않는다고 해서 하나님의 주권을 믿지 않는다고 할 수는 없다. 알미니안주의 신학자인 잭 코트렐은 "주권적 하나님은 스스로를 제한하실 수 있는 하나님이며 개입하고자 작정하시더라도 결정하지 않겠다고 결심하시며 그 피조물에게 상대적인 독립을 선물로 부여하실 수 있는 하나님이다. 이런 자유를 피조물에게 허용하신다고 하나님의 주권이 축소되지 않는다. 오히려 확대된다"[1)]고 말했다.

알미니안주의자였을 때에 나는 하나님이 인간의 의지를 무효화하실 수 있다고 믿었고 때로 그렇게 하신다고 믿었다. 하나님이 전능하시고 절대적으로 의로우신 분이라고 해서 모든 순간에 권능을 행사하시고 공의를 실현하셔야 한다는 의미는 아니다. 그분은 참으심으로 심판을 지연시키시기도 한다(벧후 3:9). 칼빈주의자이든 알미니안주의자이든 모든 정통 신자는 그리스도께서 성육신으로 신적 속성의 일부를 일시적이지만 제한적으로 행사하셨다고 믿는다. 이 사실은 "오히려 자기를 비워 종의 형체를 가지사 사람들과 같이 되셨고"라는 빌립보서 2장 7절과 자신의 재림 시기를 알지 못하신다는 마태복음 24장 36절의 그리스도의 직접적 언급에서 확인된다.

그네에서 떨어지거나 서로 싸울 수도 있지만, 자녀들만 마당에

서 놀도록 허락했다고 아버지가 자녀들을 통제할 힘이 없는 것은 아니다. 그저 믿고 그들끼리 놀도록 결정했을 뿐이다. 하나님과 달리 인간 아버지는 자녀들에게 제한적인 자유를 주기는 하나 언제, 어떤 일이 생길지 정확히 모른다. 그러나 전능하신 하나님은 그분이 원하시는 뜻과 정반대 선택을 하도록 완벽하게 허락하실 수 있다. 성경이나 뉴스를 보면 하나님이 이런 식으로 행하신다는 것을 쉽게 확인할 수 있다.

일부 성경 구절들은 하나님이 인간의 선택을 광범위하게 허용하심을 시사한다. 여기에는 인간의 죄도 포함된다. (양립 가능론자로서 나는 하나님이 이렇게 하시는 목적과 뜻이 있다고 믿는다.) 어떤 성경 구절들은 하나님이 적극적이고 직접적으로 개입하셔서 세세한 인생사를 통치하시며 심지어 고난과 관련된 일도 개입하심을 보여 준다. 어떤 칼빈주의자들은 성경과 인생사에서 인간 선택이 우세함을 확인하고 고민하기도 하고, 어떤 알미니안주의자들은 하나님이 고통을 비롯한 인생사를 통치하신다는 성경 말씀으로 고민하기도 한다. 나는 하나님이 양자를 다 믿도록 우리에게 요청하신다고 믿는다.

### 세상은 하나님이 원치 않으시는 일로 가득하다

전능하신 하나님이 그 기쁘신 뜻대로 행하신다는 성경 말씀(시 115:3)을 보고 잘못된 결론을 도출하기 쉽다. 만일 우리가 전능하며 우리가 원하는 대로 다 할 수 있다면, 늘 우리 마음에 흡족한 일만 생기는 우주를 만들지 않겠는가? 그러나 노아 시대의 하나님은 세상의 악함을 보고 슬퍼하셨다(창 6:6). 모세가 순종하기를 주저하자 진노하셨다(출 4:13-14). 다윗이 간음죄를 짓고 우리야를 죽음에 이르게 했을 때, 성경은 "다윗이 행한 그 일이 여호와 보시기에 악하였더라"(삼하 11:27)고 말한다. 하나님은 자기 백성들이 죄를 선택하면 기뻐하시지 않는다.

> "너희는 너희가 범한 모든 죄악을 버리고 마음과 영을 새롭게 할지어다 이스라엘 족속아 너희가 어찌하여 죽고자 하느냐 주 여호와의 말씀이니라 죽을 자가 죽는 것도 내가 기뻐하지 아니하노니 너희는 스스로 돌이키고 살지니라"(겔 18:31-32).

하나님은 자기 백성들의 자유 의지를 부정하지 않는다는 사실을 유의하라. 오히려 죄악된 선택을 회개하도록 선택하라고 촉구하신다.

예수님은 하나님이 용서하지 않는 우리를 보고 슬퍼하신다고 말씀하셨다(마 18:34-35). 회당에서 한쪽 손 마른 사람을 고쳐 주시는 것을 사람들이 반대하자 예수님은 바리새인들에게 진노하시며 "그들의 마음이 완악함을 탄식하"셨다(막 3:5).

하나님은 무엇이든 원하시는 뜻대로 하시는 분이다. 그러므로 잠시지만 사람들이 그분의 뜻과 반대로 행하도록 허용하시는 일 역시 원하시는 것이 분명하다. 하나님이 기쁘신 뜻대로 다 행하신다고 사람들의 모든 생각과 행동을 결정하는 일을 좋아하신다고 할 수는 없다. 그분의 형상을 닮은 자들이 그분의 주권과 양립되는 실제적인 선택을 하는 결정을 그분이 더 원하실 수도 있다.

전능하신 하나님이 왜 잘못된 선택을 묵인하시는가? 부분적으로는 그것이 더욱 기뻐하실 구속적 목적에 기여하는 일임을 아시기 때문일 것이다.[2]

### 세상에 자유가 허용되기 위해서는 원인과 결과가 필수적이다

많은 사람들이 선택의 자유라는 개념을 좋아한다. 자유를 누리며 인간 문화가 최고의 꽃을 피우기를 원한다. 그러나 인류사 최악의 순간에 인간이 자유를 행사함으로 벌어진 일은 좋아하지 않는다.

선택이 실제적이 되려면 효과가 있어야 한다. 악과 고통의 모든 가능성이 사라진 세상에서 살고 싶은가? 확실한가? C.S. 루이스는 나무 몽둥이가 무기로 사용되려 하면 '풀처럼 연해지고' '거짓말이나 무례한 말'은 음파가 알아서 '전달하지 않는' 세상을 상상해 보라고 말한다.

> 그러한 세상은 잘못된 행동을 하기가 불가능하고 따라서 의지의 자유가 실종되고 … 악한 생각이 불가능한 세상일 것이다. 우리가 사고 활동을 할 때 사용하는 두뇌 부위가 악한 생각을 하려고

시도할 때 그 일을 거부할 것이기 때문이다 … 자연의 질서와 자유 의지의 개입으로 고난이 일어날 가능성을 배제하고자 시도해 보라. 그러면 삶 자체를 배제했음을 알게 될 것이다.[3]

실제로 이 세상의 악과 고통은, 악을 미워하시지만 자유를 중시하시는 하나님과 양립가능하다. 하나님이 우리에게 선택의 결과를 책임지도록 하지 않으시면, 이 세상은 악을 행하는데 열중하고 악을 묵인하며 하나님께 돌아갈 필요성을 전혀 느끼지 않게 될 것이다. 그런 세상에서 사람들은 하나님에 대한 아무 필요도 느끼지 않고 죽을 것이고 지옥에서 깨어날 것이다.

피터 반 인와겐은 이렇게 썼다.

"하나님이 끝없는 기적을 베푸셔서 이 세상의 모든 고통과 공포를 '취소하신다'면, 화목이라는 하나님 자신의 계획을 스스로 좌절시키는 셈이 될 것이다. 그럴 경우, 우리는 우리 운명에 만족해야 하고 그분과 협력할 어떤 이유도 찾지 못할 것이다."[4]

이 타락한 세상에서 서로에게 부정적 영향을 미칠 수 없다면 긍정적 영향 역시 미칠 수 없다. 내가 다른 사람에게 상처를 줄 수 없다면 그 사람을 돕는 일 역시 할 수 없다. 누군가가 나를 죽이는 것이 불가능하다면 누군가가 나를 위해 죽는 것도 불가능하다.

"하나님이 악을 행할 자유가 없는 존재로 인간을 만드셨으면 좋았을 텐데"라는 말은 인간에게 자유가 없어야 한다고 말하는 셈이고,

따라서 인간은 인간이 될 수 없다고 말하는 것이다.

하나님은 토기장이이시고 우리는 진흙이다. 진흙인 우리는 선택을 한다. 어떤 성경 구절들을 보면 우리가 하나님의 손에 들린 가공되지 않은 재료일 뿐이라는 것을 믿어야 한다는 생각이 든다(강한 결정론자들은 확실히 그렇게 믿는다. 일부 양립가능론자들 역시 그들이 사용하는 용어로 보아 그렇게 믿는 것을 알 수 있다). 예를 들어, 하나님은 "이스라엘 족속아 진흙이 토기장이의 손에 있음 같이 너희가 내 손에 있느니라"(렘 18:6)고 말씀하신다. 자유 의지론자들은 이 구절을 좋아하지 않는다. 결정론자들이 "너희가 섬길 자를 오늘 택하라"(수 24:15)를 즐겨 암송하지 않는 것과 같은 이치이다.

그러나 예레미야 18장 11절은 계속해서 "여호와의 말씀에 보라 내가 너희에게 재앙을 내리며 계책을 세워 너희를 치려 하노니 너희는 각기 악한 길에서 돌이키며 너희의 길과 행위를 아름답게 하라 하셨다 하라"라고 말한다.

하나님은 그들이 악한 길을 선택함을 보시고 심판을 경고하시지만 그 오래된 길을 버리고 새 길을 선택하라고 부르신다. 12절에서는 "그러나 그들이 말하기를 이는 헛되니 우리는 우리의 계획대로 행하며 우리는 각기 악한 마음이 완악한 대로 행하리라 하느니라"고 탄식하신다. 여기서 하나님은 "너희는 너희 계획대로 할 수 없다. 오직 내가 너희들을 위해 세운 계획을 따를 수밖에 없다"고 주장하시지 않는다.

하나님은 흙으로 아담을 만드셨다. 아마 그래서 우리를 진흙에 비유하셨을 것이다. 이 비유로 하나님이 말씀하시고자 하는 의도가 무엇이건(물론 이것이 그 원하시는 대로 우리를 만들 권리를 포함하는 것은 분명하지만), 우리가 지성과 의지나 선택 능력이 결여된 무생물 덩어리라는 의미는 아니다. (우리를 양이라 부르신다고 해서 우리가 털복숭이의 네 발 가진 짐승이라는 의미가 아닌 것과 마찬가지이다.)

하나님은 자기 백성들에게 회개하라고 간곡히 요청하신다. 우리가 선택을 할 수 없다거나 우리 선택이 무의미하다고 말씀하시지 않고, 계속 악한 길을 선택하고 돌아오지 않는다면 준엄한 심판을 내리겠다고 말씀하신다. 이 토기장이와 진흙 단락은 하나님의 주권을 절대적으로 인정하지만, 그렇다고 해서 하나님이 우리로 악을 선택하게 하심으로 그 계획을 이루신다고 가르치지는 않는다. (우리는 그 일을 우리 스스로, 하나님의 도우심 없이 하고 있다.) 하나님은 회개하고 그분을 선택하라고 부르신다. 우리가 범죄하는 것은 우리가 우리의 죄악된 본성에 따라 행동하기 때문이다.

그렇다고 내 말을 오해하지 말라. 하나님은 원하시면 언제라도 꼭두각시처럼 우리를 마음대로 조종하실 수 있다. 우주의 모든 피조물에 끈을 매달아 언제라도 원하시는 대로 하도록 주권을 행사하실 수 있다. 일부 성경 구절들은 문맥과 상관없이 보면 이런 시각을 지지하는 것처럼 보인다. 하지만 성경 전체라는 포괄적 문맥에서 이런 시각을 가르치는 구절은 없다. 우리의 인간적 경험도 이것을 가르치지 않는다.

우주라는 무대에서 각본대로 상연되는 연극에 불과하다면 우리 인생이 의미 있는 목적을 가질 수 있겠는가? (그리고 배우들이 스스로 연기하고 있음을 자각조차 하지 못하는 경우도 마찬가지이다.) 인간의 선택에 관한 논의를 하나님의 주권과 연관지어 균형잡힌 시각으로 보고자 하는 노력은 언제나 바람직하다. 바울은 하나님의 주권과 선택에 관한 자신의 논증에 대해 우리의 자연스러운 반응을 예상한다.

> "혹 네가 내게 말하기를 그러면 하나님이 어찌하여 허물하시느냐 누가 그 뜻을 대적하느냐 하리니 이 사람아 네가 누구이기에 감히 하나님께 반문하느냐 지음을 받은 물건이 지은 자에게 어찌 나를 이같이 만들었느냐 말하겠느냐 토기장이가 진흙 한 덩이로 하나는 귀히 쓸 그릇을, 하나는 천히 쓸 그릇을 만들 권한이 없느냐"(롬 9:19-21).

성경은 여기서 인간이 아니라 하나님의 자유 의지에 호소한다. 피조물의 권리가 아니라 창조주의 권리에 호소하는 것이다.

스스로 토기장이라 자처하셔서 우리를 진흙으로 부르신다고 단순히 '하나님 놀이'를 하신다고 오해해서는 안 된다. 우리는 하나님이 하나님 연기를 하시는 것이 아님을 기억해야 한다. 하나님은 이미 하나님이시기 때문이다.

> 성경은 우리의 선택이 실제적이고 의미 있다라고 전제한다. 다시 말해 우리의 선택이 하나님께 중요하므로 우리에게도 중요하다

우리의 사법 제도는 사람들이 각기 자신의 선택에 책임을 지도록 한다. 변호사는 "이 사람은 그 여자를 죽일 수밖에 달리 선택권이 없었습니다"라고 변호하는 것이 아무 설득력이 없음을 안다. 결정론을 주장하는 것은 도덕적으로 가증스러울 뿐 아니라 논리적으로도 부조리하다.

자녀의 스포츠 시상식에 참석했는데 누군가가 "올해는 최고상이 없습니다. 다른 사람들보다 열심히 노력한 사람들은 원래 그렇게 하도록 정해져 있었기에 선택의 여지가 없었습니다"라고 말한다면 무슨 생각이 들겠는가?

이 문제는 함의하는 바가 매우 크다. 선택을 할 능력이 없다면 구태여 인생에 대해 고민할 이유가 어디 있겠는가? 회개가(혹은 회개하지 않음이) 전적으로 우리 통제 밖에 있다면 죄를 회개하려 애쓸 필요가 어디 있겠는가? 말씀을 읽고 기도하고 교제를 위해 애쓰고 유혹에 맞서는 선택이 나의 선택이 아니라면 그리스도를 닮아가며 성장할 수 있는 방법은 어디 있겠는가?

이런 문제에 대해 나와 의견을 같이하는 알미니안주의자들은 인간 선택에 대응하는 또 다른 면을 기억해야 한다. 성경은 '예정하셨다'는 단어를 실제로 사용한다(행 4:28 ; 롬 8:29-30 ; 엡 1:5,11). 하나님의 예정하심을 반대하는 사람들은 "내가 성경적인 예정 교리를 반대하

는 것은 아닌가?" 하고 질문해 보아야 한다. 앞에서 언급했지만 알미니안주의자들 역시 예정 교리가 있다. 하지만 그것이 성경적 증거와 전적으로 일치하는지 자문해 보아야 한다.

### 인간의 의지가 좌절될 수 있다는 것은 인간의 의지가 자유롭기 때문이다

창세기 3장 1-7절은 타락 기사를 직접적으로 소개하고 있으며 신약 역시 액면 그대로 이 이야기를 받아들인다(롬 5:12-21). 불순종을 선택한 최초의 행위가 있었고, 이것은 하나님이 인간에게 자유 의지를 허락하셨기 때문에 가능했다.

기독교 신학에서 하나님이 무엇인가 정하시는 것을 '그분의 작정'이라 부른다. 하나님의 작정에는 직접적 작정과 허용적 작정이 있다. 그리스도의 성육신은 직접적 작정인 반면, 아담과 하와의 타락은 간접적 혹은 허용적 작정에 해당한다. 하나님은 성육신을 직접 일어나도록 만드셨지만 죄가 들어오도록 만들지 않으셨다. 성육신은 단순히 허용하신 것이 아니라 작정하셨다. 허용과 일으키심(causation)은 같지 않다. 그러나 하나님은 허용하신 죄와 일으키신 성육신을 모두 작정하셨다.

누군가는 하나님이 모든 것을 '결정하신다'고 말할 때, 성육신을 직접 주신 것처럼 혹은 태양이 뜨게 하시는 것처럼 하나님이 직접적으로 개입해서 악이 생기도록 하신다는 의미로 이 말을 사용한다. 어떤 이들은 동일한 용어를 사용하지만 하나님이 절대 죄를 조성하시는 죄의 제공자가 아니라고 본다. 인간 마음의 성향을 아시는 하나님은 그들의 환경을 통제하셔서 자유롭게 내린 그들의 결정으로 그분의 예정하신 계획을 이루도록 하신다. 이것이 하이퍼 칼빈주의자와 주류 칼빈주의 혹은 양립 가능론자들의 한 가지 다른 점이다.

아담과 하와는 자유 의지로 하나님께 순종할 수도 불순종할 수도 있었다. 불순종하기 전까지 기간이 어느 정도인지 모르겠지만 처음에 그들은 순종하는 선택을 했다. 실제적이고 의미 있는 선택을 하도록 하나님이 허락하셨음을 믿지 않는다면, 우리는 에덴 동산에서 일어난 일을 제대로 이해할 수 없다.

### 진정한 사랑에는 의미 있는 선택이 필수적이다

사랑은 여러 가지로 정의할 수 있다. 사랑을 "타인을 향해 개인적인 애정과 믿음이 지속적으로 성장하는 심오한 감정"이라고 정의한다고 생각해 보라. 사랑을 다르게 정의한다 하더라도 자유가 없다면 의미 있고 쌍방향적 관계라는 의미의 진정한 사랑이 존재할 수 있겠는가?

위협이나 마약이나 최면으로 아내가 강제로 나를 사랑하도록 만들 수 있다고 생각해 보라. (이런 방법을 내가 실제로 사용한 적은 없다.) 첫째, 이것은 용어상 이미 모순적이다. 아내가 하는 '사랑의' 말과 행동은 허상에 지나지 않을 것이다. 나는 아내가 강제로 나를 사랑하도록 만들고 싶지 않고, 혹여 그런 일이 있더라도 그런 '사랑'은 사랑이 아니다. 나는 그녀가 자발적으로 나를 사랑하기를 원한다. 사랑은 사랑하지 않을 자유를 필요로 한다.

하이퍼 칼빈주의는 이런 점에서 치명적 약점이 있다. 하나님이 강압적인 결정론으로 사람들이 그분을 사랑하도록 '만드신다'면, 이른바 그 사랑이 하나님께 어떤 의미가 있겠는가?

자발적인 사랑이라 해도 단순한 의무감 이상의 것이어야 한다. 존 파이퍼의 글을 각색한 한 가지 예화를 소개하고자 한다.[5] 결혼 기념일에 남편이 아내를 위해 아름다운 꽃다발을 준비해 집으로 간다고 생각해 보자. 현관 문을 열고 들어오는 남편을 본 아내가 감탄하며 "여보, 꽃이 정말 아름다워요. 고마워요!"라고 말한다. 남편은 바로 "별것 아니오. 남편으로서 당연한 의무요"라고 말한다.

아내가 이런 종류의 '사랑'을 어떻게 받아들이리라 생각하는가? 장담하건대 썩 달가운 표정은 아닐 것이다. (그렇다고 집에서 시도해 보지는 마라!) 사람들은 마음에서 우러나오는 사랑을 원한다.

하나님도 이런 사랑을 가치 있게 생각하지 않으시겠는가? 물론 그분은 우리의 사랑이 필요하지 않으시다. 하지만 그분이 중요하게 생각하시는 사랑이 바로 이런 사랑이다.

"스텝포드 와이프"라는 영화에서 남편들은 남편이 원하면 무엇이든 다 한다는 의미에서 '완벽한' 아내를 프로그램한다. 그러나 남자들이 진정 원하는 것은 어려움이 따르더라도 자기 의사에 따라 반응하는 진짜 사람과의 관계이다. 아내가 "고마워요", "사랑해요"라고 말해 주거나 남편의 농담에 웃어 주고 키스를 해 줄 때 진정성이 보이기를 원한다. 로봇의 사랑이나 프로그램된 사랑은 값싸고 공허할 뿐 사실 사랑이라고 할 수도 없다. 우리가 그 차이를 알 수 있다면 하나님은 당연히 더 확실히 아실 것이다.

인간의 선택을 믿는다고 고백하지만, 세세한 모든 부분까지 인간의 생각과 행동을 완벽하게 통제하시는 하나님을 인정한다는 사람들의 주장은 바로 이런 점이 우려된다. 하나님의 주권에 대한 그들의 주장을 대부분 받아들이지만 그 주장의 논리적 결론을 보면 성경에서 확인할 수 없는 그림이 도출된다. 내가 아는 하나님은 우리가 그분의 능력을 힘입어 그분을 순전하게 사랑하기를 원하신다. 이 하나님은 자신에 대한 우리의 반응을 철저히 프로그램화하시거나 지시하시는 분이 아니다. 일방적으로 프로그램되거나 지시받는 사랑이 진정한 의미에서 사랑이라 할 수 있는가?

### 미숙한 선택이 가능하지 않다면 '우리'라는 존재는 없을 것이다

선택의 문제에 대해 생각하다 보면 "인디아나 존스: 최후의 성전"이라는 영화가 떠오른다. 한 악당이 불로장생하게 해 준다는 잔을 들어 마시고 피부가 녹아내려 해골이 된 후, 한 줌 먼지가 되어 사라진다. 그때 성배의 수호자가 "엉터리 선택을 했군"이라고 말한다. 우리가 하는 선택은 대부분 중요하지 않은 소소한 것이지만 영생의 참 근원에 대한 우리의 선택은 우리의 운명을 좌우한다.

교회에서 십대들과의 대화 시간에 한 학생이 내게 이렇게 물었다.

"왜 하나님은 우리 스스로나 다른 사람을 해치려고 할 때 그것을 저지하시지 않나요?"

나는 지역 테니스 토너먼트 대회에서 코치를 해 주었던 두 학생을 바라보았다.

"리안과 스테판이 스스로에게 해가 될 선택을 일절 하지 못하게 막을 힘이 내게 있다고 생각해 봐요. 그리고 누구도 리안과 스테판에게 해로운 짓을 하지 못하도록 막을 힘이 내게 있다고 생각해 보아요. 그 힘을 사용해야 할까요?"

많은 아이들이 고개를 끄덕였다. 아이들이 원하는 대답은 뻔했다.

"하지만 그게 그렇게 간단한 문제가 아니에요. 나는 스테판과 리안을 개성과 능력과 특성을 지닌 개인으로 존중합니다. 두 사람의 정체성은 근본적으로 책임이 따르는 선택을 할 능력에서 찾을 수 있어요. 스테판과 리안이 잘못된 결정을 하지 않도록 일일이 간섭하고 중단시킨다면 결과적으로 두 사람을 보호하지 못하고 말 거예요. 악과 고통에서 구하겠지만 두 사람은 자유를 잃을 것이고 성숙해질 기회가 사라지겠지요. 더 이상 내가 소중히 여기는 사람들이 아니겠지요."

실제로 하나님이 우리가 서투른 선택을 하지 못하도록 보호하신다면 '우리'라는 존재가 없으므로 우리를 보호하지 못하게 될 것이다. 그것은 너무 큰 대가를 치르지 않는가?

### 천국에 가거나 부활하면 자유 의지를 가지더라도 죄를 지을 가능성이 사라진다

어떤 사람들은 에덴 동산에서 인간이 진정한 자유를 누리기 위해 악을 선택할 능력을 갖는 게 필수적이었다면, 천국에는 자유 의지가 없거나 다시 죄를 짓든지 둘 중 하나일 것이라고 주장한다.

죄가 없는 환경이라고 죄의 가능성이 사라지는 것은 아니다. 아담과 하와가 이 사실을 입증했다. 사탄 역시 죄를 짓기 전에 완벽한 환경에서 살던 선한 존재였다. 그러므로 천국의 완전성 자체가 미래에 죄가 사라질 가능성을 보장하지 않는 것으로 보인다.

그러나 성경은 분명하다. 우리가 천국에서 선택의 자유를 누리더라도 죄를 지을 위험이 없다는 것이다. 그리스도께서는 새 땅에는 "다시는 사망이 없고 애통하는 것이나 곡하는 것이나 아픈 것이 다시 있지 아니하리니"(계 21:4)라고 약속하셨다. "죄의 삯은 사망"(롬 6:23)이기 때문에 더 이상 죽음이 없으리라는 약속이 이루어지려면 더 이상 죄도 없어야 한다.

도래할 새 땅에 대한 주님의 말씀이 담긴 요한계시록 21장 4절의 마지막 부분을 생각해 보라.

"처음 것들이 다 지나갔음이러라."

옛 질서가 사라지면 또다시 타락할까 두려워할 필요가 없다.

성경은 그리스도께서 단번에 죽으심으로 죄를 해결하셨고 다시는 죽을 필요가 없다고 강조한다(히 9:26-28, 10:10 ; 벧전 3:18). 천국에서는 우리가 하나님의 의를 소유하게 되고 따라서 하나님처럼 범죄하지 않게 된다. 하나님은 범죄하실 수 없는 분이다. 그리스도는 그 피로 우리가 영원히 죄를 짓지 않을 능력을 사주셨다.

"그가 거룩하게 된 자들을 한 번의 제사로 영원히 온전하게 하셨느니라"(히 10:14).

영원히 온전하게 되기 위해서는 절대 다시는 죄를 짓지 않아야 한다.

부활하기 전까지 거하는 현재의 천국에서도 사람들은 죄를 지을 수 없다. "온전하게 된 의인의 영"이기 때문이다(히 12:23). 결국 우리는 '썩지 아니할 것'으로 부활할 것이다(고전 15:52). '썩을 수 없다'(Incorruptible)는 것은 '썩지 않는'(uncorrupted)보다 강한 단어이다. 천국에서 우리는 참 자유를 누리지만 그 자유는 절대 죄를 짓지 않는 의로운 자유이다. 그리스도는 죽음으로 건져내신 바로 그 죄에 우리가 다시 취약해지도록 두고 보시지 않을 것이다(롬 4:25). 우리의 의는 영원히 의로우신 그리스도께 받은 것이므로 절대 잃을 염려가 없다(롬 5:19).

인간의 자유와 관련해 이것은 무엇을 의미하는가? 주권자 하나님이 그리스도 안에서 의도하신 대로 우리가 변화되면 그분을 온전히 보게 되고 죄를 비롯한 모든 것을 가감 없이 보게 될 것이다. 하나님은 구태여 죄를 짓지 않도록 억제하실 필요가 없으실 것이다. 폴 헬름은 "천국의 자유는 죄로부터의 자유이다. 단, 단순히 죄로부터 자유로워지는 것이 아니라 죄를 지을 수 없도록 변화되는 것이다. 죄를 지을 마음이 사라지는 것이다"[6]라고 말했다.

반면에 완전히 의로운 선택을 하게 될 날을 고대하면서 하나님은 우리를 위한 새 하늘과 새 땅을 준비하실 뿐 아니라 우리 믿음과 고난과 성숙으로 우리를 그곳에 걸맞게 준비시켜 가시고 있다(벧후 3:11-14).

성경에서 하나님은 피조물에게 선택의 자유를 허락하시는 동시에 주권자로서 통치하시는 분이다

앨빈 플랜팅가의 '자유 의지 변호'[7]는 타락한 세상에서 우리 선택의 본질을 이해할 수 있는 한 가지 해결책이다. 플랜팅가는 이렇게 말했다.

> 다른 조건이 모두 다 같다면, 의미 있는 자유를 가진 (악한 행위보다 선한 행위를 자유롭게 더 많이 행하는) 피조물이 있는 세계가 자유로운 피조물이 전혀 없는 세계보다 더 가치가 있다. 하나님은 자유로운 피조물을 창조하실 수 있지만 그들이 옳은 일만

하도록 결정하시거나 만드실 수 없다. 그렇게 하실 경우, 그들은 결국 의미 있는 자유를 누리는 존재가 아니기 때문이고 자유롭게 옳은 일을 하지 못하기 때문이다. 그러므로 도덕적 선이 가능한 피조물을 창조하기 위해서는 도덕적 악이 가능한 피조물을 창조하셔야 한다. 그리고 이 피조물에게 악을 행할 자유를 주지 않은 상태에서 동시에 그들이 그 악을 행하지 못하게 막을 수는 없다. 알겠지만 너무나 비극적이게도 하나님이 창조하신 자유로운 피조물 중에 그 자유를 그릇된 방향으로 행사하는 이들이 있었다. 이것이 도덕적 악의 원인이다.[8]

많은 사람이 자유 의지 논쟁으로 악의 문제에 대한 최선의 해답을 얻을 수 있다고 생각하지만, 나는 선택에 대한 인간 자유의 가치만으로는 온 세상의 고통과 악의 문제가 다 해결될 수 없다고 본다.

더 큰 선을 위한 것이라는 또 다른 접근법은 성경에 직접적 근거가 있기 때문에 더 설득력이 있다(롬 8:18 ; 고후 4:17). 실제로 그리스도와 같은 성품을 함양한다는 이유만으로도 악과 고통의 문제가 충분히 설명될 수 있을지 모른다. 영원히 찬양받으실 하나님의 구속하신 은혜 역시 마찬가지이다.

그러나 의미 있는 선택이 없이 더 큰 선을 위하는 것이라는 논증 자체가 성립될 수 있는가? 의미 있는 선택을 할 수 없는데 하나님과 의미 있는 관계를 누릴 수 있는가? 성경의 가장 중요한 명령은 온 존재를 다해 하나님을 사랑하는 것이다(마 22:37). 의미 있는 선택을 할 수 없어도 그것이 가능한가?

다시 말해, 성경에서 하나님은 아주 거대하고 지혜롭고 전능하시기 때문에 천사들과 인간들에게 의미 있고 실제적인 선택의 자유를 허락하실 수 있다. 또한 한계가 있기는 하지만 그들이 자유롭게 행동하게 하시되 그분의 주권적 계획은 방해받지 않고 심지어 그들의 불순종까지 이용하셔서 그분의 주권적 계획을 이루실 수 있다.

하나님은 죄에 절대 굴복하지 않는 세상을 얼마든지 만드실 수 있었다. 물론 그랬다면 타락도 없었을 것이다. 하지만 그랬더라면 하나님의 구원얻는 은혜의 계시도, 구속도 없었을 것이다. 하나님이 선택의 자유를 주셨기에 그리스도의 성육신과 부활을 비롯한 구속 사역과 자기 자녀들을 다시 살리시고 우주를 재창조하시고자 재림하시는 일이 가능해진 것이다.

선택은 희비가 엇갈리는 선물이다. 천국에 있는 사람들은 죄나 정죄의 두려움이 없으므로 선택의 자유를 누린다는 사실을 언제나 감사하겠지만, 지옥에서는 그 자유를 다른 식으로 행사하지 못한다는 사실을 영원히 후회할 것이다.

---

주

장이 시작할 때 나오는 두 번째 글은 J.I. 팩커의 Evangelism and the Sovereignty of God(Downers Grove, IL: InterVarsity, 1961), 40쪽에서 인용함.

**1.** 잭 코트렐, What the Bible Says About God the Ruler(Eugene, OR: Wipf and Stock, 2000), 217쪽.
**2.** 악과 고통의 문제에 대해 자세히 알고 싶다면 필자의 If God Is Good(Colorado Springs,CO: Multnomah, 2009)나 소책자로 된 The Goodness of God(Colorado Springs,CO: Multnomah, 2010)을 참고하라.
**3.** The Complete C.S. Lewis Signature Classic(New York: HarperCollins, 2002), 565쪽에 수록된 C.S. 루이스의 The Problem of Pain.
**4.** 피터 반 인와겐, Christian Faith and the Problem of Evil(Grand Rapids, MI: Eerdmans, 2004), 71쪽.
**5.** 존 파이퍼, "Worship: The Feast of Christian Hedonism", Desiring God, 1983년 9월 25일, www.desiringgodorg/sermons/worship-the-feast-of-christian-hedonism.
**6.** 폴 헬름, The Last Things(Carlisle, PA: Banner of Truth, 1989), 92쪽.
**7.** 앨빈 플랜팅가, God, Freedom, and Evil(Grand Rapids, MI: Eerdmans, 1974).
**8.** 앨빈 플랜팅가, 위와 동일, 30쪽.

8장

하나님의 주권과 인간의 선택은
조화롭게 역사한다

"이제는 나 곧 내가 그인 줄 알라 나 외에는 신이 없도다
나는 죽이기도 하며 살리기도 하며 상하게도 하며 낫게도 하나니
내 손에서 능히 빼앗을 자가 없도다."
신명기 32장 39절

"내가 왜 여기 있는지 나는 알아요. 혼신을 다하는 나의 유일하고
실제적인 목표는 매일을 충만하게 사는 것이고
하나님께 영광을 돌려드리며 다른 이들에게 힘이 되는 것이랍니다.
미래는 든든한 주님의 손에 있으니 전 정말 행복합니다."
켄 헨슬리

하나님의 주권과 인간의
선택은 조화롭게 역사한다

나는 수중 사진을 찍느라 하나님이 만드신 바다 밑 세상을 누비며 보낸 시간만 족히 수백 시간이 넘는 것 같다. 거대한 바다 거북들이 '청소 정류장'(cleanig station)에서 가만히 대기하면, 형형색색의 여러 물고기가 자기보다 50배에서 100배까지 큰 이 생물에게 다가와 외과의사처럼 정교하게 기생충과 조류를 떼내는 모습이 신비로워 한없이 바라보기도 했다. 거북은 작은 물고기들을 힘들이지 않고 낚아챌 수 있지만 그렇게 하지 않는다. 그 물고기들과 서로 상부상조하는 것을 알기 때문이다. 마찬가지로, 새우 청소부들도 자신을 통째로 삼켜버릴 수도 있는 무서운 뱀장어의 입 속으로 겁없이 들어간다. 하지만 뱀장어 역시 새우들을 건드리지 않는다. 하나님은 이렇게 가능하지 않을 것 같은 생물들이 공생 관계를 이루도록 만드셨다.

하나님의 주권과 인간의 선택 역시 도무지 어울리지 않을 듯한 조합이다. 하나님의 주권은 인간의 선택을 통째로 삼켜버릴 것 같다. (일부 세계관에서는 실제로 그런 일이 생긴다.) 그러나 성경을 보면 하나님은 우리가 필요하지 않으심에도 위대한 그분의 뜻이 우리의 작고 보잘것없는 의지와 상호 협력하도록 허락하시고 공생의 조화를 이루도록 하신다. 어떤 면에서 이 관계는 우리가 일방적인 수혜자로 보일 수도 있다. 그러나 우리가 필요하지 않으셔도 우리를 사랑하시는 하나님 역시 놀랍게도 이 관계에서 기쁨을 얻으신다.

"여호와께서 네 조상들을 기뻐하신 것과 같이 너를 다시 기뻐하사 네게 복을 주시리라"(신 30:9).

"내가 기쁨으로 그들에게 복을 주되"(렘 32:41).

"너의 하나님 여호와가 너의 가운데에 계시니 그는 구원을 베푸실 전능자이시라 그가 너로 말미암아 기쁨을 이기지 못하시며 너를 잠잠히 사랑하시며 너로 말미암아 즐거이 부르며 기뻐하시리라"(습 3:17).

### 하나님의 자유와 인간의 자유는 대양을 항해하는 배에 비유할 수 있다

어떤 비유든 미흡한 감이 있지만 '대양을 항해하는 배의 비유'는 조금씩 변형하면 다양한 관점을 반영할 수 있다.

강한 결정론자는 인간이 자유롭게 선택하며 배 위를 걸어다니는 것처럼 보이지만, 실제로는 어떤 참된 자유도 없이 미리 프로그램된 로봇에 지나지 않는다고 본다. 갑판을 치울 운명을 타고난 사람들도 있고 엔진 기관실에서 벗어나지 못하는 사람들도 있다. 어떤 사람들은 호화로운 객실에서 여유를 즐기는 반면, 어떤 사람들은 돈이 없어 남의 지갑을 훔친다. 허용하심은 없다. 일일이 지시대로 움직인다. 의미 있는 인간 선택은 착각일 뿐이다.

극단적인 자유 의지론자는 완전히 자유롭게 배를 돌아다닐 수 있고 원하면 무엇이든 할 수 있을 뿐 아니라 배에서 내려 직접 선장이 되고 원하는 항구는 어디든 갈 수 있다고 생각한다.

양립 가능론자들과 온건한 자유 의지론자들은 승객이 배 위를 돌아다닐 수 있고 언제 어디서 무엇을 먹을지 선택할 자유가 있으며 다른 사람을 친구로 받아들일지 거부할지, 악의로 대할지 선의로 대할지 택할 수 있다고 말한다. 양립 가능론자들은 자유 의지론자들보다 승객의 자유가 더 제한적이라고 볼 것이다. 선장은 일정한 제약을 강제할 수 있다. 죄의 예속 상태는 승객들에게 접근 금지 구역이 있는 것처럼 여러 장애물이 있는 것에 비유될 것이다.

승객은 배의 항로를 변경할 결정권이 없다. 항로를 변경하는 결정은 선장이자 배의 주인이 내린다. 하지만 인간 선장과 달리 하나님은 날씨를 주관하시며 어디에 빙산이 있는지 정확히 아신다. 원하시는 시기에 원하시는 항구로 배를 정확히 이끌어 가실 수 있다.

불신자나 신자나 모두 하나님의 통치 아래 살되 실제적인 선택을 할 수 있는 승객이라 할 수 있다. 선장과 식사를 할 수도 있고 자발적으로 섬길 수도 있다. 또 반란을 일으킬 수도 있고 실제로 잠시나마 우리 뜻대로 항로를 변경하는 것처럼 보일 수도 있다. 그러나 결국은 불발로 그칠 것이다. 배의 주인이자 선장은 소위 전능한 존재이다. 배가 예정된 목적지에 도착하면 우리는 우리 행동에 대해 책임을 지게 될 것이다.

A.W. 토저 역시 배의 비유를 사용해 이렇게 말했다.

"이 땅에서 자유와 주권은 공존하며 서로 부정하지 않는다. 인간의 자유와 하나님의 주권 역시 마찬가지라고 생각한다. 하나님의 주권적 계획이라는 강력한 배가 역사의 바다로 흔들림 없이 안정적으로 항해한다. 하나님은 창세 전에 그리스도 예수 안에서 작정하신 영원한 그 계획을 조금도 흔들림 없이 방해받지 않고 성취해 나가신다."[1]

### 하나님의 선택은 우리의 일상 생활 속에서 우리의 선택과 맞물려 작동된다

1646년의 웨스터민스터 신앙 고백은 하나님의 뜻과 인간의 뜻을 모두 확증한다.

하나님은 영원 전부터, 자기 자신의 뜻으로 세우신 지극히 지혜롭고 거룩한 계획에 따라 일어날 모든 일을 원하시는 대로 변치 않게 정하셨다. 그러나 그 때문에 하나님께서 죄의 창시자가 되신다거나 피조물의 의지가 강압되거나 하지 않는다. 또한 제 2원인들의 자유나 우발성은 제거되지 않고 오히려 보장된다.[2)]

하나님의 뜻은 일차적이고 우리의 뜻은 이차적이다. 하지만 두 뜻 모두 실제적이며 결과가 따른다. 하나님의 선택의 우선성이나 우리의 선택의 가치를 부정하면 기독교 신앙을 부정하게 된다.

이신론은 기독교적 세계관은 아니지만 주권과 선택이라는 논증과 관련이 있다. 나는 선택하시고 행동하시는 하나님이라는 측면에서 성경적 세계관을 이신론과 대조하는 방식으로 설명하되 선택하고 행동하는 인간이라는 측면과 상호 관련시켜 설명해 보고자 한다.

이신론

| 하나님은 세상을 어느 한 시점에 창조하셨으나 유기하셨다 | 피조물의 선택과 자연이 모든 것을 결정한다 |
|---|---|
| ● | 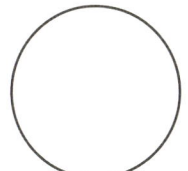 |

이신론자라는 용어에 익숙하지 않더라도 실제로 이신론자는 너무나 많다. 그들은 하나님이 우주를 창조하셨음을 인정하지만 하나님의 주권은 물론이고 그분이 이 세상에 영향력을 행사하신다는 것도 인정하지 않는다. 또한 천사의 존재도 인정하지 않는다. 오직 이 세상에서 의미 있는 유일한 선택은 인간의 선택이라고 생각한다.

　그들은 하나님이 세상을 만드신 후, 더 중요한 일에 집중하시고자 시계처럼 태엽을 돌려 이 우주가 저절로 돌아가도록 하셨다고 생각한다. 우리 스스로 생존하도록 방치하신 것이다. 우리는 선택하는 능력을 발휘해 스스로를 보호해야 한다. 이신론의 하나님과 우리가 손을 잡고 걸어가는 일은 없다. 이신론의 철학은 '수수방관'(hands off)이기 때문이다. (제우스가 존재하지 않는 것처럼 이신론의 하나님은 사실상 존재하지 않는다는 것을 기억하라. 그는 성경의 참되신 하나님과는 너무나 다른 인간 상상력의 산물이다.)

　세상에는 다신론자, 범신론자, 그 외 여러 유신론자가 있지만 대부분 유일신론자들은 최소한 이론적으로나마 세상사에 적극 개입하는 신을 믿는다. 이신론의 신과 철저히 대비되는 성경의 하나님은 이 세상에 역동적으로 개입하셔서 이 세상을 유지하실 뿐 아니라 섭리로 다스리시며 기적으로 개입하시고 의도적인 조치를 취하심으로 그 계획을 이루신다.

　소위 극단적 자유 의지론자들은 하이퍼 결정론(하이퍼 칼빈주의)과

정반대의 위험을 안고 있다. 하나님을 일반적인 신으로 볼 뿐 아니라 결국 이신론적으로 인생을 바라보기 쉽다. 여기서 하나님은 자기 백성들의 마음속에 계시지만 세상사에 적극 개입해서서 영향을 미치시거나 피조물의 선택을 적극적으로 인도하시지 않는다. 귀신들과 다른 사람들의 선택으로 내 인생이 영향을 받는다 해도 하나님은 상관하시지 않는다. 모든 일이 통제 불능 상태에 있는 것처럼 그리스도께서 오실 때까지 세상을 수수방관하신다. 우리는 하나님께 개입해 주시도록 구할 수 있지만, 인간의 선택의 자유와 자연 질서를 신성하게 생각하시는 하나님이 흔쾌히 응답해 주실 리 없다.

### 성경은 처음부터 인간의 선택에 대한 이야기를 들려준다

성경은 인간의 선택이든 하나님의 선택이든 선택이라는 단어를 수백 번이나 사용한다. 인간 선택을 부정하는 것은 하나님의 형상을 지닌 자로서 우리의 본성을 부정하는 것이다.

하나님은 의미 있는 선택을 하시며 절대적으로 올바른 선택을 하시는 지성적 존재이시다. 우리 역시 의미 있는 선택을 하는 지성적 존재이지만 옳은 선택도 하고 그른 선택도 할 수 있다. 우리의 선택은 하나님의 선택과 비교하면 그 영향력이 훨씬 미미하지만 그럼에도 중요하다.

인간은 타락으로 올바른 선택을 할 수 있는 능력이 손상되었고 그 이후로 도덕적으로 급격한 내리막길을 걷게 되었다.

"여호와께서 사람의 죄악이 세상에 가득함과 그의 마음으로 생각하는 모든 계획이 항상 악할 뿐임을 보시고"(창 6:5).

그럼에도 구약에서 하나님은 자기 백성들에게 올바른 선택을 하라고 꾸준히 요청하신다. 이런 구절들은 대부분 그분의 도우심으로 이런 선택이 가능하다고 전제한다. 하나님은 이스라엘에게 "내가 오늘 하늘과 땅을 불러 너희에게 증거를 삼노라 내가 생명과 사망과 복과 저주를 네 앞에 두었은즉 너와 네 자손이 살기 위하여 생명을 택하고"(신 30:19)라고 말씀하셨다. 나중에 하나님의 대변자인 여호수아는 그들에게 "너희가 섬길 자를 오늘 택하라 오직 나와 내 집은 여호와를 섬기겠노라"(수 24:15)고 말했다. 이스라엘이 "우리에게는 하나님을 선택할 힘이 없다"고 항변했더라면 여호수아는 아마 "그렇다. 너희들 스스로는 안 된다. 하지만 그분을 섬기라고 명령하신 하나님은 그렇게 할 힘도 주실 수 있다. 그분에게 도움을 구하라"고 대답했을 것이다.

하나님의 백성들이 거짓 신을 택하자 무능한 그 신들과 싫어도 살 수밖에 없을 것이라는 경고를 받는다.

"가서 너희가 택한 신들에게 부르짖어 너희의 환난 때에 그들이 너희를 구원하게 하라"(삿 10:14).

예수님은 마르다에게 "마리아는 이 좋은 편을 택하였으니 빼앗기지 아니하리라"(눅 10:42)고 말씀하셨다. 예수님의 발치에 앉기를 선택한 마리아의 선택은 현명했다. 예수님은 마르다에게 같은 선택을 하라고 권고하셨다.

성경 인물들은 종종 여러 선택을 했다. 성경에서는 '선택하다'나 '선택'이라는 단어가 구태여 사용되지 않더라도 선택의 행위가 이루어지는 경우들이 곳곳에 있다. 성경을 무작위로 펼치고 읽어 보면 누군가가 선택하고 있는 장면을 보게 될 것이다. 영감을 받은 저자가 하나님과 그분의 길에 대해 이야기하는 성경 본문 역시 저자의 선택 행위를 전제한다.

우리는 하나님을 경외하는 선택을 해야 한다(잠 1:2). 솔로몬은 아들에게 "포학한 자를 부러워하지 말며 그의 어떤 행위도 따르지 말라"(잠 3:31)고 교훈했다. 모세는 "도리어 하나님의 백성과 함께 고난 받기를 잠시 죄악의 낙을 누리는 것보다 더 좋아하고"(히 11:25)라는 칭찬을 들었다.

하나님은 모든 계획의 실행 과정을 결정하시지만 또한 우리에게 소소한 수준의 선택을 허락하신다. 선택이 결정 능력이 아니면 무엇인가? 그 능력이 결여된다면 '양립 가능론'이라는 용어는 성립될 수 없다. 실제적인 피조물의 선택이 없다면 신적 결정론과 양립할 수 있는 것은 없다. 가령, 하나님은 아담과 하와에게 짐승들의 이름을 짓는 일을 맡기셨다. 하나님은 우리에게 제한적이지만 결정권을 주권적으로 허락하셨다.

### 많은 성경 구절이 하나님의 선택의 자유를 강조한다

하나님을 선택의 주체로 생각하지 않을 때가 종종 있지만 하나님 되심의 핵심과 내용이 바로 선택이며 그 형상으로 만들어진 우리가 선택을 내리는 존재인 것도 그 이유이다.

신명기에서 "여호와께서 택하시다"라는 구절이 일곱 번 등장한다. 하나님은 이스라엘에게 "네 하나님 여호와께서 지상 만민 중에서 너를 자기 기업의 백성으로 택하셨나니"라고 말씀하셨다. 그리고 "여호와께서 너희를 기뻐하시고 너희를 택하심은 너희가 다른 민족보다 수효가 많기 때문이 아니니라 너희는 오히려 모든 민족 중에 가장 적으니라"라고 추가 설명을 하셨다(신 7:6-7).

하나님은 "예루살렘을 택하여 내 이름을 거기 두고 또 다윗을 택하여 내 백성 이스라엘을 다스리게 하였노라"(대하 6:6)고 말씀하셨다.

다윗은 "주께서 택하시고 가까이 오게 하사 주의 뜰에 살게 하신 사람은 복이 있나이다"(시 65:4)라고 말했다. 예수님은 열두 제자를 선택하셨다(눅 6:13). 가룟 유다는 제자로 선택되었지만 하나님의 택하심을 받은 백성은 아니었다(요 13:18).

사도들은 스스로 예수님을 선택했다고 생각했을지 모른다. 하지만 예수님은 "너희가 나를 택한 것이 아니요 내가 너희를 택하여 세웠나니"(요 15:16)라고 말씀하셨다.

그분을 따르는 자들에게도 "내가 너희를 세상에서 택하였기 때문에"(19절)라고 말씀하셨다. 하나님의 백성들은 "자기가 택하신 자들"(막 13:20)이다. 예수님은 "청함을 받은 자는 많되 택함을 입은 자는 적으니라"(마 22:14)고 말씀하셨다.

야고보서 2장 5절은 "내 사랑하는 형제들아 들을지어다 하나님이 세상에서 가난한 자를 택하사 믿음에 부요하게 하시고 또 자기를 사랑하는 자들에게 약속하신 나라를 상속으로 받게 하지 아니하셨느냐"라고 말한다. 바울은 "너희는 하나님이 택하사 거룩하고 사랑 받는 자처럼 긍휼과 자비와 겸손과 온유와 오래 참음을 옷 입고"(골 3:12)라고 썼다. 그와 베드로는 하나님이 성도를 선택하신다고 보았다.

"하나님의 사랑하심을 받은 형제들아 너희를 택하심을 아노라"(살전 1:4).

"너희는 택하신 족속이요"(벧전 2:9).

"하나님이 처음부터 너희를 택하사 성령의 거룩하게 하심과 진리를 믿음으로 구원을 받게 하심이니"(살후 2:13).

"창세 전에 그리스도 안에서 우리를 택하사"(엡 1:4).

우리는 우리를 선택해 주신 하나님을 찬양하고 그분께 감사를 드린다. 창세 전에 우리를 선택하시고 죄와 죽음에서 건지셔서 영원한

복락을 누리며 그분과 함께 살도록 하신 하나님의 놀라운 선택을 묵상하는 일은 우리의 마땅한 본분이다.

예수님은 귀신을 쫓아낸 일로 흥분하는 제자들에게 이렇게 말씀하셨다.

"귀신들이 너희에게 항복하는 것으로 기뻐하지 말고 너희 이름이 하늘에 기록된 것으로 기뻐하라"(눅 10:20).

하늘에 우리 이름을 기록한 이는 우리가 아니라 하나님이시다. 하나님이 자격 없는 우리를 그분의 자녀로 선택하신 것은 우리가 기뻐해야 할 가장 강력한 이유이다.

### 하나님의 주권과 의미 있는 선택은 성경에 둘 다 등장한다

D.A. 카슨은 하나님의 주권을 강조하는 성경 구절들을 크게 네 가지 항목으로 구분한다.

1. 하나님은 만물의 창조자시고 통치자시며 소유자시다.
2. 하나님은 일어나는 모든 것의 궁극적인 원인이시다.
3. 하나님은 자기 백성들을 선택하신다.
4. 하나님은 행운이나 성공의 비가시적 근원이시다.[3]

여기에 이어서 카슨은 인간이 자유롭고 책임을 지는 도덕적 주체임을 보여 주는 성경 구절들을 아래 아홉 가지 항목으로 분류한다.

1. 인간은 수많은 하나님의 권면과 명령을 받는다.
2. 인간은 하나님께 순종하고 믿고 선택한다.
3. 인간은 죄를 짓고 하나님께 반항한다.
4. 인간의 죄는 하나님의 심판을 받는다.
5. 인간은 하나님의 시험을 받는다.
6. 인간은 하나님의 보상을 받는다.
7. 선택받은 사람들은 하나님의 결정에 반응할 책임이 있다.
8. 기도는 하나님이 일방적으로 써 주신 대로 읽는 전시용 행위가 아니다.
9. 하나님은 죄인들에게 회개하고 구원받으라고 실제로 호소하신다.[4]

하나님의 주권에 관한 네 가지 항목, 특히 "하나님은 일어나는 모든 것의 궁극적 원인이시다"라는 항목은 자유로운 주체로서 인간에 대한 아홉 가지 항목과 대부분 상충하는 것 같다. 그러나 카슨은 이런 항목들을 언급할 때, 이 내용의 논리적 결론에 근거하지 않고 성경이 실제로 밝히는 내용에 철저히 근거한다.

이런 두 항목은 부분적으로 성경이 스스로 말하게 함으로 얻은 진리라는 점에서 의미가 있다. 개인적으로 나는 카슨의 이 요약이 정확하며 모든 세계관 검증에 필요한 성경적 기준으로 이용할 수 있다고 믿는다. 첫 번째 네 가지 항목은 받아들이면서 두 번째 아홉 가지 항목을 받아들이지 않는 태도는 문제가 있다. 또한 아홉 가지 항목은 강조하면서 네 가지 항목을 받아들이지 않는 입장 역시 성경적 세계관으로 함량 미달이다. 하이퍼 칼빈주의는 두 번째 아홉 가지 항목을 인정하지 않는 경향이 있다. 고전적 알미니안주의자, 개방적 유신론자, 자유 의지론자들은 첫 번째 네 가지 항목에 비추어 자신들의 세계관을 검증해 볼 필요가 있다. 양립 가능론자들은 양 명단의 모든 항목과 그들의 세계관이 실제로 부합하고 설명이 되는지 검토해 보아야 한다.

### 하나님의 주권은 인간의 책임과 양립한다

전도서는 "게으른즉 서까래가 내려앉고 손을 놓은즉 집이 새느니라"(10:18)고 말한다. 잠언 20장 4절은 "게으른 자는 가을에 밭 갈지 아니하나니 그러므로 거둘 때에는 구걸할지라도 얻지 못하리라"고 말한다. 이 두 구절은 서까래가 내려앉거나 집이 샌다고 그것을 하나님의 주권 탓이라고 말하지 않는다. 그 책임은 게으른 사람 본인에게 있다고 지적한다. 주권자 되신 하나님은 이런 일을 충분히 막으실 수 있더라도 우리가 직접 하기를 원하시기에 나서지 않으신다.

학생이 공부를 하지 않거나 수업에 늦지 않게 알람 시계를 맞추어 놓지 않는 것은 하나님을 신뢰하는 행동이 아니다. 무책임한 것이다. 하나님의 주권을 믿더라도 밤에 문단속을 해야 한다.

느헤미야서는 예루살렘 재건을 위한 하나님의 주권적 계획을 기록한다. 그러나 성벽 재건 작업을 반대하는 수많은 적들을 막아내기 위해 철저히 준비하고 전략적으로 인력을 배치하는 느헤미야의 모습을 계속해서 보여 준다.

> "우리가 우리 하나님께 기도하며 그들로 말미암아 파수꾼을 두어 주야로 방비하는데"(4:9).

그들은 하나님의 주권을 인정하며 도우심을 구했지만 또 현명하게 처신해야 하는 책임을 인정하고 경비를 세웠다.

"주님, 우리를 지켜 주소서"라고 기도하고 안전 벨트를 매는 것은 상호 모순된 행동이 아니다. 치유를 위한 기도와 의학적 치료 행위가 상충하지 않는다. 칼 세이건은 "콜레라 희생자를 위해 기도할 수도 있고 열두 시간마다 항생제 500mg을 투여해 줄 수도 있다"[5]고 말한다. 우리는 이 두 행위 중 왜 하나를 선택해야 하는가? 신자들은 환자에게 약을 주면서 기도하면 실제로 큰 효과가 있다는 사실을 잘 알게 된다.

사도 바울은 그리스도의 복음 전파를 위해 헌신적으로 노력했다.

한번은 다른 사도들을 향해 "내가 모든 사도보다 더 많이 수고하였다"고 말했다. 하지만 바로 "내가 한 것이 아니요 오직 나와 함께 하신 하나님의 은혜로라"고 덧붙였다(고전 15:10). 바울은 하나님의 은혜가 함께 하였기 때문에 더 열심히 수고할 수 있었다. 본질적으로 그는 골로새서 1장 29절 말씀과 같은 말을 하고 있는 셈이다.

"나도 내 속에서 능력으로 역사하시는 이의 역사를 따라 힘을 다하여 수고하노라."

우리는 현실 속에서 힘든 선택을 할 때 하나님의 능력을 의지한다. 하나님의 주권과 의미 있는 인간 선택의 조화에 대한 가장 놀라운 예는 십자가 사건이다.

"나사렛 예수로 … 그가 하나님께서 정하신 뜻과 미리 아신 대로 내준 바 되었거늘 너희가 법 없는 자들의 손을 빌려 못 박아 죽였으나"(행 2:22-23).

초대 그리스도인들은 이렇게 기도했다.

"과연 헤롯과 본디오 빌라도는 이방인과 이스라엘 백성과 합세하여 하나님께서 기름 부으신 거룩한 종 예수를 거슬러 하나님의 권능과 뜻대로 이루려고 예정하신 그것을 행하려고 이 성에 모였나이다"(행 4:27-28).

예정된 하나님의 계획을 저지할 수 있을 만큼 헤롯과 빌라도와 그 외 관련자들의 반대 선택과 행동이 위력적이었겠는가? 당연히 그렇지는 않다.

악인들이 최악의 악을 자행했지만 하나님은 그들이 자유 의지로 선택한 악을 이용해 궁극적 선을 이루도록 하셨다. 그러므로 동일한 사건에 하나님과 사람이라는 두 원인이 작용했다고 볼 수 있다. 그러나 인간 행위자가 하나님의 영원한 뜻에 대해 무지하거나 그 뜻에 저항하더라도 하나님이 인간의 행위를 주도하시며 그분의 뜻을 이루는 데 사용하신다.

"여호와께서 사람의 걸음을 정하시고 그의 길을 기뻐하시나니"(시 37:23).

NASB와 HCSB 성경 버전이 하나님을 대문자로 표현한 방식은 사람의 선택을 기뻐하는 주체가 하나님임을 분명히 알려 주기 때문에 이 논의에 도움이 된다. 하나님은 인간이 올바른 선택을 하면 기뻐하신다. 하나님이 기뻐하시는 실천적 선택을 하는 이는 분명 사람이지만, 그 사람의 발걸음을 정하시고 그 선택이 가능하도록 하시는 이는 하나님이시다.

이제쯤 이런 글을 읽고 또 다른 의문을 갖기보다 하나님의 위대하심에 감사하고 싶은 마음이 생길 것이라 생각된다. 질문이 생기는 것은 자연스럽다. 하지만 우리는 우리보다 그분이 훨씬 더 크시고 위대하신 존재라는 사실에 좌절하는 대신 오히려 그분에 대한 경외감이 북받쳐 올라야 할 것이다.

### 성경은 종종 하나님의 선택과 인간의 선택이 서로 맞물려 있는 것으로 묘사한다

5장에서 선보인 D.A. 카슨의 표[6]처럼 아래의 사선과 박스로 하나님의 선택과 인간의 선택을 표현할 것이다. 하지만 그동안 다룬 내용을 바탕으로 설명을 더 진전시킨 후, 성경의 두 본문을 이용해 이것이 구체적으로 어떻게 적용되는지 설명할 것이다.

카슨은 아래의 A에서 B까지의 거리가 특정한 목적을 달성하기에 필요한 행동을 상징한다고 설명한다. 하나님의 선택과 인간의 선택을 바라보는 한 가지 방식을 소개하면 하나님이 이 목적 달성에 더 많이 관여하시고 인간의 기여는 상대적으로 적다고 보는 것이다.

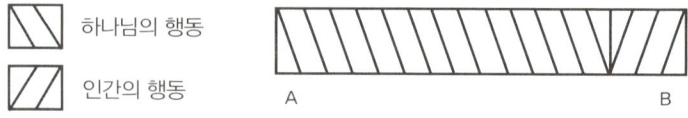

인간의 선택 행위를 인정하면서도 하나님의 주권을 강조하는 성경의 입장을 감안해 카슨은 성경의 내용은 아래 그림과 더 유사하다고 주장한다.

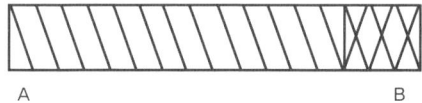

이 설명대로라면 크든 작든 인간의 손에 전적으로 의존하는 하나님의 계획은 조금도 없다. 인간의 행동을 나타내는 선이 여전히 있는 데서 보듯이 인간이 선택이라는 행위로 그분의 뜻을 이루시는데 계속 참여하고 계시고 따라서 이것은 강한 결정론과는 다르다. 그러나 하나님은 부분적으로나마 인간과 파트너십을 유지하시면서도 그분의 주권적 뜻을 이루시고자 인간의 의지에 적극 관여하신다.

여기서 '파트너십'이란 지성이나 힘이나 결단력이 동등하다는 의미가 아니라 단순히 두 존재가 순수하게 협력한다는 의미이다. 무한하신 창조주와 유한하고 또 타락한 존재인 인간과의 파트너십은 어떤 경우라도 절대 동등할 수 없다.

이 개념을 빌립보서 2장 12-13절에 적용해 보자.

| 인간의 행동 ◸ | 하나님의 행동 ◹ |
|---|---|
| "두렵고 떨림으로 너희 구원을 이루라" | |
| | "너희 안에서 행하시는 이는 하나님이시니" |
| | "자기의 기쁘신 뜻을 위하여 너희에게 소원을 두고 행하게 하시나니" |

빌립보서 2장 12-13절은 하나님의 행동과 인간의 행동 중 하나를 선택하지 않고 둘 다가 협력함을 가르친다. 그래서 아래와 같은 그림으로 표시된다.

다시 말해서 아래와 같이 각 입장을 비교해 볼 수 있다.

| '강한 결정론'은 하나님이 모든 일에 개입하신다. | ◹ | 따라서 인간의 의지는 배제되고 오직 하나님의 행동만 있다. |
|---|---|---|
| '자유 의지론'은 하나님의 뜻이 중요하지만 비상 경우가 아니면 인간의 의지에 개입하시지 않는다. 전형적인 '불간섭주의'이다. | ◸ | 따라서 이 입장은 하나님을 믿고 순종하는 것이 우리 자신의 결정이자 개인적 노력의 결과라는 점만 강조한다. |
| '양립 가능론'은 인간의 선택이 실재하며 유의미하지만 하나님 역시 방치하시거나 불간섭하시지 않는다고 주장한다. 하나님은 인간의 의지와 협력하여 그 의지를 독려하시고 변화가 일어나게 하신다. | ⧄ | 따라서 이 입장은 하나님이 그 성령의 역사로 힘을 주셔서 그분을 믿고 순종하도록 해 주신다고 믿는다. 하나님은 우리가 온전히 협력하도록 부르시며 이 협력이 가능하기 위해서는 우리의 노력과 훈련이 필수적이나 우리 자신의 결정이 아니라 그분의 능력과 은혜에 의지해야 한다. |

주의: 위의 양립가능론자들의 입장에 대해 칼빈주의자들과 의견을 같이 하며 이른바 자유 의지론의 입장을 인정하지 않을 알미니안주의자들도 일부 있을

것이다. 이것은 서로가 믿는 신념이 부분적으로는 같지만 또 부분적으로는 다른 사람들의 생각을 대변하기가 녹록하지 않기 때문이다. 중요한 것은 용어가 아니라 내용이다. 어떤 용어를 사용하든 신약에서 묘사된 그리스도인의 삶을 가장 잘 나타내는 것은, 첫 번째나 두 번째 입장이 아니라 세 번째 입장이라고 개인적으로 믿는다.

다른 여러 구절에 대해서도 유사한 방식으로 분석할 수 있다. 아래는 골로새서 1장 29절에 대한 분석이다.

| 인간의 행동 | 하나님의 행동 |
|---|---|
| ◩ | ◩ |
| "이를 위하여 나도" | |
| "힘을 다하여 수고하노라" | |
| | "역사를 따라" |
| ◩ | ◩ |
| | "내 속에서 능력으로 역사하시는 이" |

이것을 종합적으로 표현하면 다음과 같다.

⊠

하나님은 인간이라는 주체가 없어도 일하실 수 있고 실제로 그렇게 하신다. 그러나 또한 인간의 선택을 통해 일하실 수도 있고 실제로 그렇게 하시며 원하시면 인간의 선택을 무효로 만드실 수도 있다 (바로의 마음을 완악하게 하실 때처럼 말이다).

### 하나님의 "내게 오라"는 초청은 진심이시다

하나님은 "나에게 나아오라"고 초청하시면서 주권적으로 우리에게 그런 선택의 능력을 베풀어 주신다. 그분의 요청은 실제적이다. 아래 말씀을 들어보라.

"오호라 너희 모든 목마른 자들아 물로 나아오라 돈 없는 자도 오라 너희는 와서 사 먹되 돈 없이, 값 없이 와서 포도주와 젖을 사라 너희가 어찌하여 양식이 아닌 것을 위하여 은을 달아 주며 배부르게 하지 못할 것을 위하여 수고하느냐 내게 듣고 들을지어다 그리하면 너희가 좋은 것을 먹을 것이며 너희 자신들이 기름진 것으로 즐거움을 얻으리라 너희는 귀를 기울이고 내게로 나아와 들으라 그리하면 너희의 영혼이 살리라"(사 55:1-3).

"수고하고 무거운 짐 진 자들아 다 내게로 오라 내가 너희를 쉬게 하리라"(마 11:28).

"성령과 신부가 말씀하시기를 오라 하시는도다 듣는 자도 오라 할 것이요 목마른 자도 올 것이요 또 원하는 자는 값없이 생명수를 받으라 하시더라"(계 22:17).

마지막 절은 번역본에 따라 "누구든 뜻이 있는 자마다"(whosoever will, KJV), "원하는 자는 하라"(let the one who wishes, ESV), "간절히 원하는 자는 누구라도 하라"(Let anyone who desires, NLT), "누구든 원하는

자"(whoever desires, HCSB), "원하는 자는 하게 하라"(let the one who wants it, NET)로 번역한다. YLT 버전은 17절을 이렇게 번역한다.

> "성령과 신부가 말씀하시기를 오라 하시는도다 듣는 자도 오라 할 것이요 목마른 자도 오라 할 것이요 원하는 자도 와서 생명수를 값없이 먹게 하라."

이 이상 더 간곡한 초청을 상상하기 어렵다. 이 구절은 설령 하나님이 주신 것이라 해도(구원 얻는 은혜로든 선행 은총으로든) 이 선택을 할 능력이 우리에게 있음을 전제한다.

물론 어떤 구절도 전체 그림을 제공하지는 않는다. 그러나 의미 있는 인간 선택이 가능한 것처럼 우리로 착각할 소지가 있는 단어를 하나님이 사용하셨다고 주장하는 그분의 주권과 인간 선택의 이론은 받아들일 수 없다.

젊은 시절 나는 기독교 서점에서 파는 작은 성경 암송 카드를 사서 말씀을 암송하곤 했다. 그 중 한 구절은 "내게 오는 자는 내가 결코 내쫓지 아니하리라"(요 6:37)는 내용이었다. 이 구절을 암송하면서도 맥락에 비추어 그 내용을 살펴보는 노력은 하지 않았다. 그러던 어느 날 요한복음을 읽던 중 이 절의 전반부를 보고 충격을 받았다. 전반부를 생략한 것으로 보아 그 암송 카드를 기획한 사람의 신학과는 분명히 맞지 않았으리라 짐작되는 내용이었다.

"아버지께서 내게 주시는 자는 다 내게로 올 것이요 내게 오는 자는 내가 결코 내쫓지 아니하리라."

예수님은 계속해서 "나를 보내신 아버지께서 이끌지 아니하시면 아무도 내게 올 수 없으니"(44절)라고 말씀하셨다. 그리고 우리가 계속 말귀를 알아듣지 못할 것을 염려해 "내 아버지께서 오게 하여 주지 아니하시면 누구든지 내게 올 수 없다 하였노라"(65절)라는 말씀을 추가하셨다. 구원은 하나님이 절대적으로 이끄시고 능력을 주셔야만 가능하다.

본서의 원고를 감수해 달라는 부탁을 받은 신학자이자 친구인 게리 브레시어스는 요한복음 6장 44절의 아버지께서 이끌어 주시지 않으면 아무도 그에게 나아올 수 없다는 그리스도의 말씀에 대해 이렇게 설명했다.

"그러나 예수님은 또 '내가 땅에서 들리면 모든 사람을 내게로 이끌겠노라'(요 12:32)라는 말씀도 하셨다네. 만약 이 이끄심이 유효하다면 예수님은 보편 구원론자가 되시는 셈이네. '이끌다'는 단어는 '끌다'에서 '호소하다'는 의미까지 아주 다양한 뜻이 있지. 그에게 이끌린 모든 자가 아니라 그에게 나아온 자들이 구원을 받는 것일세."[7]

'모든 사람'은 포괄적이고 너무나 광범위하다. 이 복음서의 문맥을 보면 모든 사람이 구원을 받는 것이 아니라는 점이 분명하게 드러난다. 예수님께서 세상을 위해 죽으시고 모든 사람을 그분에게로 이끌겠다고 말씀하신 것은 그분의 마음의 표현인 것이다.

심지어 같은 문맥 속에서도 하나님은 때로 그림의 양면을 보여 주실 때가 있다. 우리는 서로가 어떻게 조화되는지 이해되지 않을 때에라도 그 중 어느 한 쪽을 택일하는 것이 아니라 양쪽을 다 믿어야 한다.

### 우리가 그리스도를 자유롭게 선택하는 것은 그분이 그렇게 할 힘을 주시기 때문이다

구원과 하등 무관한 구절에서 이와 유사한 공생 과정의 흥미로운 통찰을 발견한다. 고린도후서 8장 16-17절에서 사도 바울은 "너희를 위하여 같은 간절함을 디도의 마음에도 주시는 하나님께 감사하노니 그가 권함을 받고 더욱 간절함으로 자원하여 너희에게 나아갔고"라고 말한다.

하나님이 먼저 디도의 마음에 고린도 교인들을 향한 뜨거운 사랑을 부어 주셨고, 디도는 스스로 자원해 그들을 방문하기로 결심했다. 바울은 확실히 하나님의 주권적 선택과 디도의 의미 있는 책임이 따르는 선택이 서로 모순되지 않는다고 본다.

하나님이 그 마음을 먼저 열어 주셔야 사람들은 하나님께 진심으로 반응할 수 있다.

> "루디아라 하는 한 여자가 말을 듣고 있을 때 주께서 그 마음을 열어 바울의 말을 따르게 하신지라"(행 16:14).

하나님은 그리스도를 떠나 영적으로 죽어 있는 우리를 부르신다(엡 2:1). 우리를 살리는 일은 우리의 의지적 행위로 되지 않는다. 대신 "또 범죄와 육체의 무할례로 죽었던 너희를 하나님이 그와 함께 살리"셨다(골 2:13).

하나님은 주권적으로 능력을 베푸시고 결정의 주체인 사람들이 그분에게 나아오도록 실제로 요청하신다(단순히 그런 척 하시는 것이 아니다). (칼빈주의적 견해는 하나님이 선택받은 사람들만 구원의 은혜로 능력을 주신다고 보는 반면, 알미니안주의자들은 선행 은총으로 복음을 듣는 모든 이에게 능력을 주신다고 믿는다. 이들은 반응을 할 수도 안 할 수도 있지만 반응할 능력은 있다.)

하이퍼 칼빈주의자들이 인간 선택을 부정함으로 정통 칼빈주의에서 이탈할 수 있듯이 하이퍼 알미니안주의자들(거의 사용되지 않는 용어)은 사람들이 하나님께 반응할 완전한 능력을 스스로 내재하고 있다고 믿음으로 정통 알미니안주의에서 이탈할 수 있다. 그러나 이런 입장은 성경의 많은 구절들과 상충한다. 특별히 요한복음 5장 21절이 대표적이다.

> "아버지께서 죽은 자들을 일으켜 살리심 같이 아들도 자기가 원하는 자들을 살리느니라."

이 구절은 하나님의 선택을 강조한다.

바울이 회개에 대해 쓴 구절을 유의해 살펴보라.

"거역하는 자를 온유함으로 훈계할지니 혹 하나님이 그들에게 회개함을 주사 진리를 알게 하실까 하며 그들로 깨어 마귀의 올무에서 벗어나 하나님께 사로잡힌 바 되어 그 뜻을 따르게 하실까 함이라" (딤후 2:25-26).

죄인들이 회개의 선택을 해야 하지만 오직 하나님만이 구원에 이르는 회개를 허락하신다. 하나님은 복종의 길을 선택하도록 권하실 뿐 아니라 편 자체를 바꾸라고 권하신다. 우리의 정체성과 충성의 대상에 이런 근본적 변화가 일어나기 위해서는 그분의 능력이 필요하다.

성경적 세계관은 운명론이 아니다. 하나님은 세상에 복음을 전하라고, 억눌리고 착취당하는 자들을 구원하라고 명하시며 우리에게 그렇게 할 선택의 기회를 주신다

운명론적 철학은 악과 고통과 저주를 비롯한 모든 것이 필연적으로 발생하므로 인간은 그 결과를 효과적으로 바꿀 힘이 없는 무력한 존재라고 주장한다. 운명론은 힌두교도들과 이슬람교도들에게 두드러지게 나타난다. 아랍어인 인샬라 자체가 일어나는 모든 일이 신의 뜻이라는 의미를 함축하고 있다.

불행하게도 일부 그리스도인들, 가령, 하이퍼 칼빈주의자들 역시 운명론자들처럼 말한다.

"하나님이 선택하신 사람이라면 구원을 받을 것이다. 만약 그렇지 않은 사람이라면 회심시키고자 아무리 노력해도 소용이 없다. 그러므로 선교와 복음 전도는 쓸데없는 짓이다."

그러나 기독교적 운명론은 여기서 그치지 않는다. 내가 풀어쓴 내용보다 세련된 표현을 동원하지만 여러 차례 아래와 같은 논리의 주장을 들었다.

"인종 차별, 노예제, 성매매는 주권자되신 하나님의 작정이다. 이런 일들이 실제로 존재하고 하나님의 뜻은 누구도 좌절시킬 수 없으니 모두 하나님의 뜻이다. 그런데 왜 우리가 이런 일들과 맞서 싸워야 하겠는가? 그런 행동은 하나님께 반항하는 것이나 매한가지이다."

나는 하나님이 천국 인구를 조절하시는 방식으로 낙태를 인정해야 한다는 여러 복음주의 목사들의 이야기를 들었다. 그들은 낙태된 태아들이 살 수 있었다 해도 대부분 구원을 받지 못했을 것이라고 생각한다.

하지만 성경은 가난하고 힘든 사람들을 대변하고 도우며 구체적 행동으로 실천하라고 촉구한다(잠 31:8-9 ; 약 1:27). 운명론과 정반대되는 말씀이다.

앨버트 아인슈타인은 "세상이 살기에 너무나 위험한 이유는 악행을 저지르는 사람들 때문이 아니라 가만히 앉아서 그 일이 일어나도록 방관하는 사람들 때문이다"[8]라고 말했다. 이런 방관자적 태도는 부분적으로는 무관심이 원인이지만 부분적으로는 운명론의 영향 때문이다.

하나님은 그분의 영광을 위해 심지어 악도 사용하시기 때문에 악을 저지하고자 노력하는 사람은 하나님의 뜻을 좌절시키는 잘못을 저지르는 셈인가? 절대 아니다. 하나님은 불의를 막는 일에 뛰어들어 그분의 도덕적 뜻이 이루어지게 하라고 명령하신다.

성경은 인간이 실제적인 선택을 해야 하며 우리가 악에 맞서야 한다고 가르친다. 하지만 하나님은 여전히 주권자로서 그 뜻을 이루신다. 하지만 운명론적 방법은 사용하시지 않는다. 우리에게 선택의 기회를 주시고, 변화가 일어나도록 기도하며 우리 삶과 세상을 변화시키기 위해 우리가 할 일을 하라고 말씀하신다. 하나님은 그 말씀의 선포를 이용해 잃어버린 영혼을 구원하신다(롬 10:14-15). 바울은 "그러므로 우리가 그리스도를 대신하여 사신이 되어 하나님이 우리를 통하여 너희를 권면하시는 것 같이 그리스도를 대신하여 간청하노니 너희는 하나님과 화목하라"(고후 5:20)고 말했다.

이런 교훈은 잃어버린 영혼에게 다가갈 열정이 전혀 없으신 하나님을 가정하거나 인간은 그 구원 계획에 아무 역할도 하지 않는다는 냉혹한 예정론의 어조와는 완전히 다르다. 이런 냉혹한 생각을 부추기는 신학은 하나님의 말씀이나 예수 그리스도의 제자들과 아무 상관이 없다.

자칭 양립 가능론자들 중에 하이퍼 칼빈주의자처럼 보이는 사람들이 있다. 그들은 인간의 선택을 하나님이 주신 것이 아니라 알미니안주의자들의 궤변인 양 폄하한다. 하나님의 주권적 결정이 의미 있는 인간의 선택을 포용하는 것이 아니라 배제하는 것처럼 말하는 양립 가능론자를 정직하다고 할 수 있는가? 왜 하나님은 가난한 이웃을 돕고 복음을 전하는 이들에게 상을 주시고 이 책임을 다하지 못한 이들에게 책임을 물으시는가? 단순히 꼭두각시 인형 연출자가 아니라 선택 가능한 피조물로 가득한 우주를 주권적으로 통치하시는 분으로 보는 것이 하나님께 더 영광을 돌리는 길이 아닌가?

### 성경은 망가진 세상에서 하나님의 손이 역사함을 보여 준다

성경은 하나님이 불임을 주신다고 일관되게 이야기한다. 한나에 대해서는 "여호와께서 그에게 임신하지 못하게 하시니"(삼상 1:5)라고 말한다. 사라는 "여호와께서 내 출산을 허락하지 아니하셨으니"(창 16:2)라고 말한다. 하나님은 레아의 태를 열어 주셨다(창 29:31). 삼손의 어머니와 세례 요한의 어머니 모두 하나님의 개입하심으로 자녀를 얻었다(삿 13:3 ; 눅 1:13). 하나님은 임신을 관장하시고 태아를 빚는 일에 직접 관여하신다.

"나의 모태에서 나를 만드셨나이다"(시 139:13).

하나님은 우리의 재정 상황을 주관하신다. 사무엘상 2장 7-8절은 "여호와는 가난하게도 하시고 부하게도 하시며 낮추기도 하시고 높이기도 하시는도다 가난한 자를 진토에서 일으키시며 빈궁한 자를 거름더미에서 올리사"라고 말한다.

하나님은 사람들에게 제한적이고 조건적으로 권력을 주신다. 하지만 권력 배분자로서 여전히 통제권을 행사하신다. 빌라도는 예루살렘에서 가장 강력한 권력자였다. 예수님이 이 사실을 인정하길 원한 그는 이렇게 추궁했다.

"내가 너를 놓을 권한도 있고 십자가에 못 박을 권한도 있는 줄 알지 못하느냐"(요 19:10).

이때 예수님은 "위에서 주지 아니하셨더라면 나를 해할 권한이 없었으리니"(11절)라고 담담하게 대답해 주셨다.

하나님은 사람들과 민족의 연대와 거주의 경계를 결정하신다. 사도행전 17장 25-26절은 하나님이 "만민에게 생명과 호흡과 만물을 친히 주시는 이심이라 인류의 모든 족속을 한 혈통으로 만드사 온 땅에 살게 하시고 그들의 연대를 정하시며 거주의 경계를 한정하셨으니"라고 말한다.

### 우리에게 어려운 일이 하나님께는 아무 일도 아니다

하나님의 주권과 우리의 선택이라는 신비한 문제를 기도하는 마음으로 연구하다면 보면 저절로 겸손한 마음이 생긴다. 특히 이 두 문제가 어떻게 조화를 이루는지 우리 이성으로 도무지 이해가 되지 않을 때 더욱 그렇다.

에드윈 애봇의 소설 「플랫랜드」(flatland)는 길이와 넓이라는 2차원만 존재하는 세상을 그린다. 이 세계에서는 깊이란 개념이 없다. 마지막에 소설의 화자인 정사각형은 3차원 공간의 나라를 방문한다. 정사각형은 공간나라로 가서 직접 눈으로 보고서야 3차원을 이해하게 된다.

천문 학자인 휴 로스는 유사한 비유를 사용해 하나님의 말씀의 특정 측면이 이해하기 어려운 이유가 무엇인지 설명하고자 시도했다.[9] 우리는 길이, 넓이, 깊이, 시간의 4차원 세계에서 살지만 하나님은 시공간을 초월해 존재하시므로 우리 머리로는 상상조차 할 수 없는 시야를 갖고 계신다. 따라서 선택과 예정이나 주권과 자유 의지와 같은 교리의 양립은 제한된 시야 때문에 우리 머리로는 이해불가이지만 하나님께는 아무 문제가 되지 않는다. (하나님께 이해되지 않는 것이 무엇이겠는가?)

하나님의 선택과 인간의 선택을 논증하는 이론들은 극복하기 어려운 문제들을 안고 있다. 우리가 너무나 논리적이기 때문이 아니라 우리가 유한하고 따라서 우리의 논리 역시 유한하기 때문이다. 6장에서 언급한 그 모카 커피를 내일 오후 3시 9분에 구입하리라는 것을 하나님이 아신다면 그 시간의 그 행위는 사실상 실제적인 선택의 행위라 할 수 없다는 주장을 생각해 보라. 그러나 하나님이 1차원적 시간이 아니라 3차원에 계신다고 생각해 보자. 휴 로스는 "3차원적 시간 영역 혹은 그와 유사한 영역이라면 하나님이 모든 인간의 모든 행동을 예정하시는 동시에 인간의 선택이 작동하는 것도 여전히 가능할 것이다"[10]라고 말한다. 굳이 이런 결론에 동조하지 않아도 우리의 생각이 극히 제한적이라는 사실은 누구나 수긍한다.

다음 그림을 통해 하나님의 주권과 인간의 선택을 두 직선으로 표시하여 우리의 딜레마를 설명해 볼 것이다. 이 둘은 서로 접촉할 수 없으므로 평행선을 달리는 두 선으로 표시했다. 혹시 교차한다면 그것은 우리 시야 밖에서나 벌어질 일일 것이다.

인간인 우리는 이 두 문제가 어떻게 양립할 수 있는지 이해가 되지 않는다. 물론 하나님도 선택하실 수 있고 우리도 선택할 수 있다. 하지만 우리가 하나님의 선택에 반대하고 거부할 경우, 하나님의 선택을 어떻게 주권적인 선택이라 할 수 있겠는가?

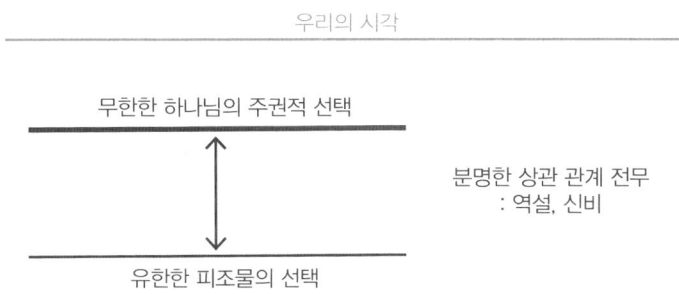

하나님은 다차원적으로 세계를 보신다. 2차원적 시각의 우리 뇌

가 보기에 도무지 이해가 되지 않는 내용을 하나님이 보시면 아래 그림처럼 보일지 모른다.

하나님의 시각

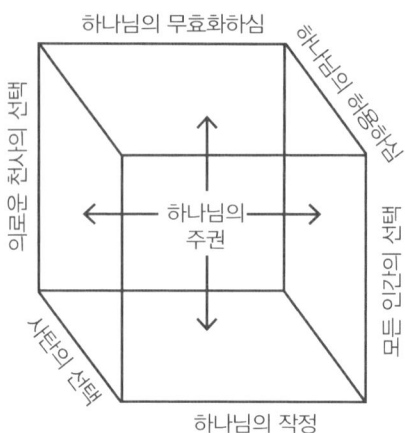

이 정육면체의 각 면에서 나타나는 대로 하나님과 전체 실재에 대한 하나님의 시각은 우리와 비교되지 않을 정도로 광대하다. (당연하겠지만 실제로 그분의 시야는 무한하며 3차원에 국한되지 않을 것이다. 이 그림은 하나님을 상자 속에 가두려고 하는 것이 아니라 우리가 종종 가둔 곳에서 그분을 끄집어내려고 만든 것이다.) 하나님은 우리의 인식 밖에 있는 세력들이 끊임없이 활동하는 것을 보고 계신다. 사탄의 선택을 비롯한 모든 귀신의 선택과 인간의 모든 선택을 동시에 보고 처리하신다. 의로운 천사들의 선택을 보고 활용하신다. 그분 스스로 선택을 내리시고 피조물의 선택을 작정하시고 허용하시며 원하시면 그들의 선택을 무효화시키신다.

우리의 머리로는 이해가 불가능할지 모르지만 하나님께는 전혀 어렵지 않다. 그분은 우리가 파악조차 할 수 없는 다른 차원에서 보고 행동하신다. 하나님의 선택과 인간의 선택이라는 평행선을 달리는 듯한 두 선이 어떻게 교차할 수 있을지 우리는 이해할 수 없지만 하나님은 피조물의 선택에 대해 작정하시고 허용하심으로 생기는 헤아릴 수 없는 수십억 개의 교차점을 다루시되 수천억 광년의 거리로 펼쳐져 있는 물리적 우주의 모든 세세한 부분까지 통치하신다.

하나님은 서로 공존하기 불가능해 보이거나 이해하기 어려운 진리들을 계시해 주신다. 이런 진리가 우리 머리로는 혼란스럽지만 하나님께는 전혀 문제가 되지 않는다. 그러므로 우리는 그분이 말씀하실 때, 그대로 신뢰하고 그 위대하고 아름다운 진리, 우리 머리로는 너무 커서 이해되지 않는 진리 앞에서 그분을 찬양하고 경배할 수밖에 없다.

### 하나님의 주권과 인간의 선택은 서로 경쟁 관계가 아닌 불평등한 파트너십 관계이다

아키발드 알렉산더는 양립 가능론자들의 시각을 옹호하며 이렇게 주장했다.

"칼빈주의는 너무나 포괄적인 체계이다. 하나님의 주권과 인간의 자유 의지를 지붕의 양면이 만나는 한 지점에서 하늘을 이고 솟은 용마루처럼 생각한다. 칼빈주의는 양 진리를 모두 받아들인다. 이 둘 중 어느 하나를 부정하는 신학은 반쪽만 있는 지붕이나 마찬가지이다."[11]

하나님의 주권과 인간의 선택이 어떻게 완벽한 조화를 이루는지 완벽하게 설명할 사람은 없겠지만, 성경은 하나님과 인간의 행위가 어떻게 조화를 이루는지 수많은 사례를 제공한다.

예를 들어, 바울은 자신을 하나님의 '종'이자 '동역자'라고 말했다(고전 3:9 ; 딛 1:1). 하나님의 주권을 늘 염두에 두면서도 복음 사역에 자신이 하나님과 동역자라는 인식이 뚜렷했다(고후 6:1 ; 벧전 4:13). 이런 구절들을 읽고 나는 이 책(원서)의 제목을 'hand in HAND'로 지을 수 있는 용기를 얻었다.

바울은 복음 전도 계획을 직접 세웠고(롬 1:13, 15:24 ; 고후 1:15-17) 이것은 개척 사역을 더 선호하는 그의 성향과도 종종 맞았다(롬 15:20). 그러나 그는 하나님의 주권적 계획에 복종할 수 있도록 느슨하게 계획을 세웠다(행 16:1-10). 이렇게 해서 바울은 하나님과 더불어 세계 역사를 바꾸는 선택을 할 수 있었다.

엘리사가 병상에서 사투를 벌이고 있을 때, 이스라엘 왕 요아스가 문안 차 방문했다. 이 병문안은 이스라엘 백성들이 아람 족속에게 심한 '압제를 당하는' 와중에 이루어진 것이었다. 엘리사는 왕을 보자 대뜸 전통에서 화살을 꺼내 땅을 치라고 지시했다. 왕은 그 말대로 순종했지만 대충 시늉만 하다 세 번만 치고 그만두었다. 선지자는 화가 나서 이렇게 꾸짖었다.

"왕이 대여섯 번을 칠 것이니이다 그리하였더면 왕이 아람을 진멸하기까지 쳤으리이다 그런즉 이제는 왕이 아람을 세 번만 치리이다"(왕하 13:19).

요아스의 건성어린 태도로 일시적인 승리와 완전한 승리가 갈렸다. 너무나 큰 대가가 따른 선택이었다.

다니엘이 드린 긴 고백의 기도를 생각해 보라(단 9:4-19). 그는 예레미야서를 읽다가 예언대로 70년이라는 포로 생활 기간이 거의 끝나간다는 것을 알았다. 우리가 다니엘의 입장이었다면 "주님, 빨리 이루어 주십시오"라고 외쳤을 것이다. 그러나 다니엘은 그렇게 하지 않았다. 그는 무릎을 꿇고 이스라엘을 고국으로 돌아가게 해 달라고 구하며 성경에서 가장 긴 기도 중 하나를 드렸다. 정확히 하나님이 약속하신 그대로 이루어 달라고 구했다.

다니엘은 '주권'에 대해 많은 사람과 생각이 달랐던 것 같다. 하나님의 주권에 집중하면 대부분 사람들은 수동적이 된다. 하지만 다니엘은 오히려 하나님께 집중적인 기도를 드리는 시간을 갖는다.

4-19절의 간절한 기도를 다니엘이 드리지 않았다면 20-27절의 놀라운 예언을 받을 수 있었겠는가? (23절에서는 다니엘이 기도를 시작한 직후에 천사 가브리엘을 사자로 보내셨다고 말한다.) 다니엘의 기도에 대한 응답하심으로 하나님이 예레미야의 예언을 성취하는 과정에 변화가 생겼다고 할 수 있는가? 누가 이것을 알겠는가?

바울, 엘리사, 다니엘의 사례에 대해 생각하다 보면 우리 선택을 하나님께 내어맡기고 그분의 손을 잡고 걸을 때, 불평등하나 실제적인 파트너십이 이루어지는 모습이 얼마나 아름다운지 경이감에 사로잡힌다. 그분의 강하고 주권적인 손이 사랑으로 내려오고, 약하지만 열렬한 우리 손이 위로 올라간다.

주 ────

장이 시작할 때 나오는 두 번째 글은 드미트리 M. 엡스타인이 켄 헨슬리와 인터뷰한 내용 중 일부임. 2004년 11월 Let It Rock, http://dmme.net/interview/hensly3.html.

1. A.W. 토저, The Knowledge of the Holy(San Francisco, A: Harper-One, 1992), 174쪽.
2. G.I. 윌리엄슨, The Westminster Confession of Faith(Phillipsburg, NJ: P & R Publishing, 2003), 39쪽.
3. D.A. 카슨, Divine Sovereignty and Human Responsibility: Biblical Perspective in Tension(Eugene, OR: Wipf and Stock, 2002), 24-35쪽.
4. D.A. 카슨, Divine Sovereignty and Human Responsibility, 18쪽.
5. 칼 세이건, The Demon- Haunted World: Science as a Candle(New York: Ballantine Books, 1996), 9쪽.
6. D.A. 카슨, Divine Sovereignty and Human Responsibility, 211쪽.
7. 게리 브레시어스, 2014년 5월 24일, 나의 원고를 비평한 내용 중 일부임.
8. 딘 L. 오버맨, A Case for the Existence of God(Lanham, MD: Rowman and Littlefield, 2009), 99쪽.
9. 휴 로스, Beyond the Cosmos: What Recent Discoveries in Astrophysics Reveal About the Glory and Love of God(Colorado Springs, CO: NavPress, 196), 52-53쪽.
10. 휴 로스, Beyond the Cosmos, 162쪽.
11. A.H. 스트롱, Systematic Theology(Philadelphia: American Baptist Publication Society, 1907), 1:364.

9장

불변의 진리가 담긴
'유산'을 상속하라

"우리가 말들의 입에 재갈 물리는 것은
우리에게 순종하게 하려고 그 온몸을 제어하는 것이라 …
너희 중에 지혜와 총명이 있는 자가 누구냐 그는 선행으로 말미암아
지혜의 온유함으로 그 행함을 보일지니라."
야고보서 3장 3,13절

"우리는 하나님의 주권과 인간의 책임이라는 두 진리를 굳게 믿고 견지하며
온전히 선포해야 하고 그 진리에 비추어 우리 삶을 살아야 한다."
W.H. 그리피스 토마스

불변의 진리가 담긴
'유산'을 상속하라

　현대 그리스도인들은 기독교 신앙의 기원이 자신들에게 있는 것처럼 행동하는 잘못된 습성이 있다. 그 결과 수천 년의 기독교 역사를 배울 것 없는 하찮은 것으로 무시하고 '즉석 신학'을 하게 되었다.
　우리는 트위터에서 대세를 이루는 내용을 단지 현재 유행한다는 이유만으로 중요하게 생각하는 경향이 있다. 하지만 그렇게 유행을 탄다는 사실 자체가 실제로 그것이 중요한 문제가 아니라는 반증일 수 있다. 우리는 언제나 새로운 생각이 낡은 생각보다 낫다는 그릇된 믿음, C.S. 루이스의 용어를 빌리자면 '오래된 속물 근성'(chronological snobbery)의 오류에 쉽게 빠진다. 오늘날 유행을 따르는 많은 신학이 있다. 하지만 그런 신학은 바람 앞에 흩어지는 연기처럼 대부분 금방 자취를 감춘다.

주권과 자유 의지에 관해서는 이미 최상의 신학이 확립되어 있다고 해도 무리가 없다. 본서가 특별히 이 장에서 그리스도의 현존하심으로 생생하게 살아 있는 수많은 '망자'들의 지혜를 인용하는 까닭이 이 때문이다. 예수님을 사랑하는 우리가 부활한 후 새 땅에서 한 잔칫상에 둘러 앉아 이 현자들과 대화할 수 있으리라는 생각을 하면 가슴이 두근거린다. 아마 지금과 비교되지 않을 정도의 통찰을 얻을 것이며 특히 예수님이 친히 우리의 질문에 대답해 주실 것이다!

### 역사를 보면 칼빈주의자들과 알미니안주의자들은 종종 의견 대립을 보였지만 많은 부분에 의견 일치를 보이며 어깨를 나란히 해왔다

4대 강령 칼빈주의자인 A.H. 스트롱은 「조직 신학」에서 "금붕어가 든 어항을 옮기는 사람은 그 금붕어가 어항 속에서 자유롭게 헤엄치는 것을 막지 않는다"[1]고 말했다.

사무엘 피스크는 이 비유를 한 단계 더 발전시켰다.

> 그는 누구의 방해도 받지 않고 그 어항을 식탁에 놓을지 창가에 놓을지 피아노 위에 놓을지 아니면 그늘에 둘지 밝은 데 둘지 결정할 수 있다. 그가 마음이 따뜻한 사람이라면 금붕어에게 가장 최적으로 보이는 곳에 어항을 둘 것이다. 여기에는 그의 의지가 가장 중요하게 작용한다. 그러나 금붕어는 어항이라는 울타리 안에서 어느 정도 자유로운 선택을 할 수 있다. 헤엄치는 방향을

정할 수도 있고 꼼짝하지 않고 어항 바닥에서 쉬거나 수면 가까운 곳에서 유유히 떠다닐 수도 있다. 먹이가 제대로 공급된다면 그 양을 적게 먹을 수도 있고 아예 안 먹거나 한꺼번에 다 먹을 수도 있다. 상위 피조물인 인간이 금붕어의 목구멍으로 먹이가 넘어가게 하거나 각각의 금붕어가 먹을 정확한 양을 결정해 주지 않는다.[2]

위대한 칼빈주의 설교자들의 명단에 예외없이 포함되는 알렉산더 맥클라렌은 어떤 알미니안주의자도 부인하지 않을 말을 했다.

> 순종은 받아들이거나 거부하는 인간의 선택이다 … 하나님의 은혜는 누구도 속박하지 않기에 그분이 부르실 때에 '싫습니다'라고 말할 가능성이 언제나 열려 있다 … 그러나 내가 실제로 강조하고 싶은 것은, 사람이 그리스도의 음성을 거부할 수 있다는 것과 또 실제로 그렇게 하고 있다는 사실이다 … 내가 원하는 대로 어떤 일을 할 수 있다는 내 감각을 신뢰할 수 없다면 내가 신뢰할 것은 세상에 아무것도 없다. 의지란 두 길 중에 어느 길로 갈지 결정하는 힘이다. 무한하신 의지인 하나님은 그 형상으로 만든 사람들에게 이 형언할 수 없는 놀라운 능력, 그분의 뜻과 음성을 받아들일지 거부할지 선택할 수 있는 능력을 주셨다.[3]

반대로 하나님을 떠나서는 영적으로 무기력한 것이 인간의 조건이다. A.W. 핑크는 다음 예화를 이용해 자신의 칼빈주의적 입장을 설명했다.

> 나는 손에 책 한 권을 들고 있다. 그 책을 손에서 놓으면 어떻게 되는가? 바닥에 떨어진다. 어느 방향으로 떨어지는가? 아래로, 언제나 아래로 떨어진다. 왜 그런가? 중력의 법칙에 따라 그 자체의 무게가 아래로 끌어당기기 때문이다. 그 책이 3피트 높이에 떠 있기를 원한다고 생각해 보자. 어떻게 해야 하는가? 내가 그것을 들어 올려야 한다. 그 책의 외부에 있는 힘이 들어 올려야 하는 것이다. 타락한 인간이 하나님을 향해 갖는 관계가 바로 이와 같다. 우리는 하나님께서 능력으로 붙들어 주셔야 죄악의 더 깊은 심연으로 떨어지지 않고 보호받을 수 있다. 그 힘을 거두어 가시면 떨어질 수밖에 없다. 자신의 (죄의) 무게가 아래로 끌어내리기 때문이다. 내가 그 책을 끌어내린 것이 아닌 것처럼 하나님도 우리를 끌어내리시는 것이 아니다.[4]

핑크는 이어서 칼빈주의자들이라면 대부분, 알미니안주의자들이라면 일부가 받아들일 말을 한다.

"그렇다면 죄인은 어떻게 해야 하늘을 향해 올라갈 수 있는가? 그 스스로 의지적 행위를 발동하면 되는가? 그렇지 않다. 외부의 힘이

그를 붙잡아 계속 들어올려 주어야 한다."⁵⁾

알미니안주의자들은 하나님이 죄인에게 믿을 힘을 베풀어 주신다는 선행 은총을 믿기 때문에, 핑크의 지적에 부분적으로나마 동의할 것이다. 그러나 하나님이 "그를 계속 들어올려 주어야" 한다는 개념을 수용하기가 어려운 알미니안주의자도 있을 것이다. 그들은 하나님이 그를 들어올려 주셔야 하지만 한시도 빠짐없이 계속해 들어올려 주셔야 하는 것은 아니라고 생각할 수도 있다. 그러나 하나님이 그를 붙잡아 계속 들어올려 주어야 한다는 생각에 동의하는 이들은 칼빈주의자들이 견지하는 교리를 수용하는 셈이다.

## 찰스 스펄전은 개인의 신학적 지향이 아니라 성경과의 일치가 중요함을 증명했다

스펄전은 "형제들은 진리라는 방패의 양면을 보려고 해야 합니다. 연결된 고리가 보여야만 두 진리를 받아들이는 유아기 시절에서 벗어나십시오. 우리는 두 눈이 있지 않습니까? 그런데 제대로 보겠다고 그 중에 하나를 제거해야 합니까?"⁶⁾라고 말했다.

스펄전은 그동안 내가 애독했던 그 어느 저자보다 전체로서 성경이 계시하는 진리를 잘 드러내는 사람이라고 생각한다. 애석하게도 나는 성경대학이나 신학교에서 스펄전의 저작을 한 번도 접하지 못했다. 목회 생활을 한지 10년이 지나서야 그를 알았고, 그 이후로 꾸준히 그의 저작을 애독하고 있다. 그에게는 땀구멍마다 세포 하나 하나마다 성경의 진리가 스며 나왔다. 그는 성경을 성경되게 했고 자기 신학에 끼워 맞추려고 왜곡하지 않았다.

스펄전은 인간이 만든 신학적 체계는 최종 권위가 될 수 없다고 주장했다.

"교리적으로 일관성을 갖기를 정말 원하지만, 그 일관성을 위해 알면서도 성경 본문을 조금이라도 왜곡하는 일은 절대 용납할 수 없습니다. 저는 정통 신앙을 존중합니다. 하지만 영감은 더욱 더 존중합니다. 하나님의 말씀과 일치하지 않을 바에야 저 스스로 논리적 일관성이 없는 편을 택하겠습니다."[7]

성경은 하나님이 영감하셨지만 신학 체계는 그렇지 않다. 신학은 자기 모순이 없어야 유효한 것이 아니라 성경과 모순되지 않아야 유효하다.

스펄전은 지금까지 살펴본 역설적 교리들을 억지로 화해시키려 하지 않았다. 앞에서 인용한 그의 글은 더 넓은 문맥에서 다시 소개할 가치가 있다.

"하나님은 예정하시고 인간은 책임을 진다는 이 두 진리를 제대로 이해하는 이가 거의 없습니다. 흔히 이 두 진리가 서로 모순되고 불일치한다고 생각하지만 실제로 그렇지 않습니다. 그것은 순전히 우리의 서투른 이해력과 결함 때문입니다. 두 진리는 서로 모순되지 않습니다 … 이 두 진리가 인간이 만든 모루에서는 하나로 통합될 수 없지만 영원한 나라에서는 하나로 통합되리라 믿습니다."[8]

그는 근시안적 논리로 모든 성경적 난제를 해결하고자 하는 시도를 경고했다.

"내적으로 일관된 신조, 논리적으로 통합할 수 있고 중국 퍼즐처럼 정사각형 틀에 끼워 맞출 수 있는 신조를 얻고자 병적으로 집착하는 사람들은 영혼의 시야를 스스로 좁힐 위험성이 아주 많습니다 … 통합될 수 있는 것만 믿으려는 사람들은 반드시 하나님의 거룩한 계시를 상당 부분 불신하게 됩니다."[9]

스펄전은 자신의 칼빈주의를 변증하는데 골몰하지 않고 예수님과 하나님의 말씀을 따르는 일을 최우선 과제로 삼았다. 그는 "나는 오직 그리스도인으로만 불리고 싶다. 하지만 존 칼빈의 교리적 시각을 받아들이느냐고 묻는다면 대부분 다 받아들이며 기꺼이 천명한다고 대답하겠다."[10]

### 우리는 부분적 진리가 아니라 전체로서 진리를 사모해야 한다

주권과 의미 있는 인간의 선택에 대한 A.W. 토저의 지적은 날카로운 통찰력이 번뜩인다.

> 하나님은 인간이 자유롭게 도덕적인 선택을 할 수 있어야 한다고 주권적으로 선언하셨고, 인간은 태초부터 선과 악에 대해 스스로 결정을 내림으로써 그 선언대로 이행했다. 인간이 악을 행하기로 선택한다면 하나님의 주권적인 뜻을 거역하는 것이 아니

라 오히려 그분의 뜻을 이루는 셈이다. 영원한 판결은 인간이 어떤 선택을 내려야 할지의 결정이 아니라 인간이 자유롭게 결정을 해야 한다는 결정이다. 만일 하나님이 자신의 절대적인 자유로 인간에게 제한적인 자유를 주고자 의도하신 것이라면 누가 그분의 손을 거부하겠는가? … 인간의 의지가 자유로운 것은 하나님이 주권자이시기 때문이다.[11]

종종 우리는 이해 부족 탓을 믿지 말아야 할 이유로 둔갑시키거나 성경을 우리 머리에 억지로 끼워 맞추는 식으로 모든 것을 이해하고자 잘못된 노력을 한다. 그 과정에서 성경을 우리 틀에 억지로 끼워 맞추고 성경을 선별적으로 읽고 해석함으로 기존에 알던 내용이나 믿고 싶은 것과 연결시키려고 한다.

찰스 시므온(1758-1836)은 성경의 중요성과 실제적 적용의 필요성을 강조함으로 영국 교회에 활력을 불어넣은 인물이다. 시므온은 칼빈주의자였지만 스스로는 이 호칭을 좋아하지 않았다. 로마서 9장 16절에 관한 설교에서 그는 이렇게 말했다.

> 이런 진리(하나님의 주권의 교리)는 잘 몰라도 진정으로 하나님을 기쁘시게 해 드리는 사람들이 적지 않습니다. 그렇습니다. 그런 분들은 많습니다. 우리 중에 계신 최고의 학자들이 천국에서 그들의 발 밑에 기꺼이 엎드릴지도 모릅니다. 이런 교리들이 서로를

반목하게 되는 구실로 작용하거나 교리가 다르다고 서로를 저주한다면 참으로 가슴 아픈 일입니다 … 격렬히 논쟁하며 상대방을 가차 없이 비난하는 것보다 서로 궁휼히 여기고 양보하는 모습이 훨씬 더 유익합니다.[12]

시므온은 설교 내용을 그대로 실천했다. 이런 모습은 그가 직접 밝힌 존 웨슬리와의 대화에서도 엿보인다. 시므온은 웨슬리에게 이렇게 말했다.

"당신은 소위 알미니안주의자라고 알고 있습니다. 저는 칼빈주의자라고 합니다. 그러니 서로에게 칼을 겨누어야 할 사이 같군요. 하지만 일전을 치르기에 앞서 몇 가지 확인하고 싶은 문제가 있습니다 … 당신은 스스로를 타락한 피조물이라 생각하십니까? 하나님이 먼저 마음을 열어 주시지 않으면 하나님을 의지할 생각조차 할 수 없을 정도로 타락했다고 생각하십니까?"

웨슬리가 대답했다.

"네, 맞습니다. 그렇습니다."

시므온이 곧 다시 되물었다.

"행위로 하나님의 기대에 부응하는 노력을 완전히 포기하고 오직 그리스도의 보혈과 의로 얻는 구원을 추구하고 있습니까?"

웨슬리가 대답했다.

"예, 오직 그리스도만 구원을 주실 수 있습니다."

"그러나 처음에는 그리스도로 구원을 받지만 그 이후에는 행위나 노력으로 스스로를 구원하고자 하지는 않습니까?"

"아닙니다. 처음부터 끝까지 오직 그리스도만이 저를 구원하실 수 있습니다."

"처음에는 하나님의 은혜로 회심했다고 하더라도 스스로의 힘으로 신앙 생활을 하려고 노력하지는 않습니까?"

"전혀 아닙니다."

"그렇다면 엄마 품에 안긴 아기처럼 매시간 매순간 하나님께 붙들려 살아가야 합니까?"

"물론입니다."

"그렇다면 하나님의 은혜와 자비의 소망만이 천국에 갈 때까지 당신을 보호해 줄 수 있다고 생각하십니까?"

"물론이지요. 그분 말고는 아무 소망이 없습니다."

"그러시다면 이제 제 칼을 거두겠습니다. 제가 질문드린 내용은 전부 제가 믿는 칼빈주의에 관한 것이었으니까요. 저를 택하시고 믿음으로 의롭다 하시며 끝까지 지켜 주시는 성도의 견인 교리가 주 내용이었거든요. 제가 견지하는 진리의 핵심이 바로 이렇습니다. 그러니 목사님께서 원하신다면, 저와 목사님 사이에서 이견이 생길 용어나 어구를 찾으려 하지 말고, 대신 우리가 서로 동의하는 부분들을 통해 진심으로 연합하는 노력을 하고 싶습니다."[13]

물론 웨슬리와 시므온의 일화를 칼빈주의와 알미니안주의가 아무 차이가 없다는 의미로 해석해서는 안 된다. 분명히 차이가 있다. 알미니안주의자라도 웨슬리와 다르게 대답할 사람도 있고, 칼빈주의자라도 시므온처럼 다 질문하지는 않을 것이다. 그러나 공통점을 찾는 것에서 출발하고자 하는 사람들이 있다면 나는 누구라도 그 태도를 존중한다. 때로 우리는 상대방에게서 예상보다 훨씬 더 많은 공통점을 발견할 것이다.

### 찰스 시므온은 신학적 체계보다 성경을 더 우선시하는 모범적 시범을 보여 주었다

제임스 휴스턴은 시므온에 대해 이렇게 말했다.

> 그는 어떤 한 가지 신학 체계가 진리의 독점권을 가질 수는 절대 없다고 믿었다 … 대신 그는 "모든 본문의 정당한 의미와 자연스러운 맥락과 올바른 용도를 찾고자" 노력했다. 청중들에게 분파주의자가 되지 말고 매일 생활 속에서 성경의 권위를 중심으로 경건하고 통합된 영성을 가지라고 권면했다. 그의 목표는 청중들이 '성경적 그리스도인'으로 변화되어 성경에 계시된 그대로 복음의 실재를 체현하는 것이었다.[14]

존 스토트는 '칼빈주의자들'과 '알미니안주의자들'의 논쟁이 가열 양상을 넘어 심지어 서로를 적대시하던 시기에 시므온이 살았다고 말한다. 그러나 그는 다음과 같은 태도를 잃지 않았다.

> 저자는 조직 신학자들과는 전혀 친하지 않다. 그는 오직 성경에서만 신앙에 대한 그의 이해를 이끌어내고자 무진 애를 썼다. 특정한 견해에 맞추려고 하나님의 말씀을 한 부분이라도 왜곡하지 않았다. 성경의 모든 부분에 애정을 기울였다. 그렇게 하는 것이 위대하신 저자가 전달하고자 계획하신 것이라 여겼다.[15]

스토트는 시므온이 두려워했던 일을 다음과 같이 적었다.

"그는 완벽하고도 경직된 신학 체계의 완성에 집착할까 두려워했다. 그렇게 될 경우 말씀의 새로운 빛이 비칠 때, 새롭게 인지된 진리를 흡수하고자 자기 신학을 수정하든지 아니면 자기 신학에 맞추기 위해 진리에 가위질을 하든지 둘 중 하나를 해야 하는 고통스러운 딜레마에 직면하게 된다. 체계적이기를 원하는 자들은 후자의 유혹을 받는다."[16]

(그렇다고 조직 신학 자체를 부인한 것은 아니다. 나는 개인적으로 이런 신학 훈련이 중요하다고 생각한다. 시므온이 우려한 것은 체계화하고자 하는 강박증으로, 사람들이 때로 일부 성경 진리에 눈을 감고 일부 성경 진리에 대해서는 배타적으로 집착하는 것이었다.)

1825년, 시므온은 친구에게 이런 편지를 보냈다.

"때로 나는 강력한 칼빈주의자가 되고 어떤 때는 온건한 알미니안주의자가 된다네. 그러나 자네가 입장을 분명히 하는 것을 좋아한다면 나도 자네와 생각이 같다네. 다만 우리는 한 가지 입장이 아니라 양 입장을 두루 택해야 한다는 것만 명심하게."[17]

### 주권과 자유 의지 외에도 균형을 유지해야 할 교리들이 있다

균형이 필요한 많은 교리 중에 특히 그리스도의 인성과 신성의 교리가 있다. 초대 그리스도인들은 수많은 이단적 가르침의 도전을 받았다. 가현설은 그리스도의 신성은 인정하지만 인성은 부정했다. 에비온파는 그리스도의 인성은 인정하지만 신성은 부정했다. 네스토리아니즘은 그리스도의 신성과 인성은 하나의 통합된 본성이 아니라 두 가지 별개의 본성이라고 주장했다. 이런 이단들은 모두 서로 조화되기 어려운 두 성경적 진리를 동시에 수용하지 못해 생긴 결과이다. 실제로 대부분 이단적 주장들은 한 가지 정통적 입장에 지나치게 매몰되어 이에 상응하지만 모순되어 보이는 다른 성경 진리는 동일하게 관심을 갖지 않고 방치할 때 생긴다. 주권과 자유 의지 영역에서 하이퍼 칼빈주의와 개방적 유신론이라는 이단적 극단이 이것으로 설명이 된다. 전자는 인간 선택에 대한 성경적 가르침을 완전히 무시하고 논리적 결론을 내린 것이고, 후자는 하나님의 전지하심뿐 아니라 하나님의 주권을 희생하고 논리적 결론을 내린 것이다.

시므온은 이렇게 썼다.

"하나님의 선택하심에 대해 말하는 본문을 만나면 나는 그 교리에서 기쁨을 누린다. 사도들이 회개와 순종을 권면하고 선택과 행동의 자유를 이야기하면 또 동전의 다른 면과 같은 그 부분에 심취한다."[18]

이제 신비가 지닌 아름다움에 대해 이야기할 필요가 있는 것 같다. 시므온은 "복잡한 기계는 바퀴들이 서로 반대 방향으로 움직인다 해도 하나의 공통의 목적에 기여하듯이 외면상 반대로 보이는 진리들이 서로 완벽하게 조화를 이루며 인간의 구원 성취라는 하나님의 목적에 동일하게 기여한다"[19]라고 말했다.

### '베로아 사람처럼'이 최고의 신학적 표식이다

"어리석은 일관성은 생각이 좁은 사람의 머리에 있는 허깨비"[20]라고 한 에머슨은 진리를 받아들이기 위해서는 우리 생각의 영역을 넓이고 협소한 자기만의 논리를 버리도록 도전하였다. 성경 학도들에게 참으로 적절한 충고가 아닐 수 없다.

윌리엄 시밍턴은 이렇게 썼다.

"우리는 성경을 우리 편이 아니라 성경 편으로 만드는 것을 목표로 삼아야 한다. 어떤 감정이 오랫동안 애지중지해서 너무나 소중하게 여겨진다 해도 성경 말씀에 위배됨을 아는 즉시 기꺼이 버릴 수 있어야 한다."[21]

특정한 신학 이론에 집착하면 이 과정이 제대로 작동하지 않는다. 베로아 교인들은 성경에 비추어 사도 바울의 가르침을 꼼꼼하게 검증했다는 칭찬을 받았다(행 17:11). 바울은 13편의 영감받은 성경을 쓴 사람이다. 이런 바울에 대해서도 검증 작업을 해야 한다면 우리가 글과 강의로 접하는 사람들의 가르침은 더욱 더 꼼꼼하게 점검해야 하지 않겠는가.

우리는 성경 학자들과 신학자들의 저작에서 많은 유익을 얻을 수 있다. 나의 경우에는 확실히 그러했다. 그러나 어떤 가르침이 옳은지 점검할 때, 칼빈이나 웨슬리의 책을 먼저 찾아서는 안 된다. 성경을 먼저 찾아 보아야 한다.

앞에서도 말했지만 나는 십대에 알미니안주의 교회에서 하나님을 만났다(지금은 하나님이 나를 찾아오셨다고 생각하지만). 순수한 알미니안주의는 1로 표시되고 순수한 칼빈주의는 10에 표시했던 표를 생각해 보라. 그 척도를 기준으로 할 때, 나는 처음에 약 2에 있었지만 그 이후로 약 8까지 이동한 것 같다.

나는 멀트노마성경학교와 웨스턴신학교를 졸업했다. 두 학교 모두 알미니안주의와 칼빈주의를 주장하는 교수들이 두루 포진해 있었다. 정작 성경 읽기의 중요성을 일깨워 준 교수는 성경학 교수나 조직 신학 교수가 아니었다. 그는 헬라어 담당 교수인 에드 굿리치 교수님이었다. 그는 3년 과정으로 신약 전체를 번역하는 수업을 할 때, "성경 대신 신학에 정통한 것보다는 신학에 정통하지 않더라도 성경에 정통한 것이 더 낫다"고 입버릇처럼 말씀했다. 우리는 본문의 적절한 번역과 의미를 두고 숱하게 씨름을 했고, 그럴 때마다 본문으로 우리의 교리적 시각을 수정하기보다 그동안 배웠던 교리에 비추어 본문을 해석하고 싶은 유혹을 어김없이 받았다.

　나는 신학 공부가 즐겁다. 하지만 자신의 신학을 수정하라는 성경의 도전을 한 번도 받은 적이 없다면, 그것은 우리가 성경이 아니라 우리 신학을 권위로 삼았기 때문이다. 이런 모습은 바꾸어야 한다.

### 천국에서 함께 이 토론을 이어갈 수 있다

　그리스도 안에서 다른 전통을 가진 형제 자매들을 존중해야 한다는 문제와 관련해 에모 필립스는 우리의 정곡을 찌르는 이야기를 들려 준다.

> 어느 날 나는 다리를 건너다가 한 남자가 다리 난간에 서서 막 뛰어내리려는 것을 보았다. 나는 급하게 달려가서 "멈추시오. 그러지 마시오"라고 말했다. "왜 그래야 합니까?" 그가 물었다. "글쎄요. 살아야 할 이유가 많잖아요." "이를 테면 어떤 것입니까?" "그게 … 음 당신은 종교를 믿소? 아니면 무신론자요?" "종교를 믿습니다." "나도 그렇소. 기독교인이요? 불교인이요?" "기독교인입니다." "나도 기독교인이요. 그럼 가톨릭이요? 개신교요?" "개신교입니다." "나도 그렇소. 성공회 교인이요? 침례교인이요?" "침례교인입니다." "우와, 나도 그렇소. 그러면 하나님의 교회 침례교인이요? 여호와의 교회 침례교인이요?" "하나

님의 교회 침례교인입니다." "나도 그렇소, 정통 하나님의 교회 침례교인이요? 아니면 개혁주의 하나님의 교회 침례교인이요?" 그는 말했다. "개혁주의 하나님의 교회 침례교인입니다." "나도 그렇소 그러면 1879년의 개혁주의요? 아니면 1915의 개혁주의요?" 그는 "1915의 개혁주의입니다"라고 대답했다. 그 대답을 듣고 나는 "죽어버리시오. 쓰레기 이단 같으니"라고 말한 후, 그를 밀어버렸다.[22]

이 이야기를 칼빈에 대한 알미니우스의 말과 비교해 보라.

> 성경 읽기를 언제나 강력히 강조하는 바이지만 그 다음으로는 무엇보다 칼빈의 주석을 읽을 것을 추천한다 … 성경 해석에 관한 한 칼빈을 따를 자가 없고 그의 주석은 우리에게 전수된 교부들의 어떤 저작보다 더 높이 평가되어야 한다고 확신한다. 그러니만큼 나는 그가 누구보다도, 다른 어떤 사람들보다도 예언[해석]의 영이 뛰어난 사람이라고 인정한다 … 그러나 한 가지 덧붙이자면 어떤 사람의 저작을 읽더라도 마찬가지지만 항상 분별력을 갖고 읽어야 한다.[23]

알미니우스가 칼빈 주석을 대부분 다 인정하지 않았다면 이렇게 열정적으로 그 주석을 추천하였을 리가 없다. 이 사실 자체만으로 놀라운 일이므로 현대 알미니안주의자들과 칼빈주의자들은 서로 대부분의 신학적 입장이 상충할 것이라는 편견에서 이제 벗어났으면 한다. 실제로 우리가 불일치한 부분은 일부에 지나지 않는다. 따라서 서로 많은 부분에 일치한다는 사실을 스스로 상기하는 건강한 자세가 필요하다.

이런 면에서 존 웨슬리가 보여준 모범이 매우 고맙다. 그는 이렇게 말했다.

"존 칼빈이 경건하고 학식이 깊고 현명한 사람이었다면 [제이콥 알미니우스] 역시 마찬가지였습니다. 오늘날 많은 칼빈주의자들이 경건하고 학식이 깊고 현명하듯이 많은 알미니안주의자들 역시 그러합니다."

계속해서 웨슬리는 이렇게 말했다.

"알미니안주의 설교자로서의 의무는, 첫째는 공적인 자리에서든 사적인 자리에서든 칼빈주의라는 말을 비하하는 뜻으로 사용하지 않는 것입니다. 그런 일을 두고 보는 사람은 비루한 욕설을 하는 것이나 하등 다를 바 없습니다. 이것은 기독교와는 물론이고 올바른 양식이나 태도와도 전혀 어울리지 않는 행동입니다. 둘째는 그런 행동이 죄악이고 어리석은 행동임을 보여줌으로 청중들이 그렇게 하지 않도록 최선을 다하는 것입니다."[24]

존 칼빈과 존 웨슬리 두 사람 다 관용적이고 지성적이며 명확한 사고력의 성경주의자로서 매도나 비난의 대상이 될 분들이 아니다.

개인적인 경험이지만 불행히도 알미니안주의자들은 칼빈주의자들이 포용력이 없다는 편견을 갖고 있으며 칼빈주의자들은 알미니안주의자들이 명확한 사고를 하지 못한다는 선입견을 갖고 있다.

존 웨슬리와 조지 휫필드는 옥스퍼드대학 시절 절친한 친구가 되었지만 신학적인 차이로 큰 갈등을 빚게 되었다. 웨슬리는 알미니안주의 입장에 서 있었고 휫필드는 칼빈주의 입장을 고수했다.

나중에 두 사람은 화해했다. 휫필드는 죽기 전 웨슬리에게 런던에서 열릴 세 차례 추도 예배의 설교를 부탁했다. 이것은 분명한 역사적 사실이다. 하지만 이 외에도 오늘날까지 회자되는 한 가지 흥미로운 이야기가 또 있다. 사실이라면 그들이 신학적으로 입장이 달랐다는 사실이 더욱 감탄스럽다. (내가 '사실이라면'이라는 단서를 단 것은 이 이야기가 여러 내용으로 회자되기 때문에 사실이 아닐 수도 있기 때문이다. 그러나 사실이 아니라 해도 충분히 있을 법한 이야기이다.)

이 이야기의 가장 일반적인 내용은 이렇다. 휫필드가 죽은 후 한 여성이 웨슬리에게 "웨슬리 목사님, 목사님은 천국에서 휫필드 선생님을 만나리라 생각하십니까?"라고 물었다. 웨슬리는 잠시 주저하더니 아주 진지한 표정으로 "아닐 것 같습니다. 부인"이라고 대답했다.

두 사람을 모두 사랑하고 존경했던 그 여성은 슬픈 목소리로 "그런 대답을 하실까 내심 걱정했었는데요."라고 대답했다.

웨슬리는 이렇게 대답했다.

"부인, 오해하지 마십시오. 조지 휫필드 씨는 영광스러운 하나님의 나라에서 찬란하게 빛나는 샛별과 같은 분이고 주님의 보좌 가까이 서 계실 분이기에 저 같이 하찮은 사람은 그의 얼굴조차 보지 못할 것이라는 말입니다."

천국에서 웨슬리와 휫필드를 만나면 이 이야기가 사실로 확인되기를 부디 바란다. 하지만 사랑하는 두 친구가 신학적으로 몇 가지 부분에서 수정 과정을 거치고 예수님의 사랑으로 하나된 모습을 분명히 볼 수 있으리라고 나는 확신한다. 이런 문제들을 대하는 내게도 동일한 은혜의 영이 임하기를 원한다.

존 웨슬리는 휫필드의 장례식에서 이렇게 말했다.

"상대적으로 비본질적인 교리들이 많이 있는데 이런 교리들을 두고 가장 신실하다고 하는 하나님의 자녀들조차 서로 불화하고 오랜 세월 분열을 거듭해 왔습니다. 이제 우리는 이런 문제들에 대해 '다름을 인정하기로 동의하는' 결단을 내려야 할 것 같습니다."[25]

스펄전은 칼빈주의자였지만 존 웨슬리에 대해 각별한 존경심을 보여 주었다.

> 열두 사도에 두 사도를 더 추가하고 싶다면 조지 휫필드와 존 웨슬리보다 더 적합한 사람은 없다고 믿습니다. 존 웨슬리는 자기희생과 열정, 성결과 하나님과의 사귐만으로 다 설명될 수 없는 훌륭한 인품의 소유자입니다. 그는 평범한 그리스도인들의 일

반적 수준을 완전히 뛰어넘는 삶을 살았고 '세상이 감당할 수 없는' 사람 중 한 명이었습니다. 저는 이런 진리들을 볼 수 없거나 적어도 우리가 설정한 방식으로 그 진리를 알 수 없었지만, 그럼에도 그리스도를 구세주로 영접했고 천국에서나 이 땅에서 가장 건전한 칼빈주의자로서 은혜의 하나님께 귀히 여김을 받는 수많은 사람들이 있다고 믿습니다.[26]

---

주

장이 시작할 때 나오는 두 번째 글은 W.H. 그리피스 토마스의 St. Paul's Epistle to the Romans: A Devotional Commentary(Grand Rapids, MI: Eerdmans, 1946) 266쪽에서 차용함.

**1.** A.H. 스트롱, Systematic Theology(Philadelphia: The Griffith & Rowland Press, 1907), 363쪽.

**2.** 사무엘 피스크, Divine Sovereignty and Human Freedom: Seeing Both Sides(Neptune, NJ): Loizeaux Brothers, 1973), 58쪽.

**3.** 알렉산더 맥클라렌, 사무엘 피스크의 Election and Predestination: Keys to a Clearer Understanding(Eugene, OR: Wipf and Stock, 1997) 14쪽에서 인용함.

**4.** A.W. 핑크, The Sovereignty of God(Mulberry, IN: Sovereign Grace, 2008), 168쪽.

**5.** A.W. 핑크, The Sovereignty of God, 168쪽.

**6.** C.H. 스펄전, "Faith and Regeneration"(1871년 3월 5일 Newington, 메트로폴리탄 테버너클, 979번 설교), www.spurgeon.org/sermons/0979.htm.

**7.** C.H. 스펄전, "Salvation by Knowing the Truth"(1880년 1월 16일 Newington, 메트로폴리탄 테버너클, 1516번 설교), www.spurgeon.org/sermons/1515.htm.

**8.** C.H. 스펄전, "Sovereign Grace and Man's Responsibility"(1858년 8월 1일 로얄 서레이 가든스, 207번 설교), www.spurgeon.org/sermons/0207.htm.

**9.** C.H. 스펄전, An All-Round Ministry: Addresses to Ministers and Students 중 "Faith", www.spurgeon.org/misc/aarm01.htm.

**10.** C.H. 스펄전, The Autobiography of Charles H. Spurgeon, 1834–1854, 수잔나 스펄전과 조셉 해럴드 편찬(Chicago: Fleming H. Revell, 1898), 1:176.

**11.** A.W. 토저, The Knowledge of the Holy (San Francisco, CA: Harper-One, 1992), 121–122쪽.

**12.** 찰스 시므온, Horae Homileticae: Romans (London: Holdsworth and Ball, 1833), 15:357.

**13.** 찰스 시므온, Horae Homileticae: Genesis to Leviticus, 1: xvii–xviii.

**14.** 찰스 시므온, Evangelical Preaching: An Anthology of Sermons by Charles Simeon 중 제임스 M. 휴스턴의 글, 제임스 M. 휴스턴과 존 R.W. 스토트 편집(Vancouver, BC: Regent College Publishing, 2003), xxiii.

**15.** 존 R.W. 스토트, Charles Simeon 편, Evangelical Preaching, 4–5쪽.

**16.** 존 R.W. 스토트 Charles Simeon 편, Evangelical Preaching, 5쪽.

**17.** 핸들리 카르 글린 모울, English Leaders of Religion : Charles Simeon (London:Methuen, 1892), 97–98쪽.

**18.** 찰스 시므온, Memoirs of the Life of the Rev. CHarles Simeon, M.A., 윌리엄 카루스 편집(London: Hatchard and Son, 1847), 674.

**19.** 찰스 시므온, Horae Homileticae: Genesis to Leviticus, 1: xxiii.

**20.** 랄프 왈도 에머슨, The Essay on Self-Reliance(East Aurora, NY: Roycrofters, 1908), 23쪽.

**21.** 로이 블랙우드, Willam Symington: Penman of the Scottish Covenanters (Grand Rapids, MI:Reformation Heritage Books, 2009), 연대 불명.

**22.** 에모 필립스, 리 코자르의 "The Wisdon of Emo Phillips"에서 인용함. http://cmgm.stanford.edu/~lkozar/EmoPhillips.html.

**23.** 카스파르 브랜드트, The Life of James Arminius, D.D., 존 거스리 번역(London: Ward, 1854), 235–236쪽.

**24.** 존 웨슬리, The Works of the Reverend John Wesley, A. M., 존 에모리 편집(New York: J. Collord, 1831), 6:134(문법 수정 작업함).

**25.** 존 웨슬리, Works, 1:477.

**26.** C.H. 스펄전, Autobiography, 1:176.

## 10장

### 모든 선택을 유익하도록 직조하시는 하나님을 신뢰하라

"당신들이 나를 이 곳에 팔았다고 해서 근심하지 마소서 한탄하지 마소서
하나님이 생명을 구원하시려고 나를 당신들보다 먼저 보내셨나이다."
창세기 45장 5절

"하나님은 그 사랑으로 언제나 우리에게 가장 좋은 것을 계획하신다.
그 지혜로 언제나 무엇이 최선인지 아시고
그 주권으로 그 일을 이룰 힘을 발휘하신다."
제리 브리지스

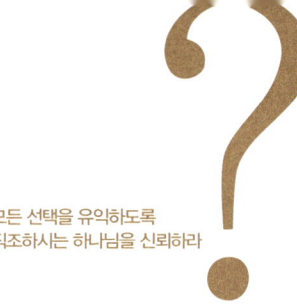

모든 선택을 유익하도록
직조하시는 하나님을 신뢰하라

가까이 지내는 지인 중에 강간의 아픈 과거를 지닌 이가 있다. 그녀가 겪었을 고통이 어떤 것인지 차마 짐작조차 하기 어렵지만, 그녀는 하나님이 이런 끔찍한 고통을 허락하신 이유가 분명히 있다고 믿는다. 강간으로 생긴 아기를 직접 키우지는 못했지만, 그 아이가 양부모의 사랑을 받으며 약속된 미래를 받았다고 확신한다. 그녀를 강간한 진범이 잡히지는 않았지만 그는 언젠가 그 죄의 대가를 감당하게 될 것이다.

"살아 계신 하나님의 손에 빠져 들어가는 것이 무서울진저"(히 10:31).

그녀는 그 강간범의 악행에 자신의 미래가 저당잡히도록 두지 않았고, 오히려 그녀를 창조하시고 대신 십자가로 나아가신 전능하신 분의 계획을 신뢰하기로 선택했다. 오해의 소지가 있을지도 모르지만, 나는 확신을 갖고 이렇게 말했다. 하나님은 절대 그녀를 지켜보시는 일을 멈추신 적이 없고 강간범이 그녀를 덮치던 날에도 그녀를 사랑하셨다고 말이다.

### 하나님은 악을 사용해 선을 이루실 수 있다

우리 운명은 타락한 인류의 손안에 달려 있지 않다. 정치인이나 변호사나 군인이나 기업가 심지어 배우자와 자녀들이 우리 운명을 좌우하지 않는다. 무슨 일을 당하든지, 그 일로 얼마나 큰 상처를 입든지 하나님은 고통스러운 일들을 온전히 선한 용도로 사용하실 수 있는 분이다.

유한한 인간이 저지른 악을 사용해 고도의 의도성을 지닌 무한한 선을 이루시는 하나님을 부당하다거나 그 성품과 어긋나게 행동하신다고 할 수 없다. 이 사실을 들을 때 오히려 우리는 싫어하시는 일조차 그분과 우리에게 궁극적인 기쁨이 되도록 사용하시는 하나님의 위대하심과 능력을 찬양해야 마땅하다.

### 하나님은 심지어 악한 영들도 그분의 뜻을 이루시는데 사용하실 수 있다

성경에 서로 모순되는 내용이 있다고 주장하는 비평가들은 때로 사무엘하 24장 1절과 역대상 21장 1절과 같은 구절을 인용해 그 논지를 증명하려고 시도한다. 전자는 하나님이 다윗을 부추겨 이스라엘에 인구 조사를 실시하도록 했다고 말하지만, 후자는 다윗이 그런 결정을 내리도록 부추긴 이가 사탄이라고 말한다. 어느 것이 사실인가? 둘 다 사실이다.

성경은 세 차례나 하나님이 악령을 보내셨다고 말한다. 한 번은 살인자를 심판하시기 위해(삿 9:23-24), 한 번은 사울 왕을 격동시키시기 위해(삼상 16:14-23), 한 번은 악한 아합 왕을 속이시기 위해서이다(왕상 22:19-23). 혹자는 이 악령이 귀신들이라고 주장하고 혹자는 인간의 영혼이라고 주장한다.

성경은 또한 사탄의 역사에 대해 말하는 문맥에서 배역한 사람들을 가리켜 하나님이 '미혹의 역사'가 일어나게 하셨다고 표현한다(살후 2:11-12).

하나님은 악을 행하지는 않으시나 창조주로서 지금도 귀신들을 포함한 피조물을 사용해 악인들을 심판하신다. 내 머리로는 절대로 이런 발상을 하기가 어려울 것이다. 하나님의 말씀이 계시해 주시지 않는 이상 이것을 믿을 리도 없을 것이다. 따라서 나는 오직 말씀에 맞추어 내 신학을 조정한다.

### 하나님은 악을 저지르지 않으시지만 이용하실 수 있다

어떤 이들은 하나님이 악을 이용하신다는 것을, 악을 저지르시며 악을 인정하시거나 혹은 심판하시지 않는다는 뜻으로 생각한다. 그러나 이것은 절대적으로 틀린 것이다.

친구가 강간을 당한 순간에도 하나님은 여전히 주권자 하나님이셨다. 하지만 나는 사랑하는 자녀가 폭행당할 때, 하나님이 강력한 분노를 발하셨으리라고 믿는다. 이렇게 믿는 이유는 성경이 "악인은 피차 손을 잡을지라도 벌을 면하지 못할 것이나 의인의 자손은 구원을 얻으리라"(잠 11:21)고 말하기 때문이다.

어떤 이들은 인간의 악이라는 맥락에서 하나님의 주권적 은혜를 인정하면 악행을 정당화하는 꼴이라고 주장한다. 바울은 그런 생각을 반박했다.

> "그러나 나의 거짓말로 하나님의 참되심이 더 풍성하여 그의 영광이 되었다면 어찌 내가 죄인처럼 심판을 받으리요 또는 그러면 선을 이루기 위하여 악을 행하자 하지 않겠느냐 어떤 이들이 이렇게 비방하여 우리가 이런 말을 한다고 하니 그들은 정죄 받는 것이 마땅하니라"(롬 3:7-8).

하나님이 주권적으로 악을 사용하실 수 있다고 악행이 정당화되거나 그 처벌이 가벼워지는 것은 아니다. 그것은 단지 하나님이 악인보다 비교할 수 없을 정도로 무한히 뛰어나신 분임을, 그리고 자기 백성들에게 유익을 끼치고자 하는 계획이 일개 피조물로 인해 수포로 돌아가지 않게 하시는 분임을 보여줄 뿐이다.

분명히 하나님은 그녀가 당한 범죄를 증오하셨다. 그 일에 크게 진노하셨다. 물론 하나님은 그 강간범의 행동을 저지하시고 그녀가 이후에 처절한 고통을 당하지 않게 막으실 수도 있었다. 하지만 모든 것이 합력하여 선을 이루신다는 로마서 8장 28절의 약속이 이 절과 직접 연관된 문맥에서 언급한 너무나 고통스러운 고난에 적용된다면 그녀에게도 분명히 적용된다. 하나님이 계시로 주신 진리가 아니라면 이 말은 진저리나게 무감각한 말처럼 들릴 것이다. 그래서 이 진리는 희망이 전혀 없는 곳에 희망을 준다.

하나님은 영원한 축복을 실현하시기 위해 의도적 목적으로 악을 허용하시기 때문에 우리 머리로는 이해가 되지 않을 때에라도 그분을 신뢰해야 마땅하다.

### 하나님은 전능하신 동시에 지혜로 충만하신 분이다

비극적 사건들을 예방하시고 병을 고쳐 주심으로 권능을 베푸실 수 있음에도 그렇게 하지 않으시는 하나님을 볼 때, 우리는 때로 혼란에 빠진다. 우리는 악을 일거에 처치하시고 악에서 상처받지 않도록 보호해 주시는 하나님이 더 좋다. 그러나 전능하심만이 하나님의 유일한 속성은 아니다.

하나님은 또한 지혜를 베푸심으로 영광을 받으신다. 그런데 그분의 지혜를 깨닫는 일은 때로 시간이 걸린다. 언젠가 그분 앞에 서서 악을 막지 않으시고 우리의 궁극적 유익에 사용하신 하나님의 지혜에 경탄할 날이 올 것이다.

제리 브리지스는 이렇게 말했다.

> 하나님이 정말 주권자가 되신다면, 진심으로 우리를 사랑하신다면, 성경의 가르침이 정말 사실이라면, 하나님은 우리의 선을 이루고자 하는 궁극적 뜻에 배치되는 어떤 고통도 허락하지 않으실 것이다. 지금 이 시간에 또 다른 불행으로 고통당하고 있다면, 이런 말이 너무나 무정하게 들릴 수도 있음을 안다. 그러나 이런 말을 하는 까닭은 이것이 진리라고 믿기 때문이다. 성경이 이렇게 가르치고 있을 뿐더러 언젠가 그분을 직접 뵈옵는 날, 이것을 사실로 확인하게 될 것이다.[1]

언젠가 그 날이 올 것이다. 그러나 그 날이 오기까지 하나님은 우리 각자 믿음으로 살라고 부르신다.

### 하나님의 참으심은 놀라운 자비의 표현이다

바울은 "만일 하나님이 그의 진노를 보이시고 그의 능력을 알게 하고자 하사 멸하기로 준비된 진노의 그릇을 오래 참으심으로 관용하시고 또한 영광 받기로 예비하신 바 긍휼의 그릇에 대하여 그 영광의 풍성함을 알게 하고자 하셨을지라도 무슨 말을 하리요"(롬 9:22-23)라고 반문했다.

여기서 "멸하기로 준비된 진노의 그릇"으로 묘사된 사람들이 누구인가라는 난제는 지금 논하기에 적절하지 않다. 그러나 해석에 관한 논쟁 때문에 하나님이 궁극적으로 심판하실 자들을 인내하심으로 관용하시고 구속받은 자들에게는 자비를 베푸신다고 말씀하신 사실을 간과해서는 안 된다.

에베소서 2장 7절은 이 구절과 유사하다. 하지만 승리의 부활을 비롯해 그리스도 안에서 하나님의 구원 사역이 "그 은혜의 지극히 풍성함을 오는 여러 세대에 나타내려" 하기 위함이라는 사실을 추가하고 있다.

하나님의 영광은 우주의 가장 지고한 선이다. 하나님은 악과 고통을 허용하심으로-그리고 오래 참으심으로 심판을 미루시다가 결정적인 심판을 내리실 뿐 아니라 그 악과 고통을 종식시키고자 대가를 치루심으로-그분의 성품이 계시되고 자기 백성들이 영원토록 그분을 기쁨으로 경배하게 되리라는 것을 아신다.

### 하나님과 사탄은 동일한 고통을 사용하지만 목적이 다르다

고린도후서 12장 7절에서 바울은 "여러 계시를 받은 것이 지극히 크므로 너무 자만하지 않게 하시려고 내 육체에 가시 … 를 주셨으니"라고 말했다. 본문 내용이 이것이 전부라면 육체의 가시를 주신 이는 당연히 하나님이실 것이다. 사탄이라면 분명히 바울이 자만하도록 만들고 싶었을 것이다!

그러나 바울은 바로 이어 육체의 가시가 그를 괴롭히는 '사탄의 사자'라고 설명한다. 서로 철저히 대적하는 두 초자연적 존재가 한 절에서 별개의 목적으로 바울에게 육체의 가시를 주었다고 서술되어 있다. 하나님의 목적은 그를 괴롭히기 위해서가 아니라 자만하지 않도록 보호하는데 있었다면, 사탄은 그를 괴롭혀 하나님을 외면하는 데 목적이 있었다.

다음 절에서 바울은 세 번이나 이 '가시'를 제거해 달라고 구했지만 하나님이 거절하셨다고 말한다. 그러나 주님은 바울의 기도에 응답하시지 않은 이유를 밝혀 주셨다.

"내 은혜가 네게 족하도다 이는 내 능력이 약한 데서 온전하여짐이라"(9절).

바울은 고난을 기쁨으로 받아들였다. 어떻게 이런 태도가 가능했는가? 하나님께 주권적인 사랑의 뜻이 있음을 그가 알았기 때문이다. 성경에는 이런 유형이 반복해서 등장한다.

- 요셉의 형들은 악의로 그가 고통당하도록 만들었지만 하나님은 선한 목적으로 그 고통을 이용하셨다.
- 사탄은 악의로 욥에게 고통을 주었지만 하나님은 그 고통에 대해 선한 목적을 갖고 계셨다.

- 사탄은 악한 의도로 예수님이 고통당하게 했지만 하나님은 선한 의도로 그 고통을 주셨다.
- 사탄은 악한 목적으로 바울이 고통당하게 했지만 하나님은 선한 목적으로 그 고통을 허락하셨다.

그렇다면 하나님의 자녀인 우리 역시 이런 문장을 작성할 수 있지 않겠는가?

- 사탄은 악한 목적으로 내게 고통을 주지만 하나님은 선한 목적으로 그 고통을 허락하신다.
- 사탄은 악한 목적으로 당신에게 고통을 주지만 하나님은 선한 목적으로 그 고통을 사용하신다.

요셉과 욥과 예수님과 바울의 경우 모두 하나님의 뜻이 승리했다. 요한은 "너희 안에 계신 이가 세상에 있는 자보다 크심이라"(요일 4:4)고 편지했다. 당신은 사탄과 하나님 중 누구의 뜻에 이바지하고 있는가? 사탄은 우리 믿음을 파괴하려 하지만 하나님은 우리를 붙들어 줄 그 주권적 은혜를 의지하도록 초청하신다.

사탄이 아니라 하나님의 주권을 인정할 때, 우리의 시야가 달라진다. '사탄의 사자'를 선한 목적으로 사용하실 수 있는 하나님이라면 자동차 사고나 회사의 비합리적인 요구, 심지어 우리 자신의 어리석은 실수까지 선한 목적으로 사용하실 수 있다.

지금 당신을 괴롭히는 질병이 사탄이 준 것인지, 타락의 저주 아래 있는 인간 유전자나 의사의 잘못된 판단 때문인지, 아니면 하나님이 직접 주신 것인지는 알 수 없다. 하지만 분명히 알아야 할 것은 하나님이 주권자가 되신다는 사실이다. 또 하나님이 지금 병을 고쳐 주시든 십년 후에 고쳐 주시든, 아니면 부활할 때까지 기다려야 하든 당신 안에 두신 그분의 선하신 뜻을 이루고자 원하신다는 사실 역시 잊어서도 안 된다.

마찬가지로 사탄은 욥이 믿음을 버리고 파멸하기를 원했지만 하나님은 욥이 정결하게 되어 강건한 믿음의 소유자가 되기를 원하셨다. 사탄이 욥을 파멸시키려 가한 바로 그 비극이 그의 성숙에 유익하게 사용되도록 하셨다(비록 엄청난 대가를 치러야 했지만 말이다). 이것이 성경이 말하는 진리이므로 하나님은 우리의 고통도 유익하게 사용되기를 원하신다(고전 10:11). 하나님은 사탄과 동일한 고난을 완전히 다른 목적으로 사용하지만 하나님의 뜻이 언제나 승리한다. 하나님은 주권자 되시지만 사탄은 아니기 때문이다.

### 하나님은 다스리시되 또한 허용하신다

갑자기 도끼날이 빠져 근처에 있던 사람을 죽이는 사고가 일어났다고 가정해 보자. 이럴 때 하나님은 도끼 주인에 대해 무엇이라고 말씀하시는가?

"만일 사람이 고의적으로 한 것이 아니라 나 하나님이 사람을 그의 손에 넘긴 것이면 내가 그를 위하여 한 곳을 정하리니 그 사람이 그리로 도망할 것이며"(출 21:13).

모세는 하나님이 그 사고를 일으키신 것이 아니라 "일어나게 두셨다"라고 말한다. CEV는 ESV와 비슷하게 번역한다.

"누군가를 고의로 죽인 것이 아니고 나 여호와가 일어나게 둔 경우라면…"

NASB, RSV, CEB, NCV, NIRV, ESV, NLT 역시 '두다' 혹은 '허용하다'라는 단어를 사용한다.

마가복음 5장 12-13절에도 유사한 표현이 등장한다. 이 본문은 귀신들이 예수님께 돼지 떼로 들어가게 해 달라고 간청하자, 예수님이 "허락하신대"라고 말한다.

하나님은 불순종하는 백성들을 가리켜 "내가 그들을 더럽혔음은 그들을 멸망하게 하여 나를 여호와인 줄 알게 하려 하였음이라"(겔 20:26)고 말씀하셨다.

때로 하나님은 귀신들이나 인간이 특정한 선택을 하지 못하게 막으시기도 한다. 야곱은 라반에 대해 "하나님이 그를 막으사 나를 해치지 못하게 하셨으며"(창 31:7)라고 말했다. 하나님은 아비멜렉에게

"너를 막아 내게 범죄하지 아니하게 하였나니"(창 20:6)라고 말씀하셨다. 예수님은 귀신을 쫓아내시면서 "그들이 말함을 허락하지 아니하"셨다(눅 4:41).

"하나님이 일어나게 하신다"가 더 성경적이고 그분의 주권과 어울리기 때문에 "하나님이 허락하셨다"는 표현을 써서는 안 된다고 주장하는 사람들이 있다. 그러나 성경에서 '일어나게 하다'나 '하게 만들다'와 더불어 더 수동적인 의미의 '허용하신다'는 표현이 사용되기 때문에 우리 역시 사용하지 않을 이유가 없다.

내가 여기서 하나님의 작정보다 하나님의 허용하심을 의도적으로 강조하는 이유는 여러 다양한 신학적 주장의 공통된 기반이 되기 때문이다. 그러나 나는 하나님의 허용하심은 수동적이고 미약한 행위가 아니라 적극적이고 확실한 행위라는 점을 분명히 해 둔다. 권력이 강한 사람일수록 허용하는 행위가 더 중요한 의미를 지닌다. 이웃이 시야를 가리는 나무를 베도록 내가 허용하는 것과 대통령이 장군에게 해외 파병을 하도록 허용하는 것은 그 차원이 다르다.

하나님이 '무엇인가'를 허용하시는 행위는 생각보다 훨씬 더 강한 힘이 있다. 무엇보다 하나님이 허용하시는 일은 실제로 일어난다. 조니 이렉슨 타다의 표현을 빌리자면 "하나님은 원하시는 일을 이루기 위해 미워하시는 일도 허용하신다."[2)]

욥기 마지막 장은 그의 가족과 친구들이 "여호와께서 그에게 내리신 모든 재앙에 관하여 그를 위하여 슬퍼하며 위로하고"(욥 42:11)라고 말한다. 그러므로 욥기 저자는 욥에게 고난을 주신 이가 하나님이라고 말하고 있는 셈이다. 그러나 욥기 초반에서는 사탄이 욥에게 그 고난을 주도록 하나님이 허락하셨을 뿐이라고 했다(욥 1:12). 결국 하나님의 허용하심은 우리가 생각하는 것보다 훨씬 적극적인 행위로 보인다. 특정한 목적으로 악을 허용하시는 것은 작정하심보다 간접적인 행위이지만 그에 근접하는 행위이다.

많은 사람들이 이런 사실을 혼란스럽게 받아들이지만 올바로 이해하면 위로가 된다. 정작 우리가 고민할 일은 사탄이나 악인들이나 질병이나 사고로 사랑하는 백성된 자녀들의 인생이 망가지더라도 하나님이 수동적으로 지켜 보며 방관하신다는 잘못된 생각이다. 하나님이 우리 인생에 고통을 허락하시는 이유는(혹은 때로 주시는 이유는) 우리가 원하시는 모습으로 변화되도록 도우시기 위해서이다.

### 인간의 선택이 하나님의 주권적 계획을 좌절시키지 못한다

어떤 의미에서 모든 살인 사건과 폭력과 자연 재해는 세상이 그분의 뜻을 어기도록 하나님이 허용하셨다는 증표이다. C.S. 루이스는 이것을 일종의 '신적 유기'(divine abdication)라고 했다. 그러나 이런 유기가 사실상 의지적인 허용하심이라면 어떻게 되는가?

성경은 전능하신 하나님이 실제적이고 유효한 선택을 허용하시는 것은 능력의 상실이 아니라 능력의 위임이라고 지적한다. 그렇게 위임된 능력은 남용될 수 있고 실제로 그런 일이 빈번히 발생한다. 하지만 하나님은 그 선택을 기각하시고 개입의 기적을 행사하실 수 있다. 또 실제로 그렇게 행동하시기도 한다.

죄가 세상에 들어오기 전, 하나님은 사람들에게 세상을 다스리도록 맡기셨다. 하나님이 이 책임을 위임하신 것은 마치 중요한 일을 시작한 아버지와 비슷하다. 하나님은 여전히 소유주이시고 최종 결정권자이셨지만 자녀들에게 리더십 권한을 허용하시고 그들이 그 뜻을 펼치도록(일정한 한계 내에서) 하셨다.

이제 우주의 경영자가 인간의 아버지로서는 할 수 없는 일을 할 수 있다고 생각해 보라. 옳고 그른 우리의 모든 결정을 주권적으로 사용하셔서 궁극적 목적을 성취하시는 것이다. 그럴 경우, 통치를 포기하신 것처럼 보인다 해도 실제로 여전히 통치를 유지하시는 것으로 보아야 하지 않겠는가? 나는 성경이 바로 이렇게 가르친다고 생각한다.

운전 중에 핸드폰을 받느라 인도를 덮쳐 길 가던 어린 소녀를 치여 죽인 순간, 하나님이 그 소녀와 가족들, 친구들을 위해 계획하신 모든 선한 일이 무위로 사라진다고 믿는가? 아니면 그 참혹한 순간과 그 이후까지 하나님의 어떤 뜻이 있다고 믿는가?

나치의 강제 수용소에서 살아남은 코리 텐 붐은 "하나님이 아름다운 직조물을 짜고 계신다"는 표현을 즐겨했다. 하나님은 위에서 그 직조물의 놀라운 아름다움을 보고 계시지만 우리 눈에는 서로 설킨

매듭 투성이의 뒷면만 보인다. 그러나 어느 날 그 직조물의 윗면을 볼 날이 온다. 코리 텐 붐은 자신이 겪은 고통이나 악을 결코 부정하지 않았고 우리 역시 그러해서는 안 된다. 그러나 하나님은 악과 고통에도, 심지어 가장 어두운 실을 사용하셔서 놀랍도록 아름다운 작품을 짜실 수 있다. 언젠가 우리는 그 직조물의 한 부분으로 들어간 우리의 자리를 보고 우리를 그 자리에 두신 하나님께 아낌없는 감사를 드릴 것이다.

### '우연한' 일도 하나님의 주권적 계획에 사용된다

악한 왕 아합이 전쟁을 위해 군대를 소집하는 흥미로운 기록이 성경에 나온다. 한 선지자가 대담하게 "이제 보소서 여호와께서 거짓말하는 영을 왕의 이 모든 선지자들의 입에 넣으셨고 또 여호와께서 왕에게 대하여 재앙을 말씀하셨나이다"(대하 18:22)라고 예언했다. 그러자 아합은 동맹을 맺은 여호사밧 왕에게 자신의 복장으로 전투에 나가라고 부탁하고 자신은 일반 병사로 위장한다. 그렇게 하면 자기를 노리는 적군의 눈을 속일 수 있다고 생각한 것이다.

그래서 결과는 어떻게 되었는가?

"한 사람이 무심코 활을 당겨 이스라엘 왕의 갑옷 솔기를 쏜지라 왕이 그의 병거 모는 자에게 이르되 내가 부상하였으니 네 손을 돌려 나를 진중에서 나가게 하라 하였으나 이 날의 전쟁이 맹렬하였으므로 이스라엘 왕이 병거에서 겨우 지탱하며 저녁 때까지 아람 사람을 막다가 해가 질 즈음에 죽었더라"(대하 18:33-34).

성경은 '무심코' 활을 당겼다는 표현으로 궁수의 행동을 묘사하지만 그 화살의 방향을 조정하신 이는 분명히 하나님이었다. 그 '무심코 당긴' 화살에는 아합의 이름이 새겨져 있었다. 이 구절이 모든 우연한 일을 하나님이 다 조율하신다는 증거라고 볼 수는 없지만, 하나님이 영원하신 뜻을 이루시기 위해 최소한 '우연히 일어나는 무심한' 사건들을 어느 정도 계획하신다는 것을 분명히 확인해 준다.

하나님이 '무심코 당긴' 화살을 사용하신다면 비극적 '사고'나 '불운한' 낙상 사고 역시 하나님의 뜻과 계획에 사용되지 말라는 법이 있는가? 끔찍한 사건들은 정말 가슴 아픈 일이지만 하나님의 계획 속에 포함되어 있다. 우연히 일어나는 사건들은 하나님의 통치 밖에 있다는 잘못된 생각에 빠지면 평생 과거에 매여 고통 중에 살아가게 된다.

"의사가 2년 전에 엑스레이 사진을 더 꼼꼼하게 판독했더라면, 아니면 식료품점에 인파가 조금만 적게 몰려들었다면 어떠했을까? 그러면 그렇게 사거리에서 신호를 기다리다가 술에 만취한 운전자의 차에 치여 아내가 죽는 일은 없었을 텐데."

일부 신학자들의 주장대로 세상의 모든 일이 우연에 맡겨진다면 사람들과 귀신들과 운이 우리 운명을 결정할 것이다. 우리는 이런 주장에 영향을 받아 스스로를 망칠 수도 있고, 아니면 비극적 사건 속에서도 하나님의 위대하심을 인정하며 그 주권적 뜻을 받아들일 수 있다.

하나님은 피해 의식이나 운명론에 빠지도록 우리를 부르신 것이 아니라 그분의 성품과 언약과 뜻을 믿는 믿음으로 우리를 부르신다.

### 하나님은 우리의 최선을 이루는데 사용하실 수 있는 것만 허용하신다

앞에서는 여러 차례 로마서 8장 28절을 언급하는데서 그쳤지만 이제 더 자세히 내용을 분석해 보고자 한다. 중요하지만 종종 스치고 지나가는 이 절은 "우리가 알거니와 하나님을 사랑하는 자 곧 그의 뜻대로 부르심을 입은 자들에게는 모든 것이 합력하여 선을 이루느니라"라고 되어 있다. 이 궁극적 '선'을 이루는데 우리가 당하는 악과 고난도 이용된다.

자녀의 영원한 선에 기여할 수 없는 일이라면 하나님은 그 일이 일어나도록 허용하시지 않는다. 저자가 심각한 어려움과 고난 중에 쓴 이 구절을 이외에 달리 어떻게 해석할 수 있을지 나는 모른다.

여러 번역 성경은 로마서 8장 28절을 헬라어 원문과 뉘앙스가 조금씩 다르게 번역한다. 하나님을 사랑하는 자들에게는 "모든 일이 선한 방향으로 협력한다"(ESV, KJV), "모든 일에 하나님은 선을 위해 일하신다"(GNT), "하나님은 모든 일이 선한 방향으로 협력하도록 하신다"라고 말이다(NASB).

이 번역 성경들의 '모든 것'이라는 표현은 말 그대로 모든 것을 의미한다. 일부 일이나 대부분의 일들이 아니라 모든 일이 합력하여 우리의 선을 이룬다는 말이다. 그렇다면 '모든 것'에 포함되지 않는 일은 무엇인가? 이 번역 성경 중 세 번역은 '협력'이라는 단어를 사용해 개별 사건들이 아니라 모든 사건의 총체에 초점을 맞춘다. "개별 사건 자체가 선하다"고 말하는 것이 아니라 하나님의 주권적 통치 하에서 "모든 것이 합력하여 선을 이룬다"고 말하는 것이다.

어머니는 케이크를 만드실 때, 먼저 필요한 재료를 모조리 부엌 조리대에 꺼내 놓으셨다. 어느 날, 나는 각 재료의 맛을 일일이 보았다. 베이킹 파우더, 베이킹 소다, 계란 등 재료들을 각각 맛보았다. 그런데 맛이 전혀 없었다. 하지만 어머니가 적정 양으로 모든 재료를 섞어 구우면 놀라운 변화가 일어났다. 재료만 맛보고 그쳤더라면 케이크가 그렇게 맛있을 수 있다는 것을 절대 믿지 않았을 것이다.

마찬가지로 시련과 비극적 사건이라는 개별적 재료들은 쓴 맛이 난다. 로마서 8장 28절은 내가 강도를 만나 두들겨 맞았거나 자식이 죽었더라도 "좋아요"라고 말해야 한다고 이야기하지 않는다. 그러나 하나님이 그 재료들을 꼼꼼하게 측정하고 섞어 반죽하신 후, 온도를 올리시면 적정한 때에 완벽한 요리가 최종적으로 완성된다. 하나님은 오히려 쓴 재료들을 뒤섞어 반죽하신다. 그리고 이제 케이크를 만들고 계신다. 맛있는 냄새가 풍기고 우리는 이생이 끝나기 전에 그 케이크를 맛볼 수도 있다. 그러나 자리에 제대로 앉아 완벽하게 맛있는 케이크를 먹을 곳은 이 세상이 아니라 저 세상이다.

### 아버지 하나님은 우리에게 예수님을 닮아가라고 하신다

우리는 바로 지금 건강과 기쁨을 주는 것이 선이라고 생각하는 경향이 있다. 하지만 하나님은 우리가 예수님을 닮아가는데 도움이 되는 것을 선이라고 하신다.

하나님이 이루고 계신다고 바울이 확신하는 '선'은 고난 중에 누리는 기쁨이 아니라 궁극적 선을 의미한다. 아내 조이가 암으로 투병하는 모습을 지켜보면서 C.S. 루이스는 친구에게 이렇게 편지했다.

"하나님이 우리에게 최선이 될 일을 해 주시리라는 점은 별로 의심하지 않네. 다만 그 최선이 얼마나 고통스러울지 궁금할 따름이네."[3]

로마서 8장 29절에서 바울은 하나님이 모든 일이 협력하여 선을 이루도록 하신다는 주장의 근거를 설명한다.

"하나님이 미리 아신 자들을 또한 그 아들의 형상을 본받게 하기 위하여 미리 정하셨으니."

알미니우스는 이 절의 예지하심을 이렇게 설명했다.

"하나님은 특정한 사람들을 구원하고 저주하기로 작정하셨다. 이 작정은 하나님의 예지하심을 근거로 한다. 예지하심을 통해 선행 은총으로 믿음을 갖고 후속적 은총으로 그 믿음을 견인하게 될 사람들을 영원부터 미리 아셨다."[4)]

칼빈주의자들은 보통 이 절에서 말하는 하나님의 예지가 하나님이 이 사람들에 대해 무엇인가를 아셨다는 의미라고 이해하지 않는다. 그들은 하나님이 이 사람들 자체를 아시고 그들을 구별하여 그 마음에 품고 구원의 관계를 누릴 수 있도록 하신다는 의미로 이해한다.

그러나 칼빈주의자이든 알미니안주의자이든 이 절이 하나님의 자녀로서 우리의 가장 중요한 소명을, 즉 그리스도를 본받는 것이 우리 소명임을 보여 준다는 데에는 이견이 없다. 하나님이 악과 고통에서 건져 달라는 우리 기도에 전부 응답해 주신다면 그리스도를 닮아 가는 것에서도 우리를 건져 주셔야 할 것이다.

아들이 죽고 10개월이 흐른 후, 친구인 그렉 로리 목사는 "지금처럼 배우고 성장하면서 주님과 더 가까워지기를 원했다네. 하지만 크리스토퍼가 살아 있으면 좋겠네"라고 말했다. 나 역시 역경을 통해 하나님이 주신 선을 이루더라도 아무 상실과 고통이 없었으면 하고 바란다. 그러나 그렉이나 많은 사람이 알고 있듯이 그런 일은 일어나지 않는다.

인간의 자유 의지라는 교리를 오해해서 우리 인생이 우리 손에 달려 있다거나 우리가 승낙하지 않으면 하나님이 움직이실 수 없다고 착각해서는 안 된다. 하나님의 자녀가 살면서 겪는 모든 일은 아버지께서 이미 걸러내신 것이다. 고난으로 그리스도를 닮게 될지는 어느 면에서 복종하고 그분을 의지하고자 하는 우리의 선택에 달려 있다. 고난으로 그리스도를 더 닮아가든 아니든 고난은 찾아온다. 그러나 그것을 그리스도를 닮아가는 기회로 삼지 않는다면 그 고난을 무의미하게 허비하는 셈이 된다.

스펄전은 "하나님이 만물을 통치하시고 지혜로 다스리시며 악으로 선을 도모하신다고 믿으면, 성도의 마음은 평안을 누리며 어떤 시련도 평온한 마음으로 맞설 수 있게 된다"[5]고 말했다.

### 하나님은 악으로 선을 이루셔서 그분의 위대하심을 드러낸다

한 인간의 위대함을 판단할 때, 우리는 그가 극복한 장애의 정도를 척도로 삼는다. 에베레스트 산을 등정한 등산가를 위대하다고 하는 이유는 그 산의 거대함 때문이다. 장대 높이뛰기 선수가 9피트를 뛰어넘으면 전혀 놀라울 게 없지만 20피트를 넘는 선수는 역사를 만든다.

구속 드라마도 마찬가지이다. 죄와 사망, 사탄과 그의 부하들, 우리가 가야 마땅한 지옥 등 하나님은 이 모든 강력한 장애를 극복하심으로 그분의 위대하심을 증명하셨다. 장애가 클수록 하나님이 받으실 영원한 영광도 커진다.

한번 생각해 보자. 완벽하고 아무 고통이 없는 세상이라면 하나님의 주권, 지혜, 은혜, 자비, 참으심, 사랑이 얼마나 놀랍고 위대한지 우리가 알 길이 있겠는가?

하나님의 구속 사역 역시 그분의 주권을 더욱 영원토록 찬양하게 만든다. 악조건에서 선을 이끌어내는 사람을 보면 우리는 찬사를 보낸다. 그러나 완전히 구제 불능의 악에서 믿기 어려울 정도로 선한 것을 이루어낼 수 있는 이는 더욱 놀랍다.

우주가 하나님의 무한한 위대하심을 증명하고자 존재한다면 하나님이 최고봉인 구속의 산을 정복하시리라 기대해야 당연하지 않겠는가? 하나님이 그분의 놀라운 위대하심을 보여 주셔야 할 정도로 사망, 악, 고통의 문제들, 그리고 어둠의 세력과 인간 반역의 정도가 광폭한 것이 분명하다.

하나님께 장애물을 해결해 달라고 구할 때마다 하나님의 위대하심을 더 선포할 기회를 없애 달라고 구하는 것일 수도 있음을 우리는 깨달아야 한다. 분명히 하나님은 고통을 해결해 달라는 우리의 기도를 들어주시기도 한다. 이런 응답 역시 그분의 위대하심을 증명하기에 그 응답하심을 찬양해야 한다. 그러나 하나님이 우리 기도에 부정적으로 응답하실 때는 그분이 무엇이 최선인지 아시기 때문이라는 사실을 인정해야 한다.

제리 브리지스는 이 점을 더 잘 이해하도록 도와준다.

> 성도들은 좋은 일뿐 아니라 재앙도 하나님의 주권 아래 있다는 성경의 주장을 불편하게 여기지 말고 오히려 그 사실에서 위로를 받아야 한다. 우리는 어떤 재앙이나 곤경을 만나더라도 우리

를 사랑하시는 아버지의 뜻이 그 안에 있다는 점을 확신할 수 있다. 히스기야 왕 역시 "내게 큰 고통을 더하신 것은 내게 평안을 주려 하심이라"(사 38:17)고 말했다. 하나님은 기분 내키시는 대로 그분의 주권을 행사하시지 않는다. 오직 그분의 무한하신 사랑으로 우리에게 최선이 될 수 있도록 주권을 행사하신다.[6]

### 일시적인 고난은 우리를 위한 하나님의 계획과 비교가 되지 않는다

로마서 8장 28절보다 10절 앞선 절에서 바울은 우리에게 소중한 통찰을 제공해 줄 내용을 소개한다.

> "생각하건대 현재의 고난은 장차 우리에게 나타날 영광과 비교할 수 없도다"(18절).

로마서를 쓸 당시에 바울은 이미 우리 대부분은 평생 겪어 보지도 못할 숱한 고통과 고난을 견뎌왔다. 우리는 이 사실을 기억해야 한다. 그는 무서운 매질과 감옥 생활, 굶주림, 비방, 극한 결핍, 조난 사고, 돌에 맞는 등(고후 11:23-29) 온갖 고초를 겪었다. 그는 따뜻한 난로 앞에 아늑한 안락 의자가 아니라 인생의 거친 풍파 속에서 신학을 배웠다.

바울은 그렇게 힘든 길을 이미 지나왔기에 "만일 그리스도 안에서 우리가 바라는 것이 다만 이 세상의 삶뿐이면 모든 사람 가운데 우리가 더욱 불쌍한 자이리라"(고전 15:19)고 말할 수 있었다. 바울은 너무나 가혹한 역경의 인생을 선택했기에 이 세상의 쾌락이 기대할 수 있는 전부라면 스스로를 가련한 바보에 지나지 않는다고 생각했을 것이다. 그래서 그는 또한 "내가 사람의 방법으로(단순히 인간적인 이유로) 에베소에서 맹수와 더불어 싸웠다면 내게 무슨 유익이 있으리요"라고 썼다. 영원한 부활의 인생이 없다면 바울은 "내일 죽을 터이니 먹고 마시자"(32절)라는 에피쿠르스의 철학을 받아들이는 편이 더 낫다고 생각했을 것이다.

그러나 바울은 그런 철학을 받아들이지 않았다. 오히려 그리스도와 함께 일어나서 영원히 살기를 온전히 고대하고 갈망했다. 놀라운 신비로 충만하여 어떤 말로도 그 찬란한 영광을 형언하기 어려운 그곳을 갈망했다. 현재의 고난은 우리가 장차 누릴 영광과 족히 비교할 수 없다고 그가 진정으로 말할 수 있었던 까닭은 바로 이 때문이었다.

이 생의 고난과 고통을 인정하나 하나님과 함께 하는 영광스러운 미래를 고대할 때, 우리는 이 경주를 완주할 힘과 용기를 얻게 된다. 이 세상에서 아무리 처절한 고통을 겪어도 그것은 그곳에서 누릴 최소의 기쁨과 비교조차 되지 않는다. 이 세상에서 당하는 고난의 이유를 다 이해할 수 없더라도 바울은 우리가 영원한 천국에서 누릴 영광으로 다 보상받을 수 있다는 확신을 준다.

바울의 말을 믿는가? 각자의 신학적 입장과 관계없이 그것은 우리가 각자 내려야 할 선택의 문제이다.

주 ─────────────────────────────

장이 시작할 때 나오는 두 번째 글은 익명 저자의 글로, 제리 브리지스의 Is God Really in Control? Trusting God in a World of Hurt(Colorado Springs, CO:NavPress, 2006), 19쪽에서 인용함.

1. 브리지스, Is God Really in Control? 50쪽.
2. 조니 이렉슨 타다와 스티븐 이스테스, When God Weeps(Grand Rapids, MI: Zondervan, 1997), 84쪽.
3. C.S. 루이스, Letters of C.S. Lewis, W.H. 루이스 편집(Boston: Mariner Books, 2003), 477쪽.
4. 제이콥 알미니우스, The Works of James Arminius, D. D., 제임스 니콜스 번역(Auburn, NY: Derby, Miller and Orton, 1853), 1:248.
5. C.H. 스펄전, Morning and Evening: Daily Readings, 8월 5일 오전 설교. www.ccel.org/ccel/spurgeon/morneve.d0805am.html.
6. 제리 브리지스, Is God Really in Control? 20쪽.

# 11장

## 인간의 선택을 허락하신 주권자 하나님의 손을 잡으라

·

하나님의 주권, 인간의 선택, 칼빈주의,
알미니안주의에 대한 결론적 고찰

"주 여호와여 주께서 주의 크심과 주의 권능을 주의 종에게 나타내시기를
시작하셨사오니 천지간에 어떤 신이 능히 주께서 행하신 일
곧 주의 큰 능력으로 행하신 일 같이 행할 수 있으리이까".
신명기 3장 24절

"하나님이 주권적 하나님이 아니시라면 피조물에게 도덕적 자유를
부여할 수 없으셨을 것이다. 그런 자유를 부여하기를 두려워하셨을 것이다."
A.W. 토저

인간의 선택을 허락하신
주권자 하나님의 손을 잡으라

본서 앞부분에서 칼빈주의자들과 알미니안주의자들이 상대방의 입장을 왜곡하는 문제를 다룬 적이 있다. 사실 누구나 자기 입장을 고수하고자 하는 성향이 있다.

어릴 때부터 교회에서 자란 사람들은 가족들과 그들이 몸담았던 신학에 스스로 얼마나 깊이 젖어 있는지 자각하기가 쉽지 않다. 신앙 생활을 시작하고 첫 10년 동안 나는 알미니안주의적 시각에서 신앙을 배웠다. 그러나 기독교 가정에서 자라지 않았던 터라 나의 핵심 정체성으로 뿌리내릴 만큼 그 시간이 길지 않았기 때문에 나는 나의 초창기 알미니안주의 신앙에서 점진적이나마 비교적 수월하게 벗어날 수 있었다.

늘 칼빈주의자였던 사람들은 때로 매사에 자신이 칼빈주의라는 안경을 배타적으로 고집한다는 사실을 자각하기가 어렵다. 많은 칼빈주의자들은 칼빈주의 외에 다른 신학을 배웠던 적이 한 번도 없고 알미니안주의가 이단이라고 오랫동안 믿어왔다. (사실 칼빈주의자나 알미니안주의자나 모두 참된 복음을 전하기도 하고 거짓된 복음을 전하기도 한다. 실제로 무엇을 믿는지는 직접 듣고 확인해 보아야 알 수 있다.)

한때 알미니안주의자였지만 이제 명색이 칼빈주의자라 생각하는 나는 양 입장에 대한 찬반 논쟁이 이해된다. 이제는 개혁주의적 신앙이 더 편안하게 느껴지지만 그렇다고 주위의 일부 칼빈주의 친구들처럼 맹목적으로 알미니안주의를 비난하지는 않는다. 어떤 사람들은 누군가가 익숙하지 않은 문장을 발설하면, 다시 말해 소위 "알미니안주의자처럼 말하면" 이단적 주장이라고 가차없이 짓밟아버릴 태세가 되어 있다. 나는 내 입장과 다른 듯한 말을 하는 사람들에게 그 의미를 더 정확하게 설명해 달라고 요청했다가 이단적인 주장이 전혀 아니라는 것을 확인할 때가 적지 않았다. 물론 때로 받아들이기 어려운 이단적 주장으로 밝혀지기도 했지만, 겸허하게 확인하는 작업을 통해 나의 잘못된 생각을 성경으로 교정받거나 또 상대방의 생각을 교정해 주는 긍정적이고 유익한 기회로 삼았다.

알미니안주의자들은 내가 그들의 진영을 떠났다는 말에 반감을 느낄 수도 있다. 또 80퍼센트 정도 칼빈주의자라고 자처하는 나를 보고 내가 그들과 전적으로 한편이 아니라고 기분이 상할 칼빈주의자도 일부 있을 것이다. 그들에게 칼빈주의는 분리될 수 없는 '통옷'처럼 '도 아니면 모'의 문제이다. 그들은 내가 제대로 몰라서 그럴 것이라고 장문의 메일을 보내야겠다고 생각하거나 아니면 실제로 칼빈주의로 위장한 알미니안주의자라고 의심할 것이다. (실제로 그런 말을 들은 적이 있다.)

오래전이지만 알미니안주의 친구들에게 내가 칼빈주의로 전향했다는 말을 숨긴 적이 있었다. 그들에게 칼빈주의란 '어둠의 세력'과 같은 말이었다.

또한 더 확고한 칼빈주의자가 될수록 나는 본능적으로 그들과 같은 편에 서서 그들을 대변하기를 원했다. 그러나 어떤 성경 구절들은 읽으면 그리스도께서 모든 죄인을 위해 죽으셨다는 결론을 내릴 수밖에 없었다. 그래서 결국 칼빈주의의 4대 강령만 인정하는 칼빈주의자가 되었다. 이런 입장은 양 진영에서 외면당하고 오직 4대 강령 칼빈주의자들만 스스로 인정한다.

특정한 신학 체계에 100퍼센트 소속되어 성경을 읽는 사람은 별로 없을 것이다. 또한 그것이 우리 목표가 되어서도 안 된다. 칼빈주의나 알미니안주의가 아니라 성경 말씀과 일치하는지에 집중해야 한다. 조심하지 않으면 우리의 논리나 우리가 존경하는 명망 높은 신학자의 논리가 우리의 실제적인 권위가 되기 쉽다. 하지만 우리의 실제적 권위는 오직 하나님의 말씀이다.

이제 나는 어느 신학적 입장과 완벽하게 맞아 떨어지는지에 더 이상 관심을 두지 않는다. 나와 다른 결론에 이른 수많은 알미니안주의자들과 5대 강령 칼빈주의자들도 그렇겠지만 하나님의 말씀에 충실하고자 노력하는 것으로 만족한다.

### 종종 칼빈주의자들은 알미니안주의자들처럼, 알미니안주의자들은 칼빈주의자들처럼 행동한다

과거 알미니안주의자였을 때, 하나님의 주권을 강조하는 성경 구절에서 나는 큰 위로를 받았다. 죄악의 어둠에서 나를 건지셔서 그분의 가족으로 받아들여 주신 하나님의 은혜를 찬양했다. 이제 칼빈주의자로서 나는 사람들에게 복음을 전하고 하나님의 말씀이 온 세계 민족의 언어로 번역되도록 하는 일과 기아와 성매매, 낙태 문제와 싸우는 일에 관심이 많다.

'자유 의지'를 반대하는 칼빈주의자라도 자유 의지가 있는 것처럼 생활하고 말하며 설교한다. 또 불신자들을 비롯한 사람들 모두 이렇게 행동한다. 합당한 선택을 내리는 사람은 칭찬하고 미숙한 선택을 내리는 사람은 비판한다. 이런 선택들이 반대로 선택할 자유를 가진 사람들의 실제적인 선택이라는 것을 믿지 않는다면 이렇게 반응하지 않을 것이다.

알미니안주의자들은 하나님이 항상 인간의 자유 의지를 존중하시며 그분의 뜻을 절대 강요하지 않으시는 분이라고 말한다. 하지만 그들도 친구들의 마음과 사랑하는 이들의 마음을 변화시켜 주셔서 예수님을 믿도록 해 달라고 간절하게 기도한다.

예를 들어, 훌륭한 형제이자 복음전도자인 제리 폴웰은 청중에게 "주님은 여러분이 원하지 않는데 강제로 십자가로 나아가도록 하시지 않습니다"라고 말했다. 그런 다음 그는 하나님께 "당신의 고귀한 뜻에 한 사람도 '아니오'라고 말하지 않게 해 주십시오. 잃은 자들을 구원해 주십시오"라는 기도로 마무리했다. 하나님이 그분의 뜻을 절대 강요하시지 않는 분이라면 어떻게 사람들이 그분의 뜻을 거부하지 않게 하실 수 있다는 말인가?

실제 생활 속에서 칼빈주의자들이 엄격한 결정론을 논리적 극단까지 고집하는 경우는 좀처럼 없다. 마찬가지로 엄격한 자유 의지론을 논리적 극단까지 고집하는 알미니안주의자 역시 좀처럼 찾아보기 어렵다. 좋은 현상이라고 생각한다. 생각, 행동, 기도의 습관, 복음 전도를 훈련할 때, 가장 진지하게 참고해야 하는 것은 각자의 신학 체계가 아니라 성경이다.

### 반대 진영의 사람이 비판한 내용만 아니라 칼빈주의자들과 알미니안주의자들이 직접 스스로를 설명한 책을 읽으라

쉽게 무너질 수 있는 허수아비는 쉽게 세울 수 있다. 한번은 DVD를 한 장 받았는데 한 신학 교수가 목회자들을 대상으로 공교롭게 내가 견지하는 특정 신학을 무차별 비판하고 난도질하는 내용이 실려 있었다. 정확한 비판이 아니었지만 듣고 있던 목회자들은 내용이 우스꽝스러워서인지 큰 소리로 웃으며 박장대소를 했다. 그의 비판이 너무나 주관적이어서 혀를 차던 나는 나 역시 제대로 모르고 그가 서 있는 진영의 입장을 얼마나 자주 오도했을지 반성하는 마음이 생겼다.

경험으로 미루어 알미니안주의자들은 칼빈주의자들이 쓴 책을 충분히 읽지 않고, 칼빈주의자들 역시 알미니안주의자들이 쓴 책을 충분히 읽지 않는다. 그 결과 상대에 대해 단순히 오해하는 데서 끝나지 않고 성급하게 단정하고 판단하며 오만하게 군다. 어떤 칼빈주의자는 알미니안주의자에게 "당신네들은 하나님의 주권을 불신하는 자들이오"라고 말한다. 반대로 어떤 알미니안주의자는 "당신들은 하나님의 사랑을 믿지 않소"라고 칼빈주의자들을 비난한다. 사실 양측 다 하나님의 주권과 사랑을 믿는다. 하지만 하나님이 그 속성을 드러내시는 법을 다르게 해석한다.

우리는 확실히 서로 의견이 다를 수 있다. 심지어 그 정도가 격렬할 수 있다. 하지만 예수님을 사랑하고 그분의 말씀을 믿는 형제 자매들을 비방하지 않도록 조심해야 한다. 예수님은 "내가 너희에게 이르노니 사람이 무슨 무익한 말을 하든지 심판 날에 이에 대하여 심문을 받으리니"(마 12:36)라고 말씀하셨다. "하지만 주님, 그 논쟁에서 제가 이겼는데요"라는 변명은 통하지 않을 것이다.

그리스도인들 사이에 완전히 틀린 간접적 '지식'이 놀라울 정도로 횡행하고 있다. 존 웨슬리는 이 문제에 관해 정곡을 찌르는 질문을 던졌다.

"알미니우스의 글을 한 장도 읽어 본 적이 없는 사람이 어떻게 그가 주장한 내용을 알겠는가? 정확히 그 의미가 무엇인지 알고 난 후에 알미니안주의자들에 대해 성토해야 한다. 이렇게 직접 확인하는 작업을 하다 보면, 알미니안주의자와 칼빈주의자가 한 땅에 서 있다는 사실을 알게 될 것이다."[1]

개인적으로 칼빈보다는 알미니우스의 글이 받아들이기 어려운 부분이 많다. 하지만 알미니우스의 주장에 종종 동의하고 때로 칼빈의 교리를 받아들이지 않을 때도 있다.

개혁 교회의 한 칼빈주의 목사는 친구로부터 알미니우스의 글을 읽어 보라는 조언을 받았다. 그는 오랫동안 알미니우스가 소시니언주의자(그리스도의 신성뿐 아니라 삼위일체까지 부인하는 입장)와 펠라기안주의자(행위 구원을 믿음)라고 알고 있었다. 친구의 조언대로 알미니우스의 책을 읽고 그는 이렇게 털어놓았다.

"삼위일체설, 성경, 원죄, 은혜의 필요성에 대한 그의 주장이 칼빈주의의 교리와 매우 흡사해서 깜짝 놀랐다네."[2]

나 역시 알미니우스가 실제로 쓴 글을 읽고 지금도 놀란다. 알미니우스가 쓴 글이라는 것을 모르고 읽는다면 어떤 칼빈주의자도 대체로 거부감 없이 받아들일 것이다.

알미니우스는 이렇게 말했다.

은혜 없이 자유 의지로는 거룩하고 참된 선을 시작하거나 완성하기가 불가능하다 … 그리스도의 은혜와 중생으로 가능하다는 말이다. 그러므로 마음이 조명을 받고 올바른 우선순위가 정립되고 의지가 선을 지향하도록 하려면 이 은혜가 절대적으로 필요하다고 확신한다 … 이 은혜가 앞서 가며 동반하고 뒤따라야 한다. 은혜는 우리 의지를 촉발시키고 도우며 작동시키고 헛되이 의지를 발동하지 않도록 협력한다.[3]

하나님의 사역과 인간 마음의 조건은 어떤가? 알미니우스는 이렇게 썼다.

"이 은혜는 구원을 시작하고 촉진하며 완성하고 마무리한다. 나는 자연적인 육적 인간의 마음은 어둡고 모호하며 감정은 부패하고 무절제하며 의지는 완악하고 불순종하며 인간 자체는 죄로 죽은 상태임을 고백한다."[4]

칼빈처럼 알미니우스 역시 개혁주의자였다. 물론 그렇다고 그가 늘 옳았다는 말은 아니다. 하지만 그의 글을 한 번도 읽지 않은 칼빈주의자들이 대부분 의심하는 것보다 훨씬 더 많은 면에서 그는 옳았다. 마찬가지로 칼빈의 글을 읽은 알미니안주의자는 얼마나 되겠는가? 괴물 같은 하나님을 믿고 피에 굶주린 독재자라고 들은 누군가의 글을 읽고 싶을 사람은 별로 없다. 그러나 칼빈의 글을 직접 읽었을 때, 내가 받은 인상은 분명히 생각과는 달랐다.

실제로 아무도 믿지 않는 이론은 성경적으로 예리하고 명확하게 반박하기 쉽다. 군이 별다른 기술이나 은혜나 지성이 필요하지 않다. 정작 훨씬 더 어려운 것은 누군가의 가장 뛰어난 논증을 경청하고 그 논증의 실체적 내용을 파악하며 지성적으로 논쟁에 참여하는 것이다. 알미니안주의자이든 개혁주의자나 세대주의자이든 은사주의자나 은사중단론자이든 그들을 비판하는 사람들의 일방적인 주장을 듣기보다 그들이 직접 말하도록 해야 하는 것이 그래서 중요하다. 일방적으로 비판하는 사람들의 주장을 들으면 어떤 신학도 터무니없이 보이지만, 그 신학을 옹호하는 사람의 입으로 들으면 합리적이고 심지어 설득력이 있게 들린다.

칼빈주의자들이라면 잭 코트렐이 하나님의 주권을 알미니안수의적 시각에서 저술한 「성경은 통치자 하나님에 대해 무엇이라 말하는가?」(What the Bible Says About God the Ruler?)[5]를 읽어 보았으면 한다. 물론 중요한 부분에서 나는 코트렐의 주장에 동의하지 않지만, 그는 성경에 대해 매우 해박하며 하나님의 말씀을 중시하는 논리 정연한 사람이다.

알미니안주의자는 하나님의 주권에 대한 제리 브리지스의 「하나님을 신뢰함」(Trusting God)[6]을 읽어 보라. 어느 부분에서는 동의하기 어렵겠지만, 또한 생각이 밝아지고 마음에 감동이 일어나는 경험을 하게 될 것이다. 미카엘 호튼의 「칼빈주의 옹호」(For Calvinism)와 로저 올슨의 「칼빈주의 반박」(Against Calvinism) 역시 좋은 교재이니 각 주장

을 성경과 비교해 보고 또 서로 비교해 보라.[7]

본서에서 유익한 깨달음을 얻었다면, 그룹으로 모여 함께 읽고 토론하며 서로의 주장을 존중하며 경청하고 함께 성장하는 기회를 가졌으면 좋겠다.

나는 자신의 신학을 행여 추종자들이 부정확하게 옹호하지 않을까 경계하는 사람들이 좋다. 확고한 칼빈주의자인 더글라스 윌슨은 이렇게 말한다.

"예수 없는 칼빈주의는 치명적이다. 칼빈주의가 아니라 숙명론이고 이슬람교나 다름없다. 우리는 예수가 필요하다. [칼빈주의라는] 소중한 교리로 오히려 남을 가혹하게 비판하고 병적으로 내면에 몰두하며 타인을 비방하고 끊임없이 사소한 일에 매달려 비관적인 태도에 빠져들게 된다면 그 영혼은 안전하지 않다."[8]

### 성경을 읽을 때, 항상 "이 성경 본문이 내 예상과 다른 진리를 말씀하는 것은 무엇인가?"라고 질문하라

성경을 읽을 때에 나는 본문이 말하는 진리뿐 아니라 말하지 않는 이면의 진리도 찾아내려고 노력한다. 예수님의 "나를 보내신 아버지께서 이끌지 아니하시면 아무도 내게 올 수 없으니"(요 6:44)라는 말씀을 보자. 알미니안주의자들에게 물어보겠다. 왜 주님이 "스스로 선택하지 않으면 아무도 내게 올 자가 없다"고 말씀하시지 않았는가? 혹은 "너희들은 내게로 올지 안 올지 자유로이 선택할 수 있기 때문에 누구나 내게 올 수 있다"고 말씀하시지 않았는가?

아니면 "하나님은 모든 사람이 구원을 받으며 진리를 아는 데에 이르기를 원하시느니라"(딤전 2:4)는 바울의 말을 보자. 칼빈주의자들이여, 왜 바울은 "하나님이 그 택하신 자들만 선택하셔서 그들이 구원을 받으며 진리에 이르기를 원하신다"고 말하지 않았는가?

예수님은 "청함을 받은 자는 많되 택함을 입은 자는 적으니라"(마 22:14)고 말씀하셨다. 알미니안주의자들이여, 왜 그분은 "많은 사람이 초대받았지만 오기로 선택한 자들은 지극히 적었다"고 말씀하시지 않았는가? 칼빈주의자들이여, 왜 그분은 "하나님은 오직 스스로 선택하신 자들만 초청하신다"고 말씀하시지 않았는가?

사도행전 27장은 영적 구원이 아니라 물리적 구원에 관한 단락이지만 하나님의 주권과 인간 선택을 생생히 설명해 주는 흥미로운 사건이 담긴 기록이다. 광풍으로 바다 한복판에 좌초한 배에서 바울은 사람들에게 앞뒤도 없이 "내가 너희를 권하노니 이제는 안심하라 너희 중 아무도 생명에는 아무런 손상이 없겠고 오직 배뿐이리라"(22절)고 말한다. 천사가 그에게 이 사실을 알려 주었다며 "하나님께서 너와 함께 항해하는 자를 다 네게 주셨다"(24절)라는 말을 전한다. 그렇다. 하나님의 작정하심으로 문제가 해결된 것이다.

그래도 상황은 더욱 악화되어 "사공들이 도망하고자 하여 이물에서 닻을 내리는 체하고 거룻배를 바다에 내려 놓아야" 하는 지경이 되었다(30절). 바울은 배에 탄 군사들에게 "이 사람들이 배에 있지 아니하면 너희가 구원을 얻지 못하리라"(31절) 하고 말렸다. 그 말은 듣고 "군인들이 거룻줄을 끊어 떼어 버"렸다(32절).

그런데 잠깐! 하나님은 이 사람들이 모두 목숨을 건질 것이라고 말씀하시지 않았는가. 그런데 어떻게 이제 와서 바울은 모두 배에 있어야 남은 사람들이 구원을 받을 것이라고 한단 말인가? 왜 바울은 해결책이 하나님의 선언하신 작정이 아니라 그들에게 달려 있는 것처럼 군인들에게 인간적 조치를 취하라고 주문하는가?

일견 서로 충돌하는 듯한 이 두 교리를 바울은 아무 주저없이 동시에 수용한다. 한 교리는 분명히 칼빈주의적인 교리로 보이고, 다른 하나는 확고한 알미니안주의적 교리로 보인다. 이 배타적인 교리의 상호 공존이 아름답지 않은가? 물론 일부 칼빈주의자들은 이 단락에서 어떤 알미니안주의적 시각도 찾아볼 수 없다고 주장할 것이고, 알미니안주의자는 정확히 정반대 주장을 할 것이다. 그러나 이런 상반된 입장은 우리가 견지하는 신학에 맞게 그 '다른 성경 본문'을 입맛대로 재해석하는데 익숙해져서이다. 그래서 우리는 성경이 실제로 전하는 메시지를 전체적으로 보지 못할 경우가 많다. 성경을 있는 그대로 보지 않고 외면해서 하나님이 정작 가르치시고자 하는 온전한 진리를 배우지 못할 때가 너무나 많다.

모든 주장은 장단점이 있다. 그러므로 상대 진영의 장점과 자신의 단점을 분명히 파악해야 한다

성경적 증거라는 잣대를 스스로의 신념이나 주장에는 들이대지 않으면서 우리와 교리가 다른 이들에게 들이대고 그들을 판단해서는 안 된다. 예수님은 "남에게 대접을 받고자 하는 대로 너희도 남을 대접하라"(눅 6:31)고 말씀하셨다.

주권과 의미 있는 선택에 관한 자기 입장이 절대적으로 옳다고 생각한다면 잘못 생각한 것이다. 단점이나 허점이 없는 입장은 없다.

나는 과거 알미니안주의자였던 시절에도 내가 그리스도를 선택한 공로로 칭찬을 받아야 한다는 생각을 한 번도 한 적이 없다. 하나님이 나를 그분에게로 이끄셨다는 성경 말씀을 믿었고 나를 구원하신 은혜로 그분이 온전히 찬양을 받으셔야 한다고 생각했다. 지금처럼 하나님이 내 인생의 모든 사소한 일까지 개입하신다거나 내게 일어나는 모든 일에 뜻이 있다고 확신하지는 않았지만 그분이 주권자 되심을 믿었다.

이제 칼빈주의자가 되었지만 사람들이 로봇에 불과하다거나 하나님이 인류의 대부분에게 무관심하신 분이라고 믿은 적은 한순간도 없다. 세상을 너무나 사랑하셔서 십자가로 몸소 나아가 속전을 지불하셨고 모든 인류에게 그리스도 안에 있는 구원을 제안하시는 하나님이라고 믿는다. 그 구원은 오직 주님의 공로이지만 거부한다면 전적인 책임은 그 사람에게 있다고 믿는다. 복음은 온 세상을 위한 것이다.

고전적인 알미니안주의는 정통 신앙에 속한다. 하지만 하나님의 말씀에 충실하지 않는 사람은 조심하라. 개방적 신론이나 반(semi)펠라기안주의라는 이단으로 향하는 로켓에 올라탈 수도 있다. 주류 칼빈주의는 정통 신앙이지만 칼빈주의자 역시 경계심을 버려서는 안 된다. 주류 칼빈주의라 자처하다가 하이퍼 칼빈주의나 운명론이라는 이단에 언제든지 빠질 수 있다. 결론적으로 말하면 스스로의 신학 체계에 '허점'과 '모순점'이 있을 가능성을 기꺼이 인정하되 성경 말씀을 거부하는 일은 없도록 하라.

내 입장과 반하는 논증의 책을 읽어 보면 내가 무시하는 경향이 있는 구절들이 자주 인용된다. 나는 그런 구절들을 곱씹어 묵상하고자 노력한다. 의외의 말씀에 기꺼이 놀라고 내 생각이 달라지고 내 입장에 변화가 일어나도록 그 말씀을 받아들이려 애쓴다. 방패를 내려놓고 무장을 해제하고 하나님의 말씀 앞에 나아가면, 그분은 그 말씀을 이용하셔서 원하시는 곳으로 나를 데려가신다. 성경을 읽어도 생각에 변화가 전혀 없는 사람이라면 이미 모든 것을 스스로 정립했다고 여기므로 발견의 기쁨을 놓친다.

우리는 성경으로 끊임없이 생각을 새롭게 해야 한다(롬 12:1-2). 나처럼 중요한 부분에 밑줄을 친 성경이 있는가? 때로 나는 밑줄을 치지 않은 성경 구절들을 일부러 꼼꼼히 들여다본다. 그런 다음 하나님께 간과했던 그 영감된 말씀으로 나를 가르쳐 주십사 하고 기도한다.

> 피조물에게 의미 있는 선택을 허락하시는 주권자되신 은혜의 하나님은 우리의 찬양을 받으시기에 합당하다

진리는 중요하다. 진리는 우리를 자유케 한다(요 8:32). 하나님을 사랑하고 이웃을 사랑하면 사랑으로 진리를 말할 수 있다(엡 4:15). 상대방을 존중하는 가운데 하나님의 주권과 인간 선택의 관계나 다른 주제들에 대한 토론에 참여할 수 있다. 성경을 테이블에 두고 진리로 사람들을 설득할 수도 있고 그들에게 설득당할 수도 있다.

하나님의 심오한 신비들을 다 이해하기란 불가능하지만 전심을 다해 말씀을 배우고 더 깊이 이해할 수 있다.

> "깊도다 하나님의 지혜와 지식의 풍성함이여, 그의 판단은 헤아리지 못할 것이며 그의 길은 찾지 못할 것이로다"(롬 11:33).

굿뉴스(Good News) 번역 성경은 사도행전 17장 11절을 이렇게 번역한다.

> "그곳 사람들은 데살로니가 사람들보다 더 마음이 열려 있었다 그들은 뜨거운 마음으로 말씀의 메시지에 귀기울였고 매일 바울이 한 말이 정말 사실인지 확인하려고 성경을 공부했다."

우리도 그들처럼 열린 마음으로 하나님의 말씀 자체를 열정적으

로 배우기를 원한다.

주권과 의미 있는 선택의 상호 관계에 대한 이해가 서로 다르다 해도 예수님을 사랑하고 그분의 주권적 은혜로만 구원받은 이들은 누구나 우리 하나님과 손을 잡고 걸을 수 있다. 또 서로 맞잡은 손으로 하나님을 한 목소리로 찬양할 수 있다.

「환상의 골짜기」(The Valley of Vision)에서 인용한 한 청교도의 기도로 이 책을 마무리하고자 한다.

주권자되신 하나님,
제 뜻이 아니라 당신의 뜻으로 제 마음을 채워 주소서.
거리낌 없는 자원함으로 주께 간구하나이다.
사탄이 통치하는 곳마다 주의 나라가 들어서게 해 주소서.
주께서 영광 받으소서. 그리하면 제 기쁨이 넘치리니….
주의 이름이 영광을 받으시는 것이 제 유일한 소망이니이다.
하나님이신 당신을 찬양하며
모든 사람이 그 일을 알고 느끼며 기뻐하기를 간절히 원하나이다.
오, 온 세상 사람이 주를 사랑하고 찬양하게 하셔서
홀로 모든 영광을 받으소서.[9]

## 주

장이 시작할 때 나오는 두 번째 글은 A.W. 토저의 The Knowledge of the Holy(SanFrancisco, CA: HarperOne, 199, 122쪽에서 인용함.

**1.** 존 웨슬리의 The Works of the Reverend John Wesley, A. M., 존 에머리 편집(New York: J. Collord, 1831), 6:134.

**2.** 마크 A. 엘리스, The Arminian Confession of 1621, 서론에서. 마크 A. 엘리스 번역 및 편집(Eugene, OR: Pickwick Publications, 2005), v.

**3.** 제이콥 알미니우스, the Works of James Arminius, D. D., 제임스 니콜스 번역(Auburn, NY: Derby, Miller and Orton, 1853), 2:472.

**4.** 제이콥 알미니우스, the Works of James Arminius, 2:473.

**5.** 잭 코트렐, What the Bible Says About God the Ruler?(Eugene, OR: Wipf and Stock, 2000).

**6.** 제리 브리지스, Trusting God: Even When Life Hurts(Carol Stream, IL: NavPress, 2008).

**7.** 미카엘 S. 호튼, For Calvinism(Grand Rapids, MI: Zondervan, 2011), 로저 E. 올슨, The Story of Christian Theology: Twenty Centuries of Tradition and Reform(Downers Grove, IL: InterVarsity, 1999).

**8.** 더글라스 윌슨, "Undragoned: C.S. Lewis on the Gift of Salvation"(2013년 9월, Desiring God 전국 집회, 총회 설교), www.desiringgod.org/blog/posts/15-quotes-from-the-c-s-lewis-conference.

**9.** 아더 베넷, The Valley of Vision: A Collection of Puritan Prayers and Devotions(Edinburg: Banner of Truth Trust, 2003), 177쪽.

## 부록

하나님과의 아름다운 동행을 위한
질문과 적용

▼

개인의 묵상과 적용, 그리고 그룹 토의에 도움을 주기 위해 작성된 것으로 PDF 파일로 다운받아 사용하시면 더욱 편리합니다(www.epm.org/handinhand/questions).

## 1장_왜, 이토록 어렵고 논쟁적인 주제를 다뤄야 하는가?

1. "하나님의 주권과 인간 자유의 문제는 그리 중요하지 않다. 교리가 중요한 것이 아니라 실제로 예수님을 따르는가가 중요하다"는 말을 어떻게 생각하는가?

2. 저자는 다 이해하지는 못하겠지만 조금이라도 더 잘 이해할 수 있어야 할 필요가 있다고 인정한다. 우리 머리로 다 이해하기 어려운 주제를 공부한다고 생각하면 낭패감부터 생기는가? 아니면 호기심이 생기는가? 그 이유는 무엇인가?

3. 자라온 가정이나 어릴 때부터 다닌 교회가 하나님의 주권을 더 강조했는가? 인간의 자유 의지를 더 강조했는가? 그런 배경이 자신의 신앙관에 어떤 영향을 미쳤는가?

4. 하나님의 주권과 자유 의지의 관계에 대해 궁금한 점이 있다면 무엇인가?

5. 본서의 집필 목적 중 하나는 "천박한 시대에 하찮은 사람이 되지 않도록 막는 데" 있다. 그리스도인이 하찮아지는 것이 진짜 위험하다고 생각하는가?

6. "하나님의 선택을 포함해 하나님에 대한 모든 것이 우리에 대한

모든 것보다 더 중요하다"는 지적에 동의하는가? 이 질문의 대답이 이 주제에 관한 자신의 생각에 어떤 영향을 미치는가?

7. 특별히 중요하다고 생각한 성경 구절이나 문장을 이 장에서 하나 이상 골라 보라. 왜 그 구절이 중요한가?

## 2장_신학이나 전통이 아닌 실제로 성경이 가르치는 것은 무엇인가?

1. 이 장을 읽기 전에 '칼빈주의'나 '알미니안주의'에 대해 어느 정도 알고 있었는가?
2. 칼빈주의와 알미니안주의의 유사성과 차이점을 설명할 수 있는가?
3. 저자는 칼빈주의와 알미니안주의가 실제적으로 차이가 있음을 인정하면서도 "어디선가 들은 내용으로 그들을 비판하거나 정죄하지 말라. 실제로 그들이 무엇을 믿는지 직접 물어보라"고 말한다.
    a) 칼빈주의와 알미니안주의를 주제로 토론해 본 적이 있는가? 좋았는가? 나빴는가? 아니면 둘 다였는가?
    b) 내가 견지하는 교리를 불신자나 같은 신자들이 잘못 오해하는 경험을 한 적이 있는가? 그때 어떤 느낌이었는가?
    c) 동의하지 않는 교리를 부득이하게 반박하더라도 그 교리를 왜곡하지 않을 방법은 무엇이겠는가?
4. a) 저자는 정통 교리들을 일부 소개한다. 이 명단에서 더하거나 빼

고 싶은 것이 있는가?

　　b) 칼빈주의자들과 알미니안주의자들을 정통 신앙이라고 인정하는가? 다시 말해 그들이 기독교 신앙의 핵심 교리를 고수하고 있는가?

5. 48-49쪽의 5대 강령 도표와 54-55쪽의 열 가지 교리적 주제를 점검해 볼 때, 당신의 입장이 칼빈주의에 더 가까운가? 알미니안주의에 더 가까운가? 예외가 있는가?

6. A.W. 토저는 "전체 성경만이 온전한 그리스도인을 만들 수 있다"고 말했다. 성경을 부분적으로 받아들일 때, 어떤 문제가 생기는가?

7. 이 장에서 특별히 중요하다고 생각한 성경 구절이나 문장을 하나 이상 골라 보라. 왜 그 구절이 중요한가?

## 3장_하나님은 주권자이시다

1. 하나님의 주권에 대한 알미니안주의와 칼빈주의 사이에는 어떤 교리적 차이가 있는가?

2. 소개한 성경 구절 중에 이해하기 어렵거나 힘든 구절은 무엇인가?

3. 하나님의 주권과 이 세상에서 보는 악과 고통은 어떤 관계가 있는가? (이 주제와 관련 있는 성경 본문을 이야기해 보라.)

4. 저자는 "하나님은 각자에 알맞게 고난을 맞춤 제작해 주신다"는 뇌성마비 친구의 말을 인용한다. 성경에서 이 친구의 말의 근거를 찾을 수 있는가? 이 말에서 위로나 힘을 얻을 수 있는가?

5. 저자는 어떤 고난 속에서도 하나님이 사랑으로 주권을 행사하심을 믿는다고 말한다. 실제로 이런 믿음을 경험했거나 타인들의 삶에서 이런 믿음을 본 적이 있다면 사례를 들어보라.
6. 하나님이 고난을 사용하셔서 그분의 영광을 드러내시고 우리의 선을 이루게 하신 성경 인물이 있다면 누구인가?
7. 하나님이 우리에게 고난을 허락하실 때, 어떻게 반응해야 하는가?
8. 이 장에서 특별히 중요하다고 생각한 성경 구절이나 문장을 하나 이상 골라 보라. 왜 그 구절이 중요한가?

## 4장_인간은 자유 의지로 의미 있는 선택을 한다

1. a) '자유 의지'를 어떻게 정의하겠는가?
   b) 어떤 면에서 인간이 자유로우며 또 어떤 면에서 자유롭지 않고 자유가 제한되어 있는가?
2. 저자는 '의미 있는 선택'이라는 표현을 즐겨 사용한다. 부분적으로만 자유롭더라도 여전히 의미 있고 중요한 선택을 할 수 있는가?
3. 저자는 '정반대의 선택'은 우리가 어떻게 정의하느냐에 따라 성경적일 수도 비성경적일 수도 있다고 말한다. 당신은 정반대의 선택을 어떻게 설명하겠는가?
4. '선행 은총'은 무엇인가? 알미니안주의 신앙을 이해하는데 이 용어가 특별히 중요한 까닭은 무엇인가?
5. 저자는 '전적 타락'과 '전적으로 무능력'이라는 용어를 이야기한

다. 이 용어들이 인간의 선택과 어떤 관계가 있는가?
6. a) 우리가 어떤 선택을 하더라도 하나님이 우리의 모든 생각과 행동을 다 예정해 두셨다는 믿음이 우리에게 어떤 부정적 영향을 미치는가?

   b) 자신을 '운명의 주인'으로 볼 때, 어떤 면에서 부정적 영향을 받는가?
7. 불신자들과 비교할 때에, 신자들은 자유로운가? 덜 자유로운가? 우리의 새 본성과 성화와 성령은 이 문제와 어떤 연관이 있는가?
8. 선택의 자유로 우리의 인생이 복잡해지고 고난의 문이 열린다 해도 그 자유를 주신 데 대해 감사해야 하는 이유는 무엇인가?
9. 이 장에서 특별히 중요하다고 생각한 성경 구절이나 문장을 하나 이상 골라 보라. 왜 그 구절이 중요한가?


## 5장_하나님의 주권과 인간의 선택에 관한 주요 신학적 입장

1. 자유 의지론, 결정론, 양립 가능론의 차이는 무엇인가?
2. 이 신학적 입장 중 당신은 어떤 입장에 서 있는가? 현재의 입장을 계속 고수해 왔는가?
3. 이 장에서 인용된 구절 중 가장 쉽게 무시하는 구절은 무엇인가?
4. 선택과 하나님의 주권에 관한 스펄전의 입장은 그의 복음 전파에 어떤 영향을 미쳤는가?
5. a) 173쪽의 그림 '하나님의 뜻'에 대해 설명해 보라.

b) "하나님이 주권적으로 그 뜻을 이루신다"는 말은 하나님이 세상에 일어나는 모든 일을 인정하신다는 의미인가? '하나님의 뜻'이라는 용어를 정확히 규정하는 일이 중요한 이유는 무엇인가?
6. 이 장을 읽고 하나님의 주권과 인간의 선택에 대한 기존의 생각이 수정되었거나 더 확고해졌다면 구체적으로 어떤 부분인가?
7. 이 장에서 반대쪽 주장에 대해 알게 되었다면 그것은 무엇인가?
8. 특별히 중요하다고 생각하는 성경 구절이나 문장을 이 장에서 하나 이상 골라 보라. 왜 그 구절이 중요한가?

## 6장_하나님은 정말 모든 일을 다 알지 못하시는가?

1. '개방적 유신론'을 어떻게 설명하겠는가?
2. 성경은 과거나 현재나 미래의 모든 일을 하나님이 다 아신다고 가르치는가? 성경에 근거해 답변해 보라.
3. 하나님을 단 하나의 속성으로 제한하거나 재정의한 적이 있는가?(예를 들어, 사랑이나 거룩) 이런 시도가 위험한 이유는 무엇인가?
4. 개방적 유신론에서 강조하는 하나님이 솔깃하게 다가오는가? 우려스럽게 다가오는가? 그 이유는 무엇인가?
5. 개방적 유신론이 성경적인 정통 기독교의 범주에서 벗어난다는 것을 인정하는가? 그 이유는 무엇인가?

6. 이 장에서 특별히 중요하다고 생각한 성경 구절이나 문장을 하나 이상 골라 보라. 왜 그 구절이 중요한가?

## 7장_하나님의 주권과 인간 선택의 매력적인 조합

1. 이 장의 어느 그림이 자신의 입장과 가장 가까운가?
2. 저자는 성경이 하나님의 주권과 인간 선택의 관계에 대해 별로 갈등하지 않는다고 지적한다. 많은 그리스도인이 이 문제를 갈등적 관계로 보는 이유가 무엇이라 생각하는가?
3. "진정한 사랑은 의미 있는 선택이 필수적이다"라는 저자의 말이 하나님의 사랑과 그분이나 서로에 대한 사랑을 이해하는데 도움이 되었다면 구체적으로 어떤 내용인가?
4. 그리스도와 함께 천국에 있게 될 때, 우리가 누릴 자유가 어떻게 동일하면서도 다를 수 있는가?
5. 하나님은 우리의 선택을 무효화하실 수 있다. 그렇다면 우리가 스스로나 다른 사람들에게 위해를 가해도 막지 않으시는 이유는 무엇인가?
6. 이 장에서 특별히 중요하다고 생각한 성경 구절이나 문장을 하나 이상 골라 보라. 왜 그 구절이 중요한가?

## 8장_ 하나님의 주권과 인간의 선택은 조화롭게 역사한다

1. 하나님이 그분의 큰 손으로 우리의 작은 손을 잡고 계신다는 그림이 마음에 드는가? 이유는 무엇인가?
2. '바다를 항해하는 배에 탄 승객'이라는 비유처럼 하나님의 주권과 의미 있는 선택을 설명할 수 있는 자신만의 비유가 있다면 무엇인가?
3. 성경이 스스로 말하게 하기보다 우리의 배경과 선호에 맞도록 억지로 성경을 끼워 맞출 때가 있음을 인정하는가? 왜 이런 일을 한다고 생각하는가?
4. 256-257쪽에서 D.A. 카슨이 작성한 두 목록, 즉 하나님의 주권에 관한 네 가지 항목과 인간 선택에 대한 아홉 항목을 다시 읽어보라. 받아들이기가 가장 어려운 항목은 무엇인가?
5. 저자는 "성경은 종종 하나님의 선택과 인간의 선택이 서로 긴밀하게 연관되어 있는 것처럼 설명한다"고 말한다. 관련된 그림을 보고 이런 상호 관련성을 어떻게 설명하고 싶은가?
6. a) 성경적 세계관이 운명론이 아니라는 것을 인정하는가?
   b) 주위의 망가진 세상을 향해 하나님은 어떤 소명을 주시는가?
7. a) '하나님을 신뢰한다'고 해서 게으르고 나태할 구실이 될 수 있는가? 어떤 면에서 그러한가?
   b) 하나님을 의지하면서도 자신의 책임을 다하는 균형을 유지하고 있는가?
8. 복음의 제안이 전 인류를 대상으로 하는가? 일부를 대상으로 하는

가? 성경에 근거해 이 질문에 답해 보라.
9. 이 장에서 특히 중요하다고 생각하는 성경 구절이나 문장을 하나 이상 골라보라. 왜 그 구절이나 문장이 중요한가?

## 9장_불변의 진리가 담긴 '유산'을 상속하라

1. C.S. 루이스는 어떤 의미로 '오래된 속물 근성'(chronological snobbery)이라는 표현을 사용했는가? 현대 신자들에게 이런 문제가 있다는 사실을 인정하는가?
2. 저자는 스펄전의 주장을 근거로 건전한 교리의 중요성을 인정하면서도 "성경은 하나님이 영감하셨지만 신학적 체계는 그렇지 않다"고 말한다. 인간이 만든 체계나 개인에게 지나친 권위를 부여하느라 성경의 권위를 훼손한 적은 없는가?
3. 저자는 칼빈주의자인 찰스 시므온이 알미니안주의자인 존 웨슬리와 대화를 나눈 이야기를 들려준다. 이 이야기가 도움이 되는가?
4. 저자는 알미니우스가 존 칼빈의 주석을 극찬했다고 말한다. 이 이야기를 읽고 알미니우스의 어떤 면모를 알 수 있는가? 칼빈에 대해서는 어떤 점을 알 수 있는가?
5. 잠언 6장 16절, 19절은 하나님이 "형제 사이를 이간하는 자"를 미워하신다고 말한다.
    a) 이 구절이 특정 신학을 맹신하는 사람들에게도 적용될 수 있다고 생각하는가? 어떤 경우에 그런가?

b) 이 장을 읽고 신학적 입장이 다른 사람들을 열린 마음으로 대해야 할 도전을 받았다면 구체적으로 어떤 부분인가?
6. 이 장에서 특히 중요하다고 생각하는 성경 구절이나 문장을 하나 이상 골라보라. 왜 그 구절이나 문장이 중요한가?

## 10장_모든 선택을 유익하도록 직조하시는 하나님을 신뢰하라

1. a) 우리의 고난을 하나님은 어떻게 바라보시는가? 고난을 주시는 하나님의 뜻이 있는가?
   b) 어떻게 해야 고난을 당할 때, 예수님을 더 닮아갈 수 있는가?
2. 어려운 일을 당할 때, 성경의 어떤 약속을 붙들 수 있는가?
3. 하나님이 우리가 당하는 고난으로 선을 이루시는 모습을 본 적이 있는가?
4. 창세기 50장 20절은, 사탄은 악한 목적으로 우리에게 고통을 가하지만 하나님은 선한 목적으로 고난을 주시는 것처럼 말한다. 이 말에 동의하는가? 이것이 우리 시각에 어떻게 영향을 미치는가?
5. 하나님이 보시기에 우연한 일이나 불확실한 결과가 있을 수 있는가? 성경을 근거로 대답해 보라.
6. 이 장에서 특히 중요하다고 생각하는 성경 구절이나 문장을 하나 이상 골라보라. 왜 그 구절이나 문장이 중요한가?

## 11장_인간의 선택을 허락하신 주권자 하나님의 손을 잡으라

1. 저자는 자신의 신학에 깊이 경도되는 우리의 경향을 지적한다. 실제로 당신의 모습 속에서 이런 지적이 사실임을 본 적이 있는가?

2. 저자는 다른 입장의 책들을 읽거나 자기 입장을 설명하는 다양한 저자들의 책을 읽고 이 문제를 더 깊이 다루는 부분을 이야기한다. 다음에 읽고 싶은 책은 무엇인가?

3. 본서를 읽고 도움이 된 부분은 무엇인가?

    a) 하나님의 주권과 우리 선택의 관계

    b) 성경을 대하는 자세

    c) 교리의 중요성에 대한 시각

    d) 나와 입장이 다른 사람들에 대한 관용적 태도와 이해

4. 이 책이 나와 하나님과의 관계에 영향을 미친 부분이 있는가? 어떤 부분인가?

5. 하나님의 주권과 인간의 선택에 대해 자신이 견지하는 입장의 장단점을 누군가에게 어떤 식으로 설명해 주고 싶은가?

6. 이 장에서 특히 중요하다고 생각하는 성경 구절이나 문장을 하나 이상 골라보라. 왜 그 구절이나 문장이 중요한가?

하나님과 내가 잡은 손
## 인간의 선택인가, 하나님의 선택인가?

초판인쇄 • 2016년 1월 25일
초판발행 • 2016년 2월 5일

지은이 • 랜디 알콘
옮긴이 • 김진선
발행인 • 임용수
대표 • 조애신
책임편집 • 설지원
편집 • 이소정
디자인 • 지은주, 임은미
마케팅 • 전필영
온라인마케팅 • 고태석
경영지원 • 김정희, 조창성

발행처 • 도서출판 토기장이
주소 • 서울시 마포구 망원로 26 토기장이 B/D 3F
출판등록 • 1990년 10월 11일 제2-18호
대표전화 • (02) 3143-0400
팩스 • (02) 3143-0646
E-mail • tletter@hanmail.net
www.t-media.co.kr
www.facebook.com/togijangibooks

ISBN 978-89-7782-343-3

값 14,000원

"우리는 진흙이요 주는 토기장이시니
우리는 다 주의 손으로 지으신 것이라"
(이사야 64:8)

「이 도서의 국립중앙도서관 출판예정도서목록(CIP)은 서지정보유통지원시스템
홈페이지(http://seoji.nl.go.kr)와 국가자료공동목록시스템(http://www.nl.go.kr/
kolisnet)에서 이용하실 수 있습니다.(CIP제어번호: CIP2016001148)」